Bilingual Dictionary

English-Tagalog
Tagalog-English
Dictionary

Compiled by
Jefferson Bantayan

STAR Foreign Language BOOKS

© Publishers

ISBN : 978 1 912826 47 6

All rights reserved with the Publishers. No part of this publication may be reproduced or transmitted in any form or by any means, electronic, mechanical, photocopying, recording or otherwise, without the prior written permission of the Publishers.

This Edition : 2025

Published by
STAR Foreign Language BOOKS
a unit of
Star Books
56, Langland Crescent
Stanmore HA7 1NG, U.K.
info@starbooksuk.com
www.bilingualbooks.co.uk

Printed in India at
Star Print-O-Bind, New Delhi-110 020

About this Dictionary

Developments in science and technology today have narrowed down distances between countries, and have made the world a small place. A person living thousands of miles away can learn and understand the culture and lifestyle of another country with ease and without travelling to that country. Languages play an important role as facilitators of communication in this respect.

To promote such an understanding, **STAR Foreign Language BOOKS** has planned to bring out a series of bilingual dictionaries in which important English words have been translated into other languages, with Roman transliteration in case of languages that have different scripts. This is a humble attempt to bring people of the word closer through the medium of language, thus making communication easy and convenient.

Under this series of *one-to-one dictionaries*, we have published almost 62 languages, the list of which has been given in the opening pages. These have all been compiled and edited by teachers and scholars of the relative languages.

Publishers

Bilingual Dictionaries in this Series

English-Afrikaans / Afrikaans-English	Abraham Venter
English-Albanian / Albanian-English	Theodhora Blushi
English-Amharic / Amharic-English	Girun Asanke
English-Arabic / Arabic-English	Rania-al-Qass
English-Bengali / Bengali-English	Amit Majumdar
English-Bosnian / Bosnian-English	Boris Kazanegra
English-Bulgarian / Bulgarian-English	Vladka Kocheshkova
English-Burmese (Myanmar) / Burmese (Myanmar)-English	Kyaw Swar Aung
English-Cambodian / Cambodian-English	Engly Sok
English-Cantonese / Cantonese-English	Nisa Yang
English-Chinese (Mandarin) / Chinese (Mandarin)-Eng	Y. Shang & R. Yao
English-Croatian / Croatain-English	Vesna Kazanegra
English-Czech / Czech-English	Jindriska Poulova
English-Danish / Danish-English	Rikke Wend Hartung
English-Dari / Dari-English	Amir Khan
English-Dutch / Dutch-English	Lisanne Vogel
English-Estonian / Estonian-English	Lana Haleta
English-Farsi / Farsi-English	Maryam Zaman Khani
English-French / French-English	Aurélie Colin
English-Georgian / Georgina-English	Eka Goderdzishvili
English-Gujarati / Gujarati-English	Sujata Basaria
English-German / German-English	Bicskei Hedwig
English-Greek / Greek-English	Lina Stergiou
English-Hindi / Hindi-English	Sudhakar Chaturvedi
English-Hungarian / Hungarian-English	Lucy Mallows
English-Italian / Italian-English	Eni Lamllari
English-Japanese / Japanese-English	Miruka Arai & Hiroko Nishimura
English-Kinyawanda / Kinyarwanda-English	Irakoze Shammah La Grace
English-Korean / Korean-English	Mihee Song
English-Kurdish / Kurdish-English	Shivan Alhussein
English-Latvian / Latvian-English	Julija Baranovska
English-Levantine Arabic / Levantine Arabic-English	Ayman Khalaf
English-Lithuanian / Lithuanian-English	Regina Kazakeviciute
English-Malay / Malay-English	Azimah Husna
English-Malayalam - Malayalam-English	Anjumol Babu
English-Nepali / Nepali-English	Anil Mandal
English-Norwegian / Norwegian-English	Samuele Narcisi
English-Pashto / Pashto-English	Amir Khan
English-Polish / Polish-English	Magdalena Herok
English-Portuguese / Portuguese-English	Dina Teresa
English-Punjabi / Punjabi-English	Teja Singh Chatwal
English-Romanian / Romanian-English	Georgeta Laura Dutulescu
English-Russian / Russian-English	Katerina Volobuyeva
English-Serbian / Serbian-English	Vesna Kazanegra
English-Shona / Shona-English	Victorious Tshuma
English-Sinhalese / Sinhalese-English	Naseer Salahudeen
English-Slovak / Slovak-English	Zuzana Horvathova
English-Slovenian / Slovenian-English	Tanja Turk
English-Somali / Somali-English	Ali Mohamud Omer
English-Spanish / Spanish-English	Cristina Rodriguez
English-Swahili / Swahili-English	Abdul Rauf Hassan Kinga
English-Swedish / Swedish-English	Madelene Axelsson
English-Tagalog / Tagalog-English	Jefferson Bantayan
English-Tamil / Tamil-English	Sandhya Mahadevan
English-Thai / Thai-English	Suwan Kaewkongpan
English-Tigrigna / Tigrigna-English	Tsegazeab Hailegebriel
English-Turkish / Turkish-English	Nagme Yazgin
English-Twi / Twi-English	Nathaniel Alonsi Apadu
English-Ukrainian / Ukrainian-English	Katerina Volobuyeva
English-Urdu / Urdu-English	S. A. Rahman
English-Vietnamese / Vietnamese-English	Hoa Hoang
English-Yoruba / Yoruba-English	O. A. Temitope

STAR Foreign Language BOOKS

ENGLISH-TAGALOG

Aa

a a. isa
aback adv. surpresa
abaction n nasurpresa
abactor n mangsusurpresa
abandon v.t. pinabayaan
abase v.t. nasira
abasement n di-kanais-nais
abash v.t. nagulo
abate v.t. humulaw
abatement n. humupa
abbey n. kumbento
abbreviate v.t. paikliin
abbreviation n pina-ikli
abdicate v.t, bumitiw
abdication n pagbitiw
abdomen n tiyan
abdominal a. parte ng tiyan
abduct v.t. nilayo
abduction n inilayo
abed adv. walang ginagawa
aberrance n. nagka-aberya
abet v.t. di-pumusta
abetment n. kaagapay
abeyance n. pagpigil
abhor v.t. nagalit
abhorrence n. nagagalit
abide v.i pagsunod
abiding a sumusunod
ability n kakayahan
abject a. karanasang pangit
ablaze adv. nasunog sa apoy
ablactate v. t di-napadedein
ablactation n di-pagpapasuso

able a kaya
ablepsy n bulag
ablush adv namumula
ablution n naghuhugas
abnegate v. t itinigil
abnegation n pagtigil
abnormal a di-normal
aboard adv pagbyahe
abode n pagsunod
abolish v.t alis
abolition v inalis
abominable a masama
aboriginal a pinaka-orihinal
aborigines n. pl unang nakatira
abort v.i pinalaglag
abortion n inilaglag
abortive adv pampalaglag
abound v.i. marami
about adv tungkol
about prep tungkol
above adv itaas
above prep. taas
abreast adv kasunod
abridge v.t pina-iksi
abridgement n paikliin
abroad adv ibang bansa
abrogate v. t. pinahinto
abrupt a bigla
abruption n nabigla
abscess n pigsa
absonant adj napakarami
abscond v.i lumayas
absence n kawalan
absent a wala
absent v.t di-nagpakita
absolute a kumpleto

absolutely adv tamang-tama
absorb v.t sumipsip
abstain v.i. pagtigil nakagawian
abstract a spekyulasyon
abstract n konsepto
abstract v.t pagpiga
absurd a tanga
absurdity n katangahan
abundance n sapat
abundant a napakarami
abuse v.t. minamaltrato
abuse n maltrato
abusive a bayolente
abutted v sunod sa
abyss n malalim
academic a eskolar
academy n akademya
acarpous adj. walang pakinabang
accede v.t. pumayag
accelerate v.t pagtaas
acceleration n pagbilis
accent n pagbigkas
accent v.t pagbibigkas
accept & tanggap
acceptable a katanggap-tanggap
acceptance n pagtanggap
access n nkapasok
accession n karagdagan sa
accessory n aksesorya
accident n aksidente
accidental a di-akalain
accipitral adj kagaya ng tuka
acclaim v.t pagpupuri
acclaim n pagpuri
acclamation n pagpugay
acclimatize v.t sangayon sa klima

accommodate v.t tulungan
accommodation n. tuluyan
accompaniment n pagsuporta
accompany v.t. pagsama
accomplice n kasangkot
accomplish v.t. tinapos
accomplished a natapos
accomplishment n. natapos
accord v.t. nagkasundo
accord n. kasunduan
accordingly adv. gayun pa man
account n. basehan
account v.t. naisama
accountable a responsible
accountancy n. tagapagkwenta
accountant n. tagapag bilang
accredit v.t. pinayagan na
accrementition n pagsibol
accrete v.t. gawing marami
accrue v.i. pataasan
accumulate v.t. naipon
accumulation n akumulasyon
accuracy n. malapit sa perpekto
accurate a. tama
accursed a. sumpa
accusation n akusasyon
accuse v.t. akusa
accused n. naakusahan
accustom v.t. gagamitin
accustomed a. nagamit
ace n isa
acentric adj di sa gitna
acephalous adj. di-nagiisip
acephalus n. walang ulo
acetify v. gawing suka
ache n. sakit

ache v.i. sinaktan	**actor** n. aktor
achieve v.t. natamo	**actress** n. aktres
achievement n. nakamtan	**actual** a. aktwal
achromatic adj walang kulay	**actually** adv. sa totoo lang
acid a maasim	**acumen** n. katalasan ng isip
acid n asido	**acute** a. kritikal
acidity n. kaasiman	**adage** n. kasabihan
acknowledge v. tinanggap	**adamant** a. determinado
acknowledgement n. pagtanggap	**adamant** n. porsigido
acne n tagiyawat	**adapt** v.t. iangkop
acorn n. bunga ng oak	**adaptation** n. halaw
acoustic a ng tunog akustika	**adays** adv sa ngayon
acoustics n. akustika	**add** v.t. idinagdag
acquaint v.t. mabatid	**addict** v.t. adik
acquaintance n. kasamahan	**addict** n. adik
acquest n pagtatamo	**addiction** n. pagkalulong
acquiesce v.i. pumayag	**addition** n. dagdag
acquiescence n. pagpapayag	**additional** a. idinagdag
acquire v.t. nakuha	**addle** adj bugok
acquirement n. pagkuha	**address** v.t. tumutukoy
acquisition n. nakukuha	**address** n. lokasyon
acquit v.t. malinaw	**addressee** n. para kay
acquittal n. abswelto	**adduce** v.t. isangkalan
acre n. bahagi ng sistema	**adept** n. sanay
acreage n. ektarya	**adept** a. magaling
acrimony n tulis ng	**adequacy** n. kasapatan
acrobat n. sirkero	**adequate** a. sapat na
across adv. sa buong	**adhere** v.i. malasakit
across prep. sa buong	**adherence** n. pagdirikit
act n. arte	**adhesion** n. dikit
act v.i. umaarte	**adhesive** n. malagkit
acting n. inaarte	**adhesive** a. malagkit na
action n. aksyon	**adhibit** v.t. gawin sa
activate v.t. sinimulan	**adieu** n. paalam
active a. aktibo	**adieu** interj. adyus!
activity n. ginagawa	**adiure** v.t. pagsasalmo

adjacent a. kalapit
adjective n. pang-uri
adjoin v.t. makapiling
adjourn v.t. ipinid
adjournment n. ipiniid
adjudge v.t. mapagkaisahan
adjunct n. dagdag
adjuration n pupunyagi
adjust v.t. isinaayos
adjustment n. pagsaayos
administer v.t. maglapat
administration n. tagapangasiwa
administrative a. regulasyon
administrator n. punong opisyal
admirable a. kapuri-puri
admiral n. hangaan sa
admiration n. hanga
admire v.t. hangaan
admissible a. matatanggap
admission n. pagpasok
admit v.t. pasok
admittance n. karapatang pumasok
admonish v.t. pagsabihan
admonition n. pinagsabihan
adnascent adj. pagkabuhay
ado n. linggal
adobe n. adobe
adolescence n. kabataan
adolescent a. dalagat binata
adopt v.t. magpatibay
adoption n inampon
adorable a. kaibig-ibig
adoration n. pag-ibig sa
adore v.t. nilalangit
adorn v.t. inayos

adscititious adj karagdagan
adscript adj. sinulat pagkatapos
adulation n paglalangis
adult a malaki na
adult n. may isip na
adulterate v.t. maghalo
adulteration n. pagbabanto
adultery n. pangangalunya
advance v.t. pauna
advance n. una
advancement n. pagsulong
advantage n. kalamangan
advantage v.t. lamang
advantageous a. magaling
advent n. pagdating
adventure n tahak
adventurous a. sumusulong
adverb n. pang-abay
adverbial a. pang-abay
adversary n. kalaban
adverse a masama
adversity n. sakuna
advert v. sumangguni
advertise v.t. nagkokomersyal
advertisement n anonsyo
advice n payo
advisable a. mapagsabihan
advisability n mapagpayuhan ng
advise v.t. rekomenda
advocacy n. pagtatanggol
advocate n tagataguyod
advocate v.t. taguyuran
aerial a. sa himpapawid mula
aerial n. mula sa himpapawid
aeriform adj. kalagayan ng gas
aerify v.t. pahanginan

aerodrome n himpilan ng eroplano
aeronautics n.pl. eronotika
aeroplane n. eroplano
aesthetic a. anestesya
aesthetics n.pl. mga anestesya
aestival adj tag-init
afar adv. sa malyo
affable a. madaling lapitan
affair n. kapakanan
affect v.t. impluwensya
affectation n pagkukunwari
affection n. pagkagusto
affectionate a. mapagmahal
affidavit n apidabit
affiliation n. pagsanib
affinity n atraksyon
affirm v.t. sumasangayon
affirmation n sang ayon
affirmative a konpirmado
affix v.t. panlapi
afflict v.t. nagpahirap
affliction n. hirap
affluence n. kasaganaan
affluent a. mayaman
afford v.t. kaya
afforest v.t. magtanim ng kahoy
affray n nag-aaway sa matao
affront v.t. paghamak
affront n hamak
afield adv. sa ibang lugar
aflame adv. nag aalab
afloat adv. nakalutang
afoot adv. lakad
afore prep. nauuna
afraid a. takot

afresh adv. muli
after prep. pagkatapos ng
after adv sunod
after conj. tapos
after a pagkatapos
afterwards adv. at pagkatapos
again adv. ulit
against prep. di-sang ayon
agamist n di-kasal
agape adv., nakatunganga
agaze adv nakatingin
age n. edad
aged a. matanda
agency n. ahensya
agenda n. adyenda
agent n ahente
aggravate v.t. pinalala
aggravation n. lumala
aggregate v.t. kabuohan
aggression n pag-atake
aggressive a. agresibo
aggressor n. nag mamalisya
aggrieve v.t. apihin
aghast a. takot
agile a. maliksi
agility n. liksi
agitate v.t. manggulo
agitation n balisa
agist v.t. diskriminasyon sa matanda
aglow adv. kumikinang
agnus n agnus
ago adv. nakaraan
agog adj. sabik na sabik
agonist n pinipigilan
agonize v.t. maghingalo

agony n. matinding paghihirap	**albumen** n puti ng itlog
agronomy n. agronomya	**alchemy** n. alkimya
agoraphobia n. takot sa kalawakan	**alcohol** n alkohol
agrarian a. agraryo	**ale** n serbesa
agree v.i. sumasang ayon	**alegar** n suka galing sa malt
agreeable a. sang-ayon	**alert** a. alerto
agreement n. kasunduan	**alertness** n. pagka-alerto
agricultural a agrikultural	**algebra** n. alhebra
agriculture n agrikultura	**alias** n. alyas
agriculturist n. nagsasaka	**alias** adv. inalyas
ague n malarya	**alibi** n. palusot
ahead adv. sa unahan	**alien** a. stranghero
aheap adv sa tambak	**alienate** v.t. naibahan
aid n tulong	**aliferous** adj. mayrong pakpak
aid v.t tulungan	**alight** v.i. hapunan
aigrette n kasuotan sa ulo	**align** v.t. linya
ail v.t. mahina	**alignment** n. pagkaka linya
ailment n. sakit	**alike** a. kagaya
aim n. layunin	**alike** adv gaya
aim v.i. gustong mangyari	**aliment** n. pagkain
air n hangin	**alimony** n. sustento
aircraft n. sasakyang pamhipapawid	**alien** adj ekstranghero
airy a. mahangin	**aliquot** n. elikwot
ajar adv. nakakawang	**alive** a buhay
akin a. kamag-anak	**alkali** n alkalina
alacritous adj bukal sa loob	**all** a. kumpleto
alacrity n. kaluwagan ng loob	**all** n lahat
alamort adj. halos mamatay	**all** adv kalahatan
alarm n alarma	**all** pron suma-total
alarm v.t na-alarma	**allay** v.t. magbawas
alas interj. alas!	**allegation** n. aligasyon
albeit conj. kahit na	**allege** v.t. magdahilan
albion n makatha	**allegiance** n. katapatan
album n. album	**allegorical** a. alegoriko
	allegory n. alegorya
	allergy n. sensitibo

alleviate v.t. paga-anin ang
alleviation n. nagpapagaan
alley n. eskinita
alliance n. samahan
alligator n buwaya
alliterate v. nakapaluob
alliteration n. nakapaluob sa sinulat
allocate v.t. maglaan
allocation n. alokasyon
allot v.t. magbahagi
allotment n. laan
allow v.t. payag
allowance n. baon
alloy n. klase ng metal
allude v.i. magparinig
alluminate v.t. isang mineral
allure v.t. gayuma
allurement n tukso
allusion n parunggit
allusive a. may parunggit
ally v.t. kapareha
ally n. pares
almanac n. almanak
almighty a. makapangyarihan
almond n. pili
almost adv. halos magkalapit
alms n. limos
aloft adv. nasa kaitaasan
alone a. nag-iisa
along adv. sa tabi
along prep. sa tabi ng
aloof adv. malayo
aloud adv. malakas
alp n. bundok na mataas
alpha n alpa

alphabet n. alpabeto
alphabetical a. naka-alpabeto
alphonsine n. isang hari ng kastilyo
alpinist n nagaakyat ng bundok
already adv. mayron na
also adv. at
altar n. altar
alter v.t. pagka-iba
alteration n pagkakaibaiba
altercation n. basag-ulo
alternate a. palitan
alternate v.t. nagpapalitan
alternative n. pampalit
alternative a. alternatibo
although conj. bagaman
altimeter n altimetro
altitude n. taas
altivolant adj mataas lumipad
alto n matinis na boses
altogether adv. sama-sama
aluminium n. aluminyo
alumna n alumna
always adv lagi
alveary n butas ng tainga
alvine adj. pusod
am ako
amalgam n isahin
amalgamate v.t. pag-isahin
amalgamation n pinag-sama sa
amass v.t. kolektahin
amateur n. di-propesyunal
amatory adj mapagmahal
amaurosis n malapit ng mabulag
amaze v.t. humanga
amazement n. paghanga**

ambassador n. sugo
amberite n. ambar
ambient adj. pumapaligid
ambiguity n. kalabuan
ambiguous a. di-malinaw
ambition n. pangarap
ambitious a. mapangarap
ambry n. bodega
ambulance n. ambulansya
ambulant adj nagpapatakbo
ambulate v.t pag-galaw
ambush n. inatake
ameliorate v.t. magpa-unlad
amelioration n. umuunlad
amen interj. amen!
amenable a sunod
amend v.t. ayusin
amendment n. dagdagan
amends n.pl. kakayanan
amenorrhoea n babaeng di dinadatnan
amiability n. pagkamabait
amiable a. mabait
amicable adj. mapayapa
amid prep. sa gitna ng
amiss adv. namali
amity n. pagkakasundo
ammunition n. munisyon
amnesia n amnesya
amnesty n. amnesteya
among prep. sa lahat ng
amongst prep. sa lahat ng mga
amoral a. di-moral
amount n dami
amount v.i damihan
amount v. marami

amorous a. mapagmahal
amour n mahal
ampere n amper
amphibious adj hayop na maaaring manirahan sa tubig o lupa
amphitheatre n ampiteatro
ample a. sapat
amplification n paglaki
amplifier n amplipayer
amplify v.t. palakasin
amuck adv. huramentado
amulet n. anting-anting
amuse v.t. magpatawa
amusement n libangan
an art isang
anabaptism n bawtismohan
anachronism n di-nasaayos ang pagkakasunod sunod
anaclisis n depende sa kinaugaliaan
anadem n palamuti
anaemia n anemya
anaesthesia n pawala ng pakiramdam
anaesthetic n. pampamanhid
anal adj. butas ng pwet
analogous a. analogo
analogy n. pagkakapareho
analyse v.t. suriin
analysis n. pinag-aaralan
analyst n tagapag-suri
analytical a tamang-tama
anamnesis n pag-alala sa lumipas
anamorphous adj pintang natural
anarchism n. walang gobyerno

anarchist n tiwala walang gobyerno
anarchy n kawalan ng pamahalaan
anatomy n. anatomya
ancestor n. ninuno
ancestral a. kanunuan
ancestry n. kanunu-nunuan
anchor n. angkla
anchorage n daong
ancient a. nakaraan
ancon n siko
and conj. at
androphagi n. kumakain ng tao
anecdote n. anekdota
anemometer n anemometero
anew adv. muli
anfractuous adj paliko-liko
angel n anghel
anger n. galit
angina n sakit sa puso
angle n. angulo
angle n angulo
angry a. nagalit
anguish n. dalamhati
angular a. anggular
anigh adv. malapit sa
animal n. hayop
animate v.t. pinapagalaw
animate a. nilagyan ng buhay
animation n animasyon
animosity n malaking poot
animus n di-gusto
aniseed n anis
ankle n. bukong-bukong
anklet n pulseras sa paa

annalist n. estoryang pagkakasunod
annals n.pl. mga salaysay
annectant adj. pagkakaugnay ng hayop
annex v.t. dugtong
annexation n pagsasanib
annihilate v.t. lipulin
annihilation n paglipol
anniversary n. anibersaryo
announce v.t. inanonsyo
announcement n. anonsyo
annoy v.t. irita
annoyance n. kairita
annual a. taunan
annuitant n isang taong kita
annuity n. kinikita sa isang taon
annul v.t. magpawalang-bisa
annulet n maliit na sing-sing
anoint v.t. magpahid
anomalous a tiwali
anomaly n anomalya
anon adv. mamaya
anonymity n. walang pangalan
anonymity n. walang lagda
anonymous a. di alam kanino
another a isa pa
answer n sagot
answer v.t kasagutan
answerable a. masasagutan
ant n langgam
antacid adj. pampababa ng asim
antagonism n salungatan
antagonist n. salungat
antagonize v.t. nasalungat
antarctic a. antartika

antecede v.t. pagpunta agad	**anxiety** a balisa
antecedent n. nauuna	**anxious** a. nababalisa
antecedent a. una	**any** a. kahit ano
antedate n mas maaga	**any** adv. kahit ano lang
antelope n. antilope	**anyhow** adv. gayunpaman
antenatal adj. suri ng matris	**apace** adv. pabilis
antennae n. antena	**apart** adv. maliban
antenuptial adj. bago ikasal	**apartment** n. paupahan
anthem n salmo	**apathy** n. di-interesado
anthology n. antolohiya	**ape** n unggoy
anthropoid adj. antropoyde	**ape** v.t. pagka-unggoy
anti pref. anti	**aperture** n. siwang
anti-aircraft a. antieyrkrap	**apex** n. tuktok
antic n komiko	**aphorism** n talinghaga
anticardium n sikmura	**apiary** n. abehera
anticipate v.t. mahulaan	**apiculture** n. nagpaparami ng pukyutan
anticipation n. mahuhulaan	
antidote n. pang-remedyo	**apish** a. parang bakulaw
antinomy n. di susunod sa batas	**apnoea** n minsang pagtigil ng paghinga
antipathy n. suklam	
antiphony n. bersikulo	**apologize** v.i. humihingi ng tawad
antipodes n. antipodas	**apologue** n alegorya
antiquarian a. antikwaryo	**apology** n. tawad
antiquarian n ng antikwaryo	**apostle** n. apostol
antiquary n. antikwaryo	**apostrophe** n. kudlit
antiquated a. makaluma	**apotheosis** n. pagpupuri
antique a. antik	**apparatus** n. aparatu
antiquity n. unang panahon	**apparel** n. damit
antiseptic n. antiseptiko	**apparel** v.t. pananamit
antiseptic a. antiseptiko	**apparent** a. maliwanag
antithesis n. kabaligtaran	**appeal** n. mag-apila
antitheist n antteyesta	**appeal** v.t. apila
antler n. sungay ng usa	**appear** v.i. lumitaw
antonym n. kabaliktaran	**appearance** n hitsura
anus n. puwet	**appease** v.t. maglubag
anvil n. palihan	**appellant** n. taong nag apila

append v.t. isama
appendage n. dagdag
appendicitis n. pamamaga ng apendiks
appendix n. apendiks
appendix n. apendese
appetence n. sikap
appetent adj. pampagana
appetite n. gana
appetite n. gutom
appetizer n pampagana
applaud v.t. palakpak
applause n. pinalakpakan
apple n. mansanas
appliance n. kagamitan
applicable a. naaangkop
applicant n. aplikante
application n. apila
apply v.t. gamitin
appoint v.t. ilagay
appointment n. apoyntment
apportion v.t. paglkalooban
apposite adj bagay
apposite a. pagkabagay
appositely adv nang alinsunod
approbate v.t magpatibay
appraise v.t. tumaya
appreciable a. kapuna-puna
appreciate v.t. pinahalagahan
appreciation n. nagpapasalamat
apprehend v.t. dakpin
apprehension n. nag-alala
apprehensive a. duda
apprentice n. nagsasanay
apprise v.t. magbigay-alam
approach v.t. nilapitan

approach n. lapitan
approbation n. papuri
appropriate v.t. nararapat
appropriate a. karapat-dapat
appropriation n. nararapat sa
approval n. aproba
approve v.t. pinahintulutan
approximate a. higit-kumulang
apricot n. aprikot
appurtenance n kagamitan
apron n. tapis
apt a. matalino
aptitude n. kakayahan
aquarium n. akwaryum
aquarius n. akwaryus
aqueduct n daanan ng likido
arable adj mapaghahalamanan
arbiter n. tagahatol
arbitrary a. nagkataon
arbitrate v.t. mamagitan
arbitration n. desisyonan
arbitrator n. tagahatol
arc n. kurbada
arcade n galerya
arch n. kurbadang daan
arch v.t. makurbada ang daanan
arch a mapaglaro
archaic a. patay
archangel n arkangel
archbishop n. obispo
archer n mamana
architect n. arkitekto
architecture n. arkitektura
archives n.pl. lalagyan ng papeles
Arctic n nagyeyelong lugar
ardent a. masusi

ardour n. alab	**arrangement** n. pagkakaayos
arduous a. mahirap	**arrant** n. talaga
area n parte ng pook	**array** v.t. palabas
areca n areka	**array** n. koleksyon
arefaction n patuyo	**arrears** n.pl. kulang
arena n arena	**arrest** v.t. inaresto
argil n putting luad	**arrest** n. arestado
argue v.t. nagtatalo	**arrival** n. pagdating
argument n. pag-aaway	**arrive** v.i. dumating
argute adj matinis	**arrogance** n. mayabang
arid adj. tuyot	**arrogant** a. arogante
aries n aries	**arrow** n bala ng pana
aright adv nang wasto	**arrowroot** n. araro
aright adv. nang wasto	**arsenal** n. bodega
arise v.i. pumailanglang	**arsenic** n arsenya
aristocracy n. kamaharlikaan	**arson** n panununog
aristocrat n. maharlika	**art** n. arte
aristophanic adj dramatista	**artery** n. malaking ugat
arithmetic n. aritmetika	**artful** a. malikhain
arithmetical a. pang-aritmetika	**arthritis** n artraytis
ark n kaban	**artichoke** n. mataas na halaman
arm n. braso	**article** n artikulo
arm v.t. sandata	**articulate** a. paglalahad
armada n. armada	**artifice** n. unlang
armament n. pandigmang gamit	**artificial** a. artipisyal
armature n. tagatago	**artillery** n. malaking baril
armistice n. pagtigil ng laban	**artisan** n. sanay sa
armlet a pulseras	**artist** n. artista
armour n. proteksyon	**artistic** a. malikhain
armoury n. lalagyan ng baril	**artless** a. walang kasanayan
army n. sundalo	**as** adv. bilang
around prep. sa paligid	**as** conj. kailan
around adv palibot	**as** pron. hanggang
arouse v.t. pukawin	**asafetida** n. pasas lasang pait
arraign v. magsakdal	**asbestos** n. asbeto
arrange v.t. ayusin	**ascend** v.t. umakyat

ascent n. pag-akyat
ascertain v.t. linawin
ascetic n. asetiko
ascetic a. ng asetiko
ascribe v.t. idahilan
ash n. abo
ashamed a. nahihiya
ashore adv. dalampasigan
aside adv. maliban sa
aside n. kabilang dako
asinine adj. tanga
ask v.t. tanong
asleep adv. natutulog
aspect n. aspeto
asperse v. paninirang-puri
aspirant n. aspirante
aspiration n. adhika
aspire v.t. adhikain
ass n. walang alam
assail v. tumuligsa
assassin n. pumapatay
assassinate v.t. pinagpapatay
assassination n pinangpatay
assault n. insulto
assault v.t. nainsulto
assemble v.t. binuo
assembly n. pagtitipon
assent v.i. pagpayag
assent n. payag
assert v.t. deklara
assess v.t. sinuri
assessment n. pagsusuri
asset n. propyedad
assibilate v. pabulong
assign v.t. itinalaga
assignee n. nakatalaga

assimilate v. umintindi
assimilation n paglagom
assist v.t. tulungan
assistance n. katulong sa
assistant n. katulong
associate v.t. kawani
associate a. makisama
associate n. makasama
association n. asosasyon
assoil v.t. napalaya
assort v.t. pagbukod-bukorin
assuage v.t. mapayapa
assume v.t. kunwari
assumption n. paniniwala
assurance n. pagtitiwala
assure v.t. tiwala
astatic adj. walang posisyon
asterisk n. asterisko
asterism n. gabay ng astrologo
asteroid adj. bato sa kalawakan
asthma n. hika
astir adv. nerbiyoso
astonish v.t. namangha
astonishment n. nakamamangha
astound v.t nakakamangha
astray adv., naliligaw
astrologer n. astrologo
astrology n. astrolohiya
astronaut n. astronawta
astronomer n. astronomo
astronomy n. astronomya
asunder adv. nalagot ang kadena
asylum n bahay-ampunan
at prep. sa
atheism n di-naniniwala sa Diyos
atheist n ateyista

athirst adj. di-uhaw
athlete n. atleta
athletic a. malakas
athletics n. palarong palakasan
athwart prep. nakahalang
atlas n. atlas
atmosphere n. atmospera
atoll n. atol
atom n. atom
atomic a. atomiko
atone v.i. pagsisihan
atonement n. pagsisisi
atrocious a. mabangis
atrocity n pagpakita ng kasamaan
attach v.t. sinama
attaché n. embahador
attachment n. aksesorya
attack n. atake
attack v.t. pag-atake
attain v.t. nakuha
attainment n. natapos
attaint v.t. nagtagumpay
attempt v.t. sinubukan
attempt n. sumubok
attend v.t. dumalo
attendance n. nagdalo
attendant n. tagapagdalo
attention n. antensyon
attentive a. masigasig
attest v.t. magpatunay
attire n. kasuutan
attire v.t. susuotin
attitude n. ugali
attorney n. abugado
attract v.t. naakit
attraction n. nanghalina

attractive a. nakakaakit
attribute v.t. paglalagyan
attribute n. aspeto
auction n subasta
auction v.t. sumusubasta
audible a naririnig
audience n. tagapanood
audit n. pagtuos sa pagkwenta
audit v.t. pagkekwenta
auditive adj. naririnig
auditor n. awditor
auditorium n. awditoryum
auger n. manghuhula
aught n. anuman
augment v.t. pagpapalaki
augmentation n. pinapalaki
August n. Agosto
august n agosto
aunt n. tita
auriform adj. hugis-tainga
aurilave n. panlinis ng tainga
aurora n awrora
auspicate v.t. seremonya
auspice n. palad
auspicious a. mapalad
austere a. mabagsik
authentic a. kapani-paniwala
author n. may-akda
authoritative a. makapangyarihan
authority n. kapangyarihan
authorize v.t. magpahintulot
autobiography n. talambuhay
autocracy n awtokrasya
autocrat n awtokrata
autocratic a diktatoryal

autograph n. pirma
automatic a. awtomatiko
automobile n. kotse
autonomous a sariling pamamalakad
autumn n. taglagas
auxiliary a. katulong
auxiliary n. katulong sa
avale v.t. ipababa
avail v.t. makatulong
available a magagamit
avarice n. kakatawan sa kwarta
avenge v.t. maghigante
avenue n. kalye
average n. katamtaman
average a. karaniwan
average v.t. pangkaraniwan
averse a. tutol
aversion n. pampigil
avert v.t. inilayo
aviary n. espesyalista ng ibon
aviation n. pagpapalipad
aviator n. manlilipad
avid adj. sabik
avidity adv. pananabik
avidly adv interesado
avoid v.t. iwasan
avoidance n. iwas
avow v.t. umamin
avulsion n. pagkalagot
await v.t. paghintay
awake v.t. ginising
awake a pagkagising
award v.t. premyo
award n. premyo sa
aware a. alam

away adv. malayo
awe n. taka
awful a. nakakasama ng loob
awhile adv. saglit
awkward a. nakakahiya
axe n. palakol
axis n. aksis
axle n. ehe

Bb

babble n. ngawa
babble v.i. nangawa
babe n. magandang dilag
babel n nalito
baboon n. tsunggo
baby n. sanggol
bachelor n. batselor
back n. likod
back adv. balik
backbite v.t. traidor
backbone n. gulogud
background n. likuran
backhand n. sampal
backslide v.i. masama ulit
backward a. atras
backward adv. pabalik
bacon n. tusino
bacteria n. bakterya
bad a. masama
badge n. sagisag
badger n. pagmalupitan
badly adv. napasama
badminton n. badminton

baffle v. t. malas	**band** n. banda
bag n. supot	**bandage** n. bandahe
bag v. i. lalagyan	**bandage** v.t nakapaikot
baggage n. bagahe	**bandit** n. mandarambong
bagpipe n. instrumento	**bang** v.t. pagputok
bail n. pyansa	**bang** n. biglang pagtama
bail v. t. sandukan	**bangle** n. pulseras
bailable a. may batas	**banish** v.t. magpalayas
bailiff n. tagapamahala	**banishment** n. pagpapaalis
bait n pa-in	**banjo** n. bandyo
bait v.t. nainis	**bank** n. bangko
bake v.t. maghurma	**bank** v.t. tagilid
baker n. tagahurma	**banker** n. tagabangko
bakery n tinapayan	**bankrupt** n. nalugi
balance n. balanse	**bankruptcy** n. pagkalugi
balance v.t. perang natira	**banner** n. bandera
balcony n. balkonahe	**banquet** n. salu-salo
bald a. kalbo	**banquet** v.t. pagsasalo
bale n. basta	**bantam** n. maliit na tao
bale v.t. pinagbuhol	**banter** v.t. pagbibiro
baleful a. masama	**banter** n. palitan
baleen n. balyena	**bantling** n. mestiso
ball n. bola	**banyan** n. tumutubo sa buto
ballad n. balada	**baptism** n. baptismo
ballet sn. baley	**baptize** v.t. bawtismohan
balloon n. lobo	**bar** n. inuman
ballot n balota	**bar** v.t bar
ballot v.i. pagpili	**barb** n. sima
balm n. panghaplas	**barbarian** a. barbaryan
balsam n. balsamo	**barbarian** n. napakawalang hiya
bam n. daya	**barbarism** n. barbarismo
bamboo n. kawayan	**barbarity** n kabangisan
ban n. pagbabawal	**barbarous** a. kakatuwa
ban n ipinatatanggal	**barbed** a. may tinik sa
banal a. karaniwan	**barber** n. barbero
banana n. saging	**bard** n. makata

bare a. hubad
bare v.t. nakahubad
barely adv. bahagya
bargain n. baratin
bargain v.t. pagbabarat
barge n. gabara
bark n. tahol
bark v.t. tumahol
barley n. barley
barn n. baysa
barnacles n parasito
barometer n barometro
barouche n. sasakyan
barrack n. baraks
barrage n. pisikal na pananakit
barrater ns. mandadaya
barrel n. bariles
barren n pagang
barricade n. manghadlang
barrier n. pangharang
barrister n. manananggol
barter1 v.t. ipagpalit
barter2 n. kapalit
barton n. asyenda
basal adj. saligan
base n. base
base a. sa ibaba
base v.t. ibaba
baseless a. walang saligan
basement n. silong
bashful a. mahiyain
basial n. paghalik
basic a. pangunahing
basil n. balanoy
basin n. palanggana
basis n. basehan

bask v.i. magpainit
basket n. basket
baslard n. maiksing espada
bass n. mababa
bastard n. bastardo
bastard a anak sa labas
bat n paniki
bat n palo
bat v. i pampalo
batch n grupo
bath n ligo
bathe v. t naliligo
baton n gabilya
batsman n. taong tagapalo
battalion n batalyon
battery n baterya
battle n labanan
battle v. i. digmaan
bawd n. magbugaw
bawl n.i. angal
bawn n. pader
bay n baybay
bayard n. pangalan
bayonet n bayoneta
be v.t. maging
be pref. ay
beach n tabing-dagat
beacon n parola
bead n rosaryo
beadle n. katulong sa simbahan
beak n tuka
beaker n baso
beam n silahis
beam v. i materyal na pansuporta
bean n. buto
bear n dala

bear v.t magdala
beard n balbas
bearing n nagdadala
beast n halimaw
beastly a pagkahalimaw
beat v. t. matalo
beat n sabay
beautiful a maganda
beautify v. t pagandahin
beauty n ganda
beaver n masipag
because conj. dahil
beck n. tango
beckon v.t. kawayan
beckon v. t kawayan
become v. i maging
becoming a pagiging
bed n kama
bedevil v. t tumaranta
bedding n. kumot
bedight v.t. gumayak
bed-time n. oras ng pagtulog
bee n. bubuyog
beech n. uri ng kahoy sa Europa
beef n karne ng baka
beehive n. bahay ng bubuyog
beer n serbesa
beet n gulay
beetle n salagubang
befall v. t sapitin
before prep bago
before adv. sa unahan
before conj bago ang
beforehand adv. muna
befriend v. t. kaibiganin
beg v. t. humihingi

beget v. t mag-anak
beggar n pulobi
begin n simula
beginning n. panimula
begird v.t. pumaligid
beguile v. t lumibang
behalf n ngalan
behave v. i. magtahimik
behaviour n pag-uugali
behead v. t. nanguna
behind adv sa tbi
behind prep katabi ng
behold v. t tingnan
being n pagkatao
belabour v. t pumalo
belated adj. huli
belch v. t magbuga
belch n nagbuga
belief n paniniwala
believe v. t naniniwala
bell n kampanilya
belle n magandang dalaga
bellicose a paladigma
belligerency n nagdidigmaan
belligerent a nagdigmaan
belligerent n nagsidirigmaan
bellow v. i umangal
bellows n. bubulusan
belly n pusod
belong v. i kauri
belongings n. pag-aari
beloved a minamahal
beloved n mahal na
below adv sa ibaba
below prep sa ilalim ng
belt n sinturon

belvedere n rotunda
bemask v. t magmaskara
bemire v. t maputik
bemuse v. t mabaghan
bench n upuan
bend n baluktot
bend v. t nagbaliko
beneath adv sa ilalim
beneath prep sa ilalim ng
benefaction n. karidad
benefice n makatanggap
beneficial a kapaki-pakinabang
benefit n benipisyo
benefit v. t. makinabang
benevolence n kabaitan
benevolent a mabait
benight v. t magpagabi
benign adj di-kumakalat
benignly adv patas
benison n panghuling dasal
bent n baliko
bequeath v. t. iniwan
bereave v. t. maulila
bereavement n pangungulila
berth n kamarote
beside prep. sa tabi
besides prep bukod sa
besides adv gayunpaman
beslaver v. t grabeng galak
besiege v. t dumagsa
bestow v. t pagkalooban
bestrew v. t ikinalat
bet v.i tinaya
bet n taya
betel n hitso
betray v.t. ipagkanulo

betrayal n pagkakanulo
betroth v. t pinagkasundo sa kasal
betrothal n. kasunduang magpakasal
better a mas mabuti
better adv. mabuti
better v. t mabutihin
betterment n pagpapabuti
between prep sa gitna
beverage n inumin
bewail v. t umiyak
beware v.i. nakahanda
bewilder v. t lito
bewitch v.t asuwangin
beyond prep. sa kabilang dako
beyond adv. lampas
bi pref dalawa
biangular adj. dalawang angulo
bias n patas
bias v. t pagkiling
biaxial adj dalawang aksis
bibber n manlalasing
bible n bibliya
bibliography n bibliyograpya
bibliographer n bibliyograpo
bicentenary adj dalawang daang taon
biceps n braso
bicker v. t magtaltalan
bicycle n. bisekleta
bid v.t umalok
bid n alok
bidder n nag-alok
bide v. t maghintay
biennial adj kada dalawang taon

bier n kabaong
big a malaki
bigamy n bigamya
bight n liko ng ilog o batis
bigot n panatiks
bigotry n panatiko
bile n apdo
bilingual a maraming salita
bill n bayarin
billion n bilyon
billow n gumugulong na alon
billow v.i nakasabit
biliteral adj dalawang litra
bilk v. t. magdaya
bimenasal adj kada dalawang buwan
bimonthly adj. tuwing dalawang buwan
binary adj doble
bind v.t itali
binding a kailangan
binocular n. binokulo
biographer n bayograpo
biography n bayograpo
biologist n dalubbuhay
biology n agbuhay
bioscope n bayoskop
biped n may dalawang paa
birch n. pamalo ng
bird n ibon
birdlime n semento
birth n. kapanganakan
biscuit n biskwit
bisect v. t maghati
bisexual adj. silahis
bishop n obispo

bison n bupalo
bisque n dilaw
bit n piraso
bitch n bastos
bite v. t. kinagat
bite n kagat
bitter a mapait
bi-weekly adj kada linggo
bizarre adj kakaiba
blab v. t. & i pangunahin na
black a itim
blacken v. t. pinaitim
blackmail n piniperahan
blackmail v.t dinadaya
blacksmith n ibon
bladder n pantog
blade n. talim
blain n pigsa
blame v. t sinisi
blame n sisi
blanch v. t. & i paputiin
bland adj. boring
blank a blanko
blank n walang laman
blanket n kumot
blare v. t malakas na ingay
blast n pagsabog
blast v.i sabog
blaze n sinunog
blaze v.i magdingas
bleach v. t pampaputi
blear v. t pinapanlabo
bleat n huni ng tupa
bleat v. i unga
bleb n paltos
bleed v. i nagdurugo

blemish n dungis	**blunder** v.i nagkamali
blend v. t hinalo	**blunt** a pranka
blend n paghalo	**blur** n malabo
bless v. t pinagpala	**blurt** v. t biglang naglaho
blether v. i tsismis	**blush** n namula
blight n paghihirap	**blush** v.i namumula
blind a bulag	**boar** n baboy
blindage n proteksyon	**board** n konseho
blindfold v. t piring	**board** v. t. pinasok
blindness n di-makakita	**boast** v.i mayabang
blink v. t. & i kurap	**boast** n yabang
bliss n saya	**boat** n bangka
blister n bulutong	**boat** v.i namamangka
blizzard n pagbagsak ng snow	**bodice** n pambabaeng damit
bloc n liga	**bodily** a katawan ng
block n harang	**bodily** adv. ng katawan
block v.t hinarang	**body** n katawan
blockade n pigil	**bodyguard** n. alalay
blockhead n ulol	**bog** n lusak
blood n dugo	**bog** v.i lusakan
bloodshed n pagdanak ng dugo	**bogle** n multo
bloody a madugo	**bogus** a peke
bloom n namumukadkad	**boil** n kulo
bloom v.i. bumubukadkad	**boil** v.i. kumukulo
blossom n mamulaklak	**boiler** n kuluan
blossom v.i bulaklakan	**bold** a. hubad
blot n. pumawi	**boldness** n katapangan
blot v. t pawi	**bolt** n tornilyo
blouse n blusa	**bolt** v. t tornilyuhan
blow v.i. ihip	**bomb** n bomba
blow n tumba	**bomb** v. t binumba
blue n asul	**bombard** v. t atake
blue a nalulungkot	**bombardment** n pinasabog
bluff v. t manluko	**bomber** n nagpasabog
bluff n manluluko	**bonafide** adv talagang
blunder n mali	**bonafide** a talagang walang duda

bond n dikit	**both** a kapwang
bondage n pagkaalipin	**both** pron kapwa
bone n. buto	**both** conj parehong
bonfire n magsiga	**bother** v. t nag-alala
bonnet n takip	**botheration** n abala
bonten n	**bottle** n bote
bonus n dagdag	**bottler** n tindahan ng alak
book n aklat	**bottom** n ilalim
book v. t. iparehistro	**bough** n sanga
book-keeper n tagasalansan	**boulder** n malaking bato
book-mark n. panmarka sa libro	**bouncer** n gwardiya
book-seller n binibintang aklat	**bound** n. nakapaloob
book-worm n dami ng libro	**boundary** n harang
bookish n. ng aklat	**bountiful** a marami-rami
booklet n maliit na libro	**bounty** n marami
boon n biyaya	**bouquet** n bungkos ng bulaklak
boor n magbubukid	**bout** n hanggang saan
boost n dagdagan	**bow** v. t nakayuko
boost v. t dinadagdagan	**bow** n yuko
boot n sipain	**bow** n ulohan
booth n tanghalan	**bowel** n. magdumi
booty n nadambong	**bower** n ankor
booze v. i maglasing	**bowl** n mangkok
border n limitasyon	**bowl** v.i ihagis
border v.t limitahan	**box** n kahon
bore v. t pagod	**boxing** n boksing
bore n pambutas	**boy** n batang lalaki
born v. ipinanganak	**boycott** v. t. di-sumuporta
born rich adj. ipinanganak na mayaman	**boycott** n nag-usapusap
	boyhood n samahan
borne adj. makitid ang isip	**brace** n nagsuporta
borrow v. t hiniram	**bracelet** n pulseras
bosom n dibdib	**brag** v. i maghambog
boss n amo	**brag** n mahambog
botany n botanika	**braille** n gamit ng bulag at pipi
botch v. t sumira ng trabaho	**brain** n utak

brake n preno	**bride** n babaeng ikakasal
brake v. t nagpreno	**bridegroom** n. lalaking ikakasal
branch n sangay	**bridge** n tulay
brand n tatak	**bridle** n pigilin
brandy n alak	**brief** a. maiksi
brangle v. t maingay na palabas	**brigade** n. brigada
brass n. tanso	**brigadier** n brigadyer
brave a matapang	**bright** a matalino
bravery n kagitingan	**brighten** v. t palinawin
brawl v. i. & n away	**brilliance** n kagalingan
bray n ungal	**brilliant** a magaling
bray v. i umungal	**brim** n mapuno
breach n paglabag	**brine** n dagat
bread n tinapay	**bring** v. t dinala
breaden v. t. & i gawa sa tinapay	**brinjal** n halamang mabuhok
breadth n kaluwangan	**brink** n. bingit
break v. t hiwalay	**brisk** adj sigla
break n basag	**bristle** n buhok
breakage n pagbasag	**british** adj British
breakdown n hinimatay	**brittle** a. delikado
breakfast n umagahan	**broad** a malawak
breakneck n mapanganib	**broadcast** n anonsyong publiko
breast n suso	**broadcast** v. t pag aanonsyo
breath n hininga	**brocade** n dekorasyon
breathe v. i. paghinga	**broccoli** n. brokoli
breeches n. pigil	**brochure** n basahing maliit
breed v.t pinagpugaran	**brochure** n basahing maliit
breed n pugad	**broker** n ahente
breeze n simoy ng hangin	**brood** n kamag-anak
breviary n. konsentrasyon	**brook** n. ilog
brevity n kaiklian	**broom** n walis
brew v. t. nagsimula	**bronze** n. & adj bronse
brewery n simula	**broth** n sabaw
bribe n nobya	**brothel** n bahay ng prostitusyon
bribe v. t. pagkatali	**brother** n kapatid na lalaki
brick n maglagay ng laryo	**brotherhood** n kapatiran

brow n kilay
brown a kayumanggi
brown n kulay kayumanggi
browse n maghanap
bruise n gasgas
bruit n haka-haka
brush n panlinis
brustle v. t pakitang bayolente
brutal a brutal
brute n astig
bubble n bula
bucket n balde
buckle n pangkabit
bud n sanga
budge v. i. & n tuminag
budget n badyet
buff n madilaw-dilaw
buffalo n. kalabaw
buffoon n payaso
bug n. kulisap
bugle n trumpeta
build v. t gumawa
build n gawa
building n gusali
bulb n. bombilya
bulk n karamihan
bulky a maramihan
bull n toro
bulldog n buldog
bull's eye n asenta
bullet n bala
bulletin n bulitin
bullock n maliit na kalabaw
bully n tukso
bully v. t. tinutukso
bulwark n tagapagsanggalang

bumper n. depensa
bumpy adj matigtig
bunch n isang pungus
bundle n bigkis
bungalow n bungalo
bungle v. t ikalat
bungle n kalat
bunk n basura
bunker n basurahan
buoy n gabay
buoyancy n masayahin
burden n hinakit
burden v. t hinanakit
burdensome a mabigat
bureau n. ahensya
Bureacuracy n. gobyerno
Bureaucrat n opisyal
burglar n magnanakaw
burglary n mamasok bahay
burial n burol
burk v. t katangahan
burn v. t sinunog
burn n paso
burrow n butas
burst v. i. sumabog
burst n sabog
bury v. t. ilibing
bus n bus
bush n ilang
business n negosyo
businessman n negosyante
bustle v. t bilis
busy a dalas
but prep ngunit
but conj. ngunit
butcher n tagapatay

butcher v. t pumapatay
butter n mantikilya
butter v. t manipulahin
butterfly n paru-paru
buttermilk n gatas ng hayop
buttock n puwetan
button n butones
button v. t. buton
buy v. t. bumili
buyer n. mamimili
buzz v. i malakas na tunog
buzz n. tunog na malakas
by prep sa pamamagitan ng
by adv sa
bye-bye interj. paalam
by-election n kada-eleksyon
bylaw, bye-law n tuntunin
bypass n iwasan
by-product n kada-produkto
byre n silungan ng baka
byword n kawikaan

Cc

cab n. kab
cabaret n. bahay-sayawan
cabbage n. repolyo
cabin n. kwarto
cabinet n. kabinet
cable n. kable
cable v. t. ikonekta
cache n naipon
cachet n timbre
cackle v. i pagputak

cactus n. kaktus
cad n walang hiya
cadet n. kadete
cadge v. i manghingi
cadmium n kadmyum
café n. kainan
cage n. hawla
cain n Kain
cake n. keyk
calamity n. kalamidad
calcium n kalsyum
calculate v. t. kwinenta
calculator n kalkuleytor
calculation n. kalkulasyon
calendar n. kalendaryo
calf n. guya
call v. t. tinawag
call n. tawag
caller n nagtatawag
calligraphy n kaligrapya
calling n. tumatawag
callow adj kalyo
callous a. kalyo sa
calm n. kalma
calm n. kalma
calm v. t. kalmado
calmative adj napakakalma
calorie n. kalorya
calumniate v. t. manira sa kapwa
camel n. kamel
camera n. kamera
camlet n kamlot
camp n. kampo
camp v. i. kampong
campaign n. kampanya
camphor n. kampor

can n. kaya
can v. t. kayang-kaya
can v. kayahin
canal n. kanal
canard n maling balita
cancel v. t. kansela
cancellation n kanselasyon
cancer n. kanser
candid a. tapat
candidate n. kandidata
candle n. kandila
candour n. pagkaprangka
candy n. kendi
candy v. t. kendi
cane n. tungkod
cane v. t. itinukod
canister n. kanistra
cannon n. kanyon
cannonade n. v. & t kumanyon
canon n panuntunan
canopy n. palyo
canteen n. kantina
canter n kanter
canton n kanton
cantonment n. kampo-militar
canvas n. kanbas
canvass v. t. iginuhit
cap n. takip
cap v. t. takpan
capability n. kakayahan
capable a. kaya
capacious a. maluwang
capacity n. kapasidad
cape n. imus
capital n. kapital
capital a. kapital ng

capitalist n. kapitalista
capitulate v. t sumuko sa kasunduan
caprice n. sumpong
capricious a. kapritsoso
Capricorn n Kaprikorn
Capsicum n halaman ng sili
capsize v. i. tumaob
capsular adj hugis kapsula
captain n. kapitan
captaincy n. pagkakapitano
caption n. paliwanag
captivate v. t. nakuha
captive n. bihag
captive a. nabihag
captivity n. pagkabihag
capture v. t. makuhaan
capture n. makuha
car n. kotse
carat n. karat
caravan n. karaban
carbide n. karbid
carbon n. karbon
card n. kard
cardamom n. kardamono
cardboard n. karton
cardiacal adjs puso
cardinal a. kardinal
cardinal n. kardinal
care n. nagmamalasakit
care v. i. nagmamalasakitan
career n. karera
careful a maingat
careless a. pabaya
caress v. t. pagmamahal
cargo n. kargo

caricature n. karikatyur	**castor oil** n. kastor oyl
carious adj nabubulok	**castral** adj kastral
carl n Karlo	**casual** a. palagi na lang
carnage n pagpatay	**casualty** n. biktima
carnival n kanibal	**cat** n. pusa
carol n masayang awitin	**catalogue** n. listahan
carpal adj buto-daliri sa kamay	**cataract** n. katarata
carpenter n. karpentero	**catch** v. t. hinuli
carpentry n. pagkakarpenterya	**catch** n. huli
carpet n. latagan ng alpombra	**categorical** a. pagkasunod-sunod
carriage n. karwahe	**category** n. kategorya
carrier n. tagapagdala	**cater** v. i nagbibigay
carrot n. karot	**caterpillar** n katerpilar
carry v. t. dinala	**cathedral** n. katedral
cart n. kariton	**catholic** a. katoliko
cartage n. pagpapadala sa kotse	**cattle** n. baka
carton n karton	**cauliflower** n. kuliflower
cartoon n. guhit na gumagalaw	**causal** adj. pananahilan
cartridge n. kartreyds	**causality** n pagdadahilan
carve v. t. hiwa-hiwain ang	**cause** n. dahilan
cascade n. kaskado	**cause** v.t sanhi
case n. kaso	**causeway** n daanan ng sasakyan
cash n. pera	**caustic** a. nakapaso
cash v. t. kaperahan	**caution** n. babala
cashier n. kahera	**caution** v. t. pagbabala
casing n. lalagyan	**cautious** a. nag-iingat
cask n kaska	**cavalry** n. kawalerya
casket n ataul	**cave** n. kweba
cassette n. maliit na radyo	**cavern** n. yungib
cast v. t. palayasin	**cavil** v. t pulaan
cast n. gumanap na tauhan	**cavity** n. lukab
caste n kasta	**caw** n. magkaw
castigate v. t. kumastigo	**caw** v. i. magkawkaw
casting n paglalagay ng kaska	**cease** v. i. itigil
cast-iron n kast-iron	**ceaseless** a. walang humpay
castle n. kastilyo	**cedar** n. kawayan ng cedar

ceiling n. kesami	**cereal** a pagkain galing sa trigo
celebrate v. t. & i. magdiwang	**cerebral** adj sa uluhan
celebration n. selebrasyon	**ceremonial** a. seremonyal
celebrity n kilalang tao	**ceremonious** a. pagsermon
celestial adj makalangit	**ceremony** n. seremonya
celibacy n. di-nakikipagtalik	**certain** a sigurado
cell n. selda	**certainly** adv. sigurado
cellar n bodega ng alak	**certainty** n. walang-duda
cellular adj selular	**certificate** n. katibayan
cement n. semento	**certify** v. t. deklara
cement v. t. sinemento	**cerumen** n tutuli
cemetery n. sementeryo	**cesspool** n. maduming lalagyan
cense v. t umusok ng mabango	**chain** n kadena
censer n insensaryo	**chair** n. upuan
censor n. sensor	**chairman** n pangulo
censor v. t. sinensor	**chaise** n garwahe
censorious adj mapanuri	**chaise** n garwahe
censorship n. sensura	**challenge** n. pagsubok
censure n. pagpintas	**challenge** v. t. subukan
censure v. t. ipinintas	**chamber** n. kwarto
census n. sensus	**chamberlain** n tagapangasiwa
cent n sentabo	**champion** n. kampeon
centenarian n sentenaryan	**champion** v. t. nagpanalo
centenary n. sentenaryo	**chance** n. tsansa
centennial adj. sentenyal	**chancellor** n. ministro ng estado
center n sa gitna	**chancery** n opis ng husgado
centigrade a. sentigrado	**change** v. t. ibahin
centipede n. alupihan	**change** n. palitan
central a. sentral	**channel** n daanan
centre n sentro	**chant** n kanta
centrifugal adj. sentripugal	**chaos** n. di-maayos
centuple n. maraming beses	**chaotic** adv. magulo
century n. daang taon	**chapel** n. kapelya
ceramics n seramiks	**chapter** n. kabanata
cerated adj. natabunan ng wax	**character** n. karakter
cereal n. seryal	**charge** v. t. binayad

charge n. bayad	**cherish** v. t. pagpupugay
chariot n kalesa	**cheroot** n balot ng tabako
charitable a. donasyon	**chess** n. ahedres
charity n. organisasyon	**chest** n dibdib
charm1 n. kaakit	**chestnut** n. kulay-kastanyas
charm2 v. t. kaakit-akit	**chew** v. t ngumuya
chart n. tsart	**chevalier** n sewelye
charter n dokumento	**chicken** n. manok
chase1 v. t. ipagpatuloy	**chide** v. t. magmura
chase2 n. patuloy	**chief** a. nangunguna
chaste a. dalaga	**chieftain** n. puno
chastity n. kadalagahan	**child** n bata
chat1 n. usap	**childhood** n. pagkabata
chat2 v. i. naguusap	**childish** a. isip-bata
chatter v. t. tagapag-usap	**chill** n. nginig
chauffeur n. tsuper	**chilli** n. sili
cheap a mura	**chilly** a nakakanginig
cheapen v. t. binarat	**chiliad** n. isang libong grupo
cheat v. t. nangupya	**chimney** n. tsimenya
cheat n. kudigo	**chimpanzee** n. unggoy
check v. t. tama	**chin** n. baba
check n tsek	**china** n. gawaan ng paso
checkmate n pagtalo	**chirp** v.i. sumisiyap
cheek n pisngi	**chirp** n siyap
cheep v. i humuni	**chisel** n pait
cheer n. palakpak	**chisel** v. t. pumait
cheer v. t. pumalakpak	**chit** n. maikling sulat
cheerful a. masayahin	**chivalrous** a. marangal
cheerless a mapanglaw	**chivalry** n. dangal
cheese n. keso	**chlorine** n murang luntian
chemical a. kemikal	**chloroform** n kloropormo
chemical n. kemikal	**choice** n. pili
chemise n kamison	**choir** n koro
chemist n. parmasya	**choke** v. t. nabulunan
chemistry n. kimika	**cholera** n. kolera
cheque n. tseke	**chocolate** n tsokolate

choose v. t. pagpili	circular n. paikot
chop v. t tinadtad	circulate v. i. dumadaloy
chord n. kwerdas	circulation n sirkulasyon
choroid n parte ng mata	circumference n. sukat
chorus n. sabayang	circumstance n pangyayari
Christ n. Kristo	circus n. sirko
Christendom n. bansang Kristiyano	cist n puntod ng bato
	citadel n. muog
Christian n Kristiyano	cite v. t pinunterya
Christian a. Kristiyano	citizen n residente
Christianity n. pagkakristiyano	citizenship n pagkamamamayan
Christmas n pasko	citric adj. sitriko
chrome n kromo	city n siyudad
chronic a. malala	civic a publiko
chronicle n. salaysay	civics n simulain ng pagkamamamayan
chronology n. sunod-sunod	
chronograph n kasaysayan	civil a pampubliko
chuckle v. i pagtawa	civilian n sibilyan
chum n kaibigan	civilization n. sibilisasyon
church n. simbahan	civilize v. t edukado
churchyard n. paligid simbahan	clack n. & v. i palatak
churl n di-marunong	claim n angkin
churn v. t. & i. haluin	claim v. t kinuha
churn n. halu	claimant n tagakuha
cigar n. opus	clamber v. i umakyat
cigarette n. sigarilyo	clamour n ingay
cinema n. pelikula	clamour v. i. pag-iingay
cinnabar n kulay mapula	clamp n ipit
cinnamon n kanela	clandestine adj. lihim
cipher, cipher n. sero	clap v. i. nagpalakpak
circle n. bilog	clap n palakpak
circuit n. paligid	clarify v. t ipaliwanag
circumfluence n. napapaligiran ng tubig	clarification n iklaro
	clarion n. korneta
circumspect adj. banayad	clarity n linaw
circular a pabilog	clash n. salungat

clash v. t. pagkasalungatan	**clock** n. orasan
clasp n piniga	**clod** n. tigkal sa lupa
class n klase	**cloister** n. kumbento
classic a klasik	**close** n. sarado
classic n klasiko	**close** a. malapit sa
classical a klasikal	**close** v. t sinarado
classification n klasipikasyon	**closet** n. lalagyan ng damit
classify v. t kategorya	**closure** n. pagsasara
clause n seksyon	**clot** n. bara
claw n kuko	**clot** v. t pagbara
clay n luad	**cloth** n tela
clean malinis	**clothe** v. t damit
clean v. t nilinis	**clothes** n. mga damit
cleanliness n pagkamalinis	**clothing** n kasuotan
cleanse v. t hugasan	**cloud** n. ulap
clear a linawan	**cloudy** a maulap
clear v. t linawin	**clove** n sibuyas
clearance n pagpapalinaw	**clown** n komedyante
clearly adv linawin ang	**club** n klab
cleft n sungi	**clue** n sinyales
clergy n nangangaral	**clumsy** a maraskal
clerical a sa pari	**cluster** n klaster
clerk n klerk	**cluster** v. i. pagtitipon
clever a. matalino	**clutch** n hawak
clew n. kidkid	**clutter** v. t makalat
click n. pindot	**coach** n turo
client n.. kliyente	**coachman** n tagapagturo
cliff n. peklat	**coal** n karbon
climate n. klima	**coalition** n samahan
climax n. kaibuturan	**coarse** a magaspang
climb1 n. akyat	**coast** n dalampasigan
climb v.i pag-akyat	**coat** n balot
cling v. i. kumapit	**coating** n patong
clinic n. klinika	**coax** v. t magandang kausap
clink n. pakalasingin	**cobalt** n kobalt
cloak n. kapa	**cobbler** n sapatero

cobra n kobra
cobweb n sapot
cocaine n kokaina
cock n titi
cocker v. t nagsasabong
cockle v. i sigay
cock-pit n. sabungan
cockroach n ipis
coconut n niyog
code n panuntunan
co-education n. kasamang pag-aaral
coefficient n. panukat
co-exist v. i pagka-iral
co-existence n iral
coffee n kape
coffin n ataul
cog n ngipin ng gulong
cogent adj. kapanipaniwala
cognate adj magkaugnay
cognizance n malay
cohabit v. t magkasamang manirahan
coherent a gising
cohesive adj madikit
coif n gora
coin n barya
coinage n likha
coincide v. i nagkatugma
coir n bunot
coke v. t kok
cold a malamig
cold n lamig
collaborate v. i iniugnay
collaboration n kolaborasyon
collapse v. i bumigay

collar n kolar
colleague n kasamahan
collect v. t kolekta
collection n koleksyon
collective a sama-sama
collector n kolektor
college n kolehiyo
collide v. i. nadisgrasya
collision n disgrasya
collusion n sapakatan
colon n kolon
colon n bituka
colonel n. koronel
colonial a kolonyal
colony n kolonyal
colour n kulay
colour v. t pagkulay
colter n kolter
column n haligi
coma n. walang malay
comb n suklay
combat1 n laban
combat v. t. labanan
combatant1 n panlaban
combatant a. tagapaglaban
combination n kombinasyon
combine v. t paghalo
come v. i. pagdating
comedian n. komedyante
comedy n. patawa
comet n kometa
comfit n. kampit
comfort1 n. ginhawa
comfort v. t pagkaginhawa
comfortable a komportable
comic a komiko

comic n komiks
comical a komikal
comma n kama
command n utos
command v. t nag-utos
commandant n tagapag-utos
commander n komander
commemorate v. t. selebra
commemoration n. pagselebra
commence v. t inumpisahan
commencement n pagsisimula
commend v. t papurihan
commendable a. kapuri-puri
commendation n papuri
comment v. i pinuna
comment n puna
commentary n komentaryo
commentator n tagaulat
commerce n komersyo
commercial a komersyal
commiserate v. t makiramay
commission n. komisyon
commissioner n. komisyoner
commissure n. magkadikit
commit v. t. ginawa
committee n komite
commodity n. kalakal
common a. palagi
commoner n. di-maharlikang tao
commonplace a. palagian
commonwealth n. komonwelt
commotion n iskandalo
commove v. t masidhi
communal a publiko
commune v. t komunidad
communicate v. t mag-usap

communication n. komunikasyon
communiqué n. opisyal na balita
communism n komunismo
community n. komunidad
commute v. t magbawas
compact a. siksik
compact n. payag
companion n. kasama
company n. kompanya
comparative a kaparehas
compare v. t ihalintulad
comparison n pagkakaiba
compartment n. seksyon
compass n tamang hangganan
compassion n pagsisilbi sa tao
compel v. t itinulak
compensate v.t tumbasan
compensation n pagtumbasan
compete v. i naglaban
competence n abilidad
competent a. maabilidad
competition n. kompetisyon
competitive a makompetisya
compile v. t pinagsama-sama
complacent adj. nakuntento
complain v. i nagreklamo
complaint n reklamo
complaisance n. paggalang
complaisant adj. mapagbigay
complement n dinagdag
complementary a kakontra
complete a kumpleto
complete v. t pagkumpleto
completion nakumpleto
complex a mabusisi
complex n busisi

complexion n kulay ng balat	**conceit** n kayabangan
compliance n. pagsunod	**conceive** v. t nagdadalang-tao
compliant adj. tagasunod	**concentrate** v. t buhos atensyon
complicate v. t gawing mahirap	**concentration** n. konsentrasyon
complication n. komplikasyon	**concept** n konsepto
compliment n. puri	**conception** n nagbubuntis
compliment v. t pagpuri	**concern** v. t nag-aalala
comply v. i pagtapos	**concern** n alala
component adj. nilalaman	**concert** n. konserto
compose v. t pinagsama	**concert2** v. t nagpalabas
composition n komposisyon	**concession** n pagpapapahinuho
compositor kompositor	**conch** n. batotoy
compost n pag-aabono	**conciliate** v.t. papagkasunduin
composure n. kalamigan ng loob	**concise** a maiksi
compound n kombinasyon ng dalawa	**conclude** v. t tapusin
compound a elemento	**conclusion** n. konklusyon
compound v. i ipinaghalo	**conclusive** a kapani-pniwala
compounder n. maraming nilalaman	**concoct** v. t timplahin
comprehend v. t naintindihan	**concoction** n. pagtimpla
comprehension n pagka-intidi	**concord** n. katahimikan
comprehensive a malawak	**concrescence** n. konkresensya
compress v. t. piniga	**concrete** n konkreto
compromise n kompormiso	**concrete** a espesipiko
compromise v. t nakompormiso	**concrete** v. t kinunkreto
compulsion n pagpwersa	**concubinage** n. pangangalunya
compulsory a pwersahan	**concubine** n babae
compunction n. pagsisisi	**conculcate** v.t. tapakan
computation n. pagtutuos	**condemn** v. t. kondema
compute v.t. itotal	**condemnation** n sisi
comrade n. kasama	**condense** v. t paikliin
conation n. kagustuhan	**condite** v.t. preserbahin
concave adj. malukong	**condition** n kondisyon
conceal v. t. nagtago	**conditional** a depende
concede v.t. tinanggap	**condole** v. i. nakikiramay
	condolence n makiramay
	condonation n. pagpabaya

conduct n asal
conduct v. t pag-uugali
conductor n konduktor
cone n. kono
confectioner n tagagawa ng matatamis
confectionery n kendihan
confer v. i pinag-usapan
conference n pagtitipon
confess v. t. kumpisal
confession n nangumpisal
confidant n matalik na kaibigan
confide v. i sinabi
confidence n tiwala
confident a. nagtiwala
confidential a. sekreto
confine v. t pinasok
confinement n. pagpasok
confirm v. t sigurado
confirmation n kompirmasyon
confiscate v. t kinuha
confiscation n pagkuha
conflict n. komplik
conflict v. i komplikado
confluence n isang daloy
confluent adj. kadaloy
conformity n. nararapat lang
conformity n. nararapat lang
confraternity n. samahan sa prat
confrontation n. konprontasyon
confuse v. t nalilito
confusion n lito
confute v.t. pasinungalingan
conge n. biglang paalam
congenial a kalugod-lugod
conglutinant v.t. pagalingin

congratulate v. t binabati
congratulation n pagbabati
congress n kongreso
conjecture n haka-haka
conjecture v. t pinaguusapan
conjugal a pang-magasawa
conjugate v.t. & i. ibanghay
conjunct adj. kasama
conjunctiva n. sa loob ng pilikmata
conjuncture n. kondyanktor
conjure v.t. magsalamangka
conjure v.i. salamangkahan
connect v. t. dugtungan
connection n koneksyon
connivance n. pagsasakapatan
conquer v. t nakuha
conquest n natalo
conscience n konsensya
conscious a gising na diwa
consecrate v.t. ilaan
consecutive adj. hanggang
consecutively adv hanggan sa
consensus n. pumayag
consent n. pumayag
consent v. i pinayagan
consent3 v.t. nagpayag
consequence n resulta
consequent a resulta ng
conservative a konserbatibo
conservative n tipid
conserve v. t nagtitipid
consider v. t tinanggap
considerable a katangap-tanggap
considerate a. mapagbigay
consideration n konsiderasyon

considering prep. pinapayagan
consign v.t. maghabilin
consign v. t. maghabilin
consignment n. habilinan
consist v. i kinapalooban
consistence,-cy n. di-nalalagpak
consistent a di-lumalagpak
consolation n pabuya
console v. t komportable
consolidate v. t. patibayin
consolidation n konsolidasyon
consonance n. kaayunan
consonant n. katinig
consort n. abay
conspectus n. konspektus
conspicuous a. halata
conspiracy n. plano
conspirator n. nagpaplano
conspire v. i. pagplanuhan
constable n agusil
constant a patuloy
constellation n. konstelasyon
constipation n. tubol
constituency n konstityuwensya
constituent n. botante
constituent adj. elemento sa
constitute v. t kinatawanan
constitution n konstitusyon
constrict v.t. sumikip
construct v. t. gawaan
construction n konstraksyon
consult v. t konsulta
consultation n konsultasyon
consume v. t konsumo
consumption n nakakain
consumption n nagagamit

contact n. sagi
contact v. t sumagi
contagious a nakakahawa
contain v.t. nilalaman
contaminate v.t. kontaminasyon
contemplate v. t magbulaybulay
contemplation n kontemplasyon
contemporary a moderno
contempt n di-nirespeto
contemptuous a mapanlait
contend v. i nagtatalo
content a. nilalaman
content v. t naglalaman
content n laman ay
content n. kuntento
contention n pagtatalo
contentment n kaligayahan
contest v. t paligsahan
contest n. programa
context n konteksto
continent n kontinente
continental a kontinental
contingency n. pwede-mangyari
continual adj. patuloy sa
continuation n. karugtong
continue v. i. dugtongan
continuity n daloyan
continuous a patuloy
contour n ayos
contra pref. kontra
contraception n. kontrasepsyon
contract n kontrata
contract v. t kinontrata
contrapose v.t. kontra
contractor n mangongontrata
contradict v. t kontrahin

contradiction n kontradiksyon
contrary a kabaliktaran
contrast v. t pag-ibahin
contrast n kaibahan
contribute v. t umambag
contribution n kontribusyon
control n kontrol
control v. t kinontrol
controller n. tagakontrol
controversy n pagtatalo
contuse v.t. pagpasa
conundrum n. bugtong
convene v. t magtipon
convener n tagatippon
convenience n. kaangkupan
convenient a maalwan
convent n kumbento
convention n. pulong
conversant a bihasa na
conversant adj. sanay
conversation n pag-uusap
converse v.t. makipg-usap
conversion n pagbagong-anyo
convert v. t kombertihin
convert n baguhin
convey v. t. dalhin
conveyance n pagdadala
convict v. t. hatulan
convict n napatunayang maysala
conviction n kombiksyon
convince v. t kumbinsi
convivial adj. masigla
convocation n. pagtitipon
convoke v.t. tipunin
convolve v.t. ipagsama
coo n kuruktok

coo v. i kumurukutok
cook v. t magluto
cook n kusinero
cooker n lutuan
cool a lamig
cool v. i. palamigin
cooler n palamigan
coolie n piyong-intsik
co-operate v. i magtulungan
co-operation n kooperasyon
co-operative a pagtulungan
co-ordinate a. kahanay
co-ordinate v. t ihanay
co-ordination n koordinasyon
coot n. patong itim
co-partner n kapareha
cope v. i kapa
coper n. palagian sa trabaho
copper n tanso
coppice n. pagputol ng puno
coprology n. koprologo
copulate v.i. nakipagtalik
copy n kopya
copy v. t kopyahin
coral n kurales
cord n pisi
cordial a tapat
corbel n. korbel
cordate adj. hugis puso
core n. kalagitnaan
coriander n. kulantro
Corinth n. Korintya
cork n. tapon
cormorant n. maninisid-isda
corn n mais
cornea n kornya

corner n sulok	cottage n kubo
cornet n. korneta	cotton n. koton
corniclen. sa isang sulok	couch n. supa
coronation n koronasyon	cough n. ubo
coronet n. munting korona	cough v. i. pag-ubo
corporal a korporal	council n. konseho
corporate adj. pinag-isa	councillor n. konsilor
corporation n korporasyon	counsel n. payo
corps n pulutong	counsel v. t. tagapayo
corpse n bangkay	counsellor n. manananggol
correct a wasto	count n. bilang
correct v. t itama	count v. t. bumilang
correction n koreksyon	countenance n. pagmumukha
correlate v.t. pag-ugnayin	counter n. kaha
correlation n. paguugnay-ugnay	counter v. t tagabilang
correspond v. i magkatugon	counteract v.t. salungatin
correspondence n. pagsusulatan	countercharge n. pinagpalit
correspondent n. tagapagbalita	counterfeit a. huwad
corridor n. pasilyo	counterfeiter n. manghuhuwad
corroborate v.t. patunayan	countermand v.t. bawiin ang utos
corrosive adj. nakasisira	counterpart n. katumbas
corrupt v. t. gawing balakyot	countersign v. t. lagdang patibay
corrupt a. maruming budhi	countess n. kondesa
corruption n. kabulukan	countless a. di-mabilang
cosier n. nakikiramay	country n. bansa
cosmetic a. kosmetiko	county n. mabilang
cosmetic n. kosmetiko	coup n. biglang golpe
cosmic adj. pansanlibutan	couple n pares
cost v.t. ipagasta	couple v. t magkapares
cost n. presyo	couplet n. tulang kopla
costal adj. baybayin	coupon n. kupon
cote n. laman	courage n. tapang
costly a. mahalaga	courageous a. matapang
costume n. damit	courier n. mensahero
cosy a. katastrope	course n. kurso
cot n. dampa	court n. korte

court v. t. manligaw
courteous a. magalang
courtesan n. puta
courtesy n. paggalang
courtier n. kortesano
courtship n. panliligaw
courtyard n. paligid
cousin n. pinsan
covenant n. ang kayang maabot
cover v. t. takpan
cover n. damtan
coverlet n. kubrekama
covet v.t. pagnasaan
cow n. baka
cow v. t. takutin
coward n. duwag
cowardice n. karuwagan
cower v.i. yumuko
cozy n. maginhawa
crab n alimango
crack n putok
crack v. i pumutok
cracker n kraker
crackle v.t. pumutok-putok
cradle n kuna
craft n sining
craftsman n artisano
crafty a magdaraya
cram v. t magpakabundat
crambo n. krambo
crane n tagak
crankle v.t. di-galawin
crash v. i bumagsak
crash n lagapak
crass adj. bastos
crate n. basta

crave v.t. sumamo
craw n. balunbalunan
crawl v. t gumapang
crawl n gapang
craze n pagkahumaling moda
crazy a sira-sira
creak v. i umagitit
creak n agitit
cream n krema
crease n marka ng tiklop
create v. t lumikha
creation n paglikha
creative adj. malikhain
creator n maylikha
creature n nilikha
credible a kapani-paniwala
credit n kredito
creditable a pwedeng utangin
creditor n ang may pautang
credulity adj.pagkamapaniwalain
creed n. paniniwala
creed n kredo
creek n. munting ilog
creep v. i gumapang
creeper n gumagapang
cremate v. t magsunog ng bangkay
cremation n pagsunog ng bangkay
crest n palong
crevet n. tunawan
crew n. tripulante
crib n. sabsaban
cricket n kriket
crime n krimen
crimp n pagkulu-kulubutin

crimple v.t. kulubutin	**crumb** n munting butil
criminal n pagkasalarin	**crumble** v. t gumuho
criminal a kriminal	**crump** adj. lukot
crimson n krimson	**crusade** n krusada
cringe v. i. umuklo	**crush** v. t ipitin
cripple n pilay	**crust** n. pasta
crisis n krisis	**crutch** n tungkod
crisp a malutong	**cry** n sumigaw
criterion n panukatan	**cry** v. i umiyak
critic n kritiko	**cryptography** n. patalastas
critical a kritikal	**crystal** n bubog
criticism n kritisismo	**cub** n batang tigre
criticize v. t kritikal	**cube** n dais
croak n. umungol	**cubical** a kubikal
crockery n. mga babasagin	**cubiform** adj. kyubiporm
crocodile n buwaya	**cuckold** n. pindeho
croesus n. mayamang-mayaman	**cuckoo** n ibong kukko
crook a manananso	**cucumber** n pipino
crop n ani	**cudgel** n pamugbog
cross v. t mag-antanda	**cue** n hanay
cross n krus	**cuff** n sampal
cross a pahalang	**cuff** v. t pagsampal
crossing n. halang	**cuisine** n. pangungusina
crotchet n. kapritsoso	**cullet** n. basag na tunawan
crouch v. i. yumuko	**culminate** v.i. makaabot sa sukdulan
crow n tilaok	
crow v. i tumilaok	**culpable** a maysala
crowd n siksikan	**culprit** n salarin
crown n korona	**cult** n kulto
crown v. t pagkorona	**cultivate** v. t magbungkal
crucial adj. mahigpit	**cultrate** adj. matulis ang dulo
crude a magaspang	**cultural** a kultural
cruel a malupit	**culture** n kultural
cruelty n kalupitan	**culvert** n. kantarilya
cruise v.i. biyahe	**cunning** a maalam
cruiser n bantay-baybayin	**cunning** n tuso

cup n. tasa
cupboard n platera
Cupid n Kupido
cupidity n kasakiman
curable a malulunasan
curative a nakagagaling
curb n pamigil
curb v. t pigilin
curcuma n. kurkuma
curd n namuong gatas
cure n remedyo
cure v. t. gamutin
curfew n korpiyu
curiosity n pagka-mausisa
curious a mausisa
curl n. kulot
currant n. pasas-korinto
currency n pananalapi
current n kuryente
current a kasalukuyan
curriculum n kurikulum
curse n lait
curse v. t manlait
cursory a madalian
curt a maikli
curtail v. t pungusan
curtain n kurtina
curve n liko
curve v. t iliko
cushion n almuwada
cushion v. t patalbugan
custard n letseplan
custodian n tagapag-alaga
custody v taga-ingat
custom n. adwana
customary a adwanahan

customer n kustomer
cut v. t hiwain
cut n hiwa
cutis n. totoong balat
cuvette n. kubet
cycle n ikot
cyclic a ligid
cyclist n siklista
cyclone n. buhawi
cyclostyle n butas na labasan
cyclostyle v. t tintain
cylinder n silindro
cynic n mapamintas
cypher cypress n sero

Dd

dabble v. i. di-tuwid ang lakad
dacoit n. myembro ng gang
dacoity n. sama sa gang
dad, daddy n tatay
daffodil n. narsiso
daft adj. hangal
dagger n. punyal
daily a araw-araw
daily adv. pang-araw-araw
daily n. araw
dainty a. masarap
dainty n. sarap
dairy n pagatasan
dais n. plataporma
daisy n margarita
dale n munting lambak
dam n dam

damage n. pinsala	**daunt** v. t naintimida
damage v. t. napinsala	**dauntless** a mapangahas
dame n. dama	**dawdle** v.i. magbulakbol
damn v. t. sumpain	**dawn** n bukang-liwayway
damnation n. pagsumpa	**dawn** v. i. magbukang-liwayway
damp a matamlay	**day** n araw
damp n umedo	**daze** n tuliro
damp v. t. patamlayin	**daze** v. t tuliruhin
damsel n. binibini	**dazzle** n silaw
dance n sayaw	**dazzle** v. t. silawin
dance v. t. sumayaw	**deacon** n. diyakono
dandelion n. ngiping-leon	**dead** a patay
dandle v.t. iyugyug	**deadlock** n katapusan
dandruff n balakubak	**deadly** a nakamamatay
dandy n puturyoso	**deaf** a bingi
danger n. panganib	**deal** n bigay
dangerous a mapanganib	**deal** v. i mamigay
dangle v. t lumawit-lawit	**dealer** n bangkero
dank adj. mahalumigmig	**dealing** n. may koneksyon
dap v.i. tumalbog	**dean** n. dekano
dare v. i. mangahas	**dear** a giliw
daring n. kapangahasan	**dearth** n kasalatan
daring a kapangahasan	**death** n pagkamatay
dark a madilim	**debar** v. t. di-isama
dark n dilim	**debase** v. t. hamakin
darkle v.i. sa madilim	**debate** n. pagtatalo
darling n sinta	**debate** v. t. makipagtalo
darling a mahal	**debauch** v. t. paglalasing
dart n. palaso	**debauch** n paglasing
dash v. i. isalpok	**debauchee** n malandi
dash n salpok	**debauchery** n kahalayan
date n petsa	**debility** n panghihina
date v. t petsahan	**debit** n pagkakautang
daub n. kapulin	**debit** v. t umutang
daub v. t. bahiran	**debris** n sukal
daughter n iha	**debt** n utang

debtor n may-utang
decade n dekada
decadent a pagbaba ng uri
decamp v. i alis sa kampamento
decay bulok
decay v. i nabulok
decease n namatay
decease v. i pinaslang
deceit n daya
deceive v. t magdaya
December n Disyembre
decency n katumpakan
decennary n.twing sampong taon
decent a mahinhin
deception n desepsyon
decide v. t magpasya
decillion n. kardinal na numero
decimal a desimal
decimate v.t. diyesmahin
decision n disisyon
decisive a madali
deck n sahig
deck v. t gayakan
declaration n deklarasyon
declare v. t. ideklara
decline n liko
decline v. t. lumiko
declivous adj. pahalang pababa
decompose v. t.bayaang mabulok
decomposition n.dekomposisyon
decontrol v.t. alisin ang kontrol
decorate v. t magdekorasyon
decoration n dekorasyon
decorum n karangalan
decrease v. t lumiit
decrease n liit

decree n utos
decree v. i utusan
decrement n. bumababa
dedicate v. t. ilaan
dedication n dedikasyon
deduct v.t. alisin
deed n gawa
deem v.i. akalain
deep a. malalim
deer n usa
defamation n paninirang puri
defame v. t. manirang puri
default n. pagpapabaya
defeat n talo
defeat v. t. tinalo
defect n depekto
defence n depensa
defend v. t magtanggol
defendant n nasasakdal
defensive adv. nagtatanggol
deference n pakundangan
defiance n hamon
deficit n kulang
deficient adj. may depekto
defile n. dungisan
define v. t ilarawan
definite a tiyak
definition n paliwanag
deflation n. kipis
deflect v.t. & i. lumihis
deft adj. maliksi
degrade v. t ibaba
degree n antas
dehort v.i. igusto
deist n. diyesta
deity n. bathala

deject v. t nalumbay	**demurrage** n. di-pinaalis na barko
dejection n nalulumbay	**den** n kweba
delay v.t. & i. pigilan	**dengue** n. dengge
delibate v.t. tikman	**denial** n pagtanggi
delegate n delegado	**denote** v. i di-nanotahan
delegate v. t kumatawan	**denounce** v. t isuplong
delegation n delegasyon	**dense** a makapal
delete v. t burahin	**density** n densidad
deliberate v. i wariin	**dentist** n dentista
deliberate a mapagbulay-bulay	**denude** v.t. hubaran
deliberation n deliberasyon	**denunciation** n. pagsuplong
delicate a delikado	**deny** v. t. tumanggi
delicious a masarap	**depart** v. i. umalis
delight n galak	**department** n departamento
delight v. t. kalugod-lugod	**departure** n pag-alis
deliver v. t dalhin	**depauperate** v.t. magpakadukha
delivery n hatid	**depend** v. i. mabatay
delta n bunganga ng ilog	**dependant** n mga nakadepende
delude n.t. manlinlang	**dependence** n pagtitiwala
delusion n. halusinasyon	**dependent** a umaasa
demand n hingin	**depict** v. t. maglarawan
demand v. t hinihingi	**deplorable** a nakalulungkot
demarcation n. hangganan	**deploy** v.t. mangalat
dement v.t luko-luko	**deponent** n. deponente
demerit n demerit	**deport** v.t. ipatapon
democracy n demokrasya	**depose** v. t itiwalag
democratic a demokratiko	**deposit** n. deposito
demolish v. t. iguho	**deposit** v. t ideposito
demon n. demonyo	**depot** n bodega
demonetize v.t. tigil sa gawaing masama	**depreciate** v.t.i. babaang halaga
	depredate v.t. manloob
demonstrate v. t ipakita	**depress** v. t patamlayin
demonstration n. demonstrasyon	**depression** n lumbay
demoralize v. t. pasamain	**deprive** v. t alisan
demur n tutol	**depth** n lalim
demur v. t tumutol	**deputation** n deputasyon

depute v. t delegasyon
deputy n kinatawan
derail v. t. madiskaril
derive v. t. pinagkunan
descend v. i. lumusong
descendant n pinag-apuhan
descent n. pagbaba
describe v. t iguhit
description n deskripsyon
descriptive a naglalarawan
desert v. t. iwan
desert n desyerto
deserve v. t. karapat-dapat
design v. t. idinisenyo
design n. disenyo
desirable a kaibig-ibig
desire n magnais
desire v.t ninais
desirous a nagnanais
desk n mesita
despair n mawalan ng pag-asa
despair v. i desperado
desperate a wala ng pag-asa
despicable a nakamumuhi
despise v. t pagmataasan
despot n makapangyarihang hari
destination n destinasyon
destiny n destino
destroy v. t gibain
destruction n pagkasira
detach v. t ihiwalay
detachment n nahiwalay
detail n detalye
detail v. t italaga
detain v. t pigilin
detect v. t tiktikan

detective a tiktik
detective n. natiktik
determination n. determinasyon
determine v. t hangganan
dethrone v. t alisin sa trono
develop v. t. paunlarin
development n. paglalahad
deviate v. i lumihis
deviation n paglihis
device n pamamaraan
devil n diyablo
devise v. t mag-isip
devoid a walang-wala
devote v. t iukol
devotee n deboto
devotion n debosyon
devour v. t lamunin
dew n. hamog
diabetes n diyabetes
diagnose v. t kilalanin ang sakit
diagnosis n diyagnosis
diagram n dayagram
dial n. dayal
dialect n wika
dialogue n diyalogo
diameter n diyametro
diamond n diyamante
diarrhea n bululos
diary n talaarawan
dice n. days
dice v. i. itinatapon na days
dictate v. t magdikta
dictation n pagdidikta
dictator n diktador
diction n pili ng salita
dictionary n diksyunaryo

dictum n pahayag
didactic a may-aral
die v. i mamatay
die n patay
diet n diyeta
differ v. i maiba
difference n diperensya
different a iba
difficult a mahirap
difficulty n hirap
dig n hukay
dig v.t. maghukay
digest v. t. tunawin
digest n. tunaw
digestion n panunaw
digit n numero
dignify v.t dangalin
dignity n dignidad
dilemma n dilema
diligence n sigasig
diligent a masipag
dilute v. t palabnawin
dilute a may banto
dim a malamlam
dim v. t palamlamin
dimension n dimensyon
diminish v. t magbawas
din n linggal
dine v. t. mananghalian
dinner n hapunan
dip n. sawsaw
dip v. t isawsaw
diploma n diploma
diplomacy n diplomasya
diplomat n diplomatiko
diplomatic a diplomatiko

dire a katakut-takut
direct a direkta
direct v. t direktahin
direction n direksyon
director n. direktor
directory n direktoryo
dirt n dumi
dirty a marumi
disability n kawalang-kaya
disable v. t alisan ng lakas
disabled a walang lakas
disadvantage n hadlang
disagree v. i tinutulan
disagreeable a. di-kasiya-siya
disagreement n. hidwaan
disappear v. i mawala
disappearance n pahgkawala
disappoint v. t. biguin
disapproval n di-pagpapatibay
disapprove v. t di-pagtibayin
disarm v. t alisan ng armas
disarmament n. pagsasalong
disaster n sakuna
disastrous nakapagpapapahamak
disc n. plaka
discard v. t itapon
discharge v. t madiskarga
discharge n. pagpapababa
disciple n alagad
discipline n disiplina
disclose v. t ipaalam
discomfort n kawalang-ginhawa
disconnect v. t paghiwalayin
discontent n kawalang-kasiyahan
discontinue v. t tumigil
discord n kawalang-ayunan

discount n bawasan	**disposal** n pag-aayos
discourage v. t. sirain ang loob	**dispose** v. t pagsasaayos
discourse n pagpapahayag	**disprove** v. t pabulaanan
discourteous a bastos	**dispute** n magtalo
discover v. t matuklasan	**dispute** v. i magtalo sa
discovery n. tuklas	**disqualification** n alisan ng karapatan
discretion n pagkahiwalay	
discriminate v. t. pagbukod	**disqualify** v. t. inalis ang karapatan
discrimination n diskriminasyon	
discuss v. t. talakayin	**disquiet** n kawalang katahimikan
disdain n maliitin	**disregard** n di-pansinin
disdain v. t. pagmataasan	**disregard** v. t di-pinansin
disease n sakit	**disrepute** n walang dangal
disguise n balatkayo	**disrespect** n kawalang galang
disguise v. t magbalatkayo	**disrupt** v. t guluhin
dish n plato	**dissatisfaction** n di-nasiyahan
dishearten v. t alisin ng sigla	**dissatisfy** v. t. di-nasiyahan
dishonest a madaya	**dissect** v. t hiwain
dishonesty n. pagdaraya	**dissection** n paghiwa-hiwain
dishonour v. t kasiraang-dangal	**dissimilar** a di-magkapareho
dishonour n sirang-puri	**dissolve** v.t tunawin
dislike v. t ayawan	**dissuade** v. t pigilan
dislike n ayaw	**distance** n distansya
disloyal a di-matapat	**distant** a malayo
dismiss v. t. paalisin	**distil** v. t distilahin
dismissal n dismisal	**distillery** n distileriya
disobey v. t sumuway	**distinct** a iba
disorder n gulo	**distinction** n kaibahan
disparity n di-magkatulad	**distinguish** v. i makilala
dispensary n bahagian	**distort** v. t baluktutin
disperse v. t ikalat	**distress** n dusa
displace v. t tinagin	**distress** v. t nagdusa
display v. t ipakita	**distribute** v. t ipamahagi
display n ladlad	**distribution** n distribusyon
displease v. t galitin	**district** n distrito
displeasure n pasamain ang loob	**distrust** n pagduda

distrust v. t. pagdudahan
disturb v. t guluhin
ditch n kanal
ditto n. pareho
dive v. i sumisid
dive n sisid
diverse a magkaiba
divert v. t ilihis
divide v. t hatiin
divine a banal
divinity n pagka-Diyos
division n dibisyon
divorce n diborsiyo
divorce v. t nagdiborsiyo
divulge v. t ihayag
do v. t isagawa
docile a madaling turuan
dock n. pantalan
doctor n doktor
doctorate n doktorado
doctrine n doktrina
document n dokumento
dodge n ilag
dodge v. t umilag
doe n isang babae
dog n aso
dog v. t sundan-sundan
dogma n simulain
dogmatic a dogmatiko
doll n manika
dollar n dolyar
domain n lupang-sakop
dome n kupula
domestic a pantahanan
domestic n domestika
domicile n tirahan

dominant a dominante
dominate v. t dominahan
domination n dominasyon
dominion n kapangyarihan
donate v. t magkaloob
donation n. donasyon
donkey n buro
donor n donante
doom n paghuhukom
doom v. t. hatulan
door n pinto
dose n dosis
dot n tuldok
dot v. t tuldukan
double a doble
double v. t. idinoble
double n pagdoble
doubt v. i dudahan
doubt n duda
dough n masa
dove n kalapati
down adv ibaba
down prep sa ibaba
down v. t bumaba
downfall n bumagsak
downpour n malakas na ulan
downright adv pranka
downright a diretso
downward a paibaba
downward adv padalusdos
downwards adv paibaba
dowry n bigay-kaya
doze n. idlip
doze v. i umidlip
dozen n dosena
draft v. t magbalangkas

draft n balangkas	**drive** v. t magmaneho
draftsman a dilenyante	**drive** n maneho
drag n hila	**driver** n nagmamaneho
drag v. t hilahin	**drizzle** n ambon
dragon n dragon	**drizzle** v. i umambon
drain n tulu	**drop** n patak
drain v. t patuluin	**drop** v. i pumatak
drainage n agusan	**drought** n maliit na pag-ulan
dram n munting lagok	**drown** v.i malunod
drama n drama	**drug** n droga
dramatic a madrama	**druggist** n butikaryo
dramatist n dramatista	**drum** n tambol
draper n damit	**drum** v.i. tinambol
drastic a marahas	**drunkard** n lasenggo
draught n bote	**dry** a tuyo
draw v.t magguhit	**dry** v. i. pinatuyo
draw n guhit	**dual** a dalawahan
drawback n hilahin pabalik	**duck** n. pato
drawer n drower	**duck** v.i. umuklo
drawing n drowing	**due** a dahil sa
drawing-room n silid-drowingan	**due** n karapatan
dread n matakot	**due** adv utang
dread v.t takutin	**duel** n duwelo
dread a magpatakot	**duel** v. i akipan
dream n panaginip	**duke** n mataas na tao
dream v. i. nanaginip	**dull** a tanga
drench v. t pigtain	**dull** v. t. katangahan
dress n suot	**duly** adv sa tamang oras
dress v. t suotin	**dumb** a artipisyal
dressing n damitan	**dunce** n taong-hangal
drill n pamutas	**dung** n ipot
drill v. t. binutasan	**duplicate** a kopya
drink n inom	**duplicate** n duplikado
drink v. t inumin	**duplicate** v. t kinopya
drip n pumatak-patak	**duplicity** n pandaraya
drip v. i pinatakan	**durable** a magtatagal

duration ng kalaunan
during prep nong panahon ng
dusk n takip-silim
dust n alikabok
dust v.t. alikabukan
duster n daster
dutiful a maingat
duty n tungkulin
dwarf n unano
dwell v. i manirahan
dwelling n tumira
dwindle v. t umunti
dye v. t tinaan
dye n tina
dynamic a dinamiko
dynamics n. agham dinamika
dynamite n dinamita
dynamo n dinamo
dynasty n dinastiya
dysentery n disenterya

Ee

each a bawat
each pron. bawa't isa
eager a sabik
eagle n agila
ear n tainga
early adv maaga
early a aga
earn v. t kumita
earnest a taimtim
earth n daigdig
earthen a sangkalupaan

earthly a makamundo
earthquake n lindol
ease n alwan
ease v. t guminhawa
east n silangan
east adv kasilanganan
east a silanganan
easter n Pasko ng Pakabuhay
eastern a estern
easy a madali
eat v. t kinain
eatable n. pwedeng kainin
eatable a makain
ebb n kati
ebb v. i pagkati
ebony n ebano
echo n alingawngaw
echo v. t pag-alingawngaw
eclipse n eklipse
economic a ekonomiya
economical a ekonomiko
economics n. pagkabuhayan
economy n ekonomiya
edge n gilid
edible a makakain
edifice n gusali
edit v. t iwasto
edition n edisyon
editor n editor
editorial a editoryal
editorial n pangulong tudling
educate v. t edukahin
education n edukasyon
efface v. t burahin
effect n epekto
effect v. t umipekto

effective a mabisa	**elevate** v. t itaas
effeminate a kilos-babae	**elevation** n taas
efficacy n bisa	**eleven** n labing isa
efficiency n kabutihang gumawa	**elf** n duwende
efficient a mabuting gumawa	**eligible** a karapat-dapat
effigy n larawan	**eliminate** v. t alisin
effort n punyagi	**elimination** n eliminasyon
egg n itlog	**elope** v. i magtanan
ego n sarili	**eloquence** n mabisang panalita
egotism n egotismo	**eloquent** a elokwente
eight n walo	**else** a iba pa
eighteen a labing walo	**else** adv pa
eighty n walumpot walo	**elucidate** v. t ipaliwanag
either a., alinman sa dalawa	**elude** v. t umilag
either adv. man	**elusion** n elusyon
eject v. t. ihagis	**elusive** a mahirap hulihin
elaborate v. t gawing detalyado	**emancipation** n. pagpapalaya
elaborate a pinagpakahirapan	**embalm** v. t embalsamahin
elapse v. t magdaan	**embankment** n tambak
elastic a elastiko	**embark** v. t sumakay
elbow n siko	**embarrass** v. t hiyain
elder a nakakatanda	**embassy** n embahada
elder n matanda	**embitter** v. t papaitin
elderly a maykatandaan	**emblem** n simbolo
elect v. t ihalal	**embodiment** n pinaka-katawan
election n eleksyon	**embody** v. t. katawanin
electorate n elektorado	**embolden** v. t. patapangin
electric a elektrika	**embrace** v. t. yakapin
electricity n elektrisidad	**embrace** n yakap
electrify v. t elektripikahin	**embroidery** n burda
elegance n kinis	**embryo** n hermen
elegant adj makinis	**emerald** n emerald
elegy n elihiya	**emerge** v. i lumitaw
element n elemento	**emergency** n di-inaasahan
elementary a elementarya	**eminence** n eminans
elephant n elepante	**eminent** a dakila

emissary n sugong lihim
emit v. t magpalabas
emolument n sahod
emotion n emosyon
emotional a emosyonal
emperor n emperador
emphasis n diin
emphasize v. t bigyang diin
emphatic a empatiko
empire n kaharian
employ v. t maggugol panahon
employee n empleyado
employer n employer
employment n employment
empower v. t bigyang kapangyarihan
empress n emperatris
empty a walang-laman
empty v alisan ng laman
emulate v. t tumulad
enable v. t itulot
enact v. t isabatas
enamel n balat-ngipin
enamour v. t sumisinta
encase v. t ikahon
enchant v. t kulamin
encircle v. t. bilugan
enclose v. t ilakip
enclosure n. lakip
encompass v. t pikutin
encounter n. tagpo
encounter v. t makatagpo
encourage v. t himukin
encroach v. i manghimasok
encumber v. t. kargahan
encyclopaedia n. ensiklopedya

end v. t wakasan
end n. wakas
endanger v. t. ilagay sa panganib
endear v.t mapagmahal
endearment n. lamyos
endeavour n sikap
endeavour v.i pagsikap
endorse v. t. ilipat
endow v. t magkaloob
endurable a tatagan
endurance n. tatag
endure v.t. manatili
enemy n kaaway
energetic a masiglahin
energy n. enerhiya
enfeeble v. t. ipalakas
enforce v. t. ipatupad
enfranchise v.t.bigyang-prankisya
engage v. t mangako
engagement n. tipanan
engine n makina
engineer n inhinyero
English n Ingles
engrave v. t mag-ukit
engross v.t maglubog
engulf v.t sumakmal
enigma n hiwaga
enjoy v. t ikatuwa
enjoyment n sayahan
enlarge v. t lakihan
enlighten v. t. paliwanagin
enlist v. t magpalista
enliven v. t. animahan
enmity n poot
ennoble v. t. dangalin
enormous a napakalaki

enough a sapat
enough adv katamtaman
enrage v. t galitin
enrapture v. t bigyang-luwalhati
enrich v. t payamanin
enrol v. t magpatala
enshrine v. t idambana
enslave v.t. inalipin
ensue v.i isinunod
ensure v. t sinunod
entangle v. t pagbuhul-buhulin
enter v. t pumasok
enterprise n empresa
entertain v. t libangin
entertainment n. aliw
enthrone v. t iluklok sa trono
enthusiasm n init ng
enthusiastic a maalab
entice v. t. udyukan
entire a lahat
entirely adv kalahatan
entitle v. t. pamagatan
entity n pamagat
entomology n. entomolohiya
entrails n. lamang-loob
entrance n pasok
entrap v. t. siluin
entreat v. t. sumamo
entreaty n. samo
entrust v. t ipagkatiwala
entry n pasukan
enumerate v. t. isa-isahin
envelop v. t balutan
envelope n sobre
enviable a nakaiinggit
envious a mainggitin

environment n. paligid
envy v inggit
envy v. t inggitin
epic n epiko
epidemic n epidemya
epigram n epigramo
epilepsy n epilepsiya
epilogue n pangwakas
episode n pangyayari
epitaph n pahimakas
epoch n panahon
equal a pantay-pantay
equal v. t tumbasan
equal n kapantay
equality n pagkakapantay-pantay
equalize v. t. pantayin
equate v. t ipantay
equation n pantayan
equator n ekwador
equilateral a magkakapantay
equip v. t ihanda
equipment n kagamitan
equitable a makatarungan
equivalent a kapantay
equivocal a di-tiyak
era n panahon
eradicate v. t puksain
erase v. t burahin
erect v. t itayo
erect a tayo
erection n pagtayo
erode v. t agnasin
erosion n pagsabog
erotic a malibog
err v. i magkamali
errand n pakay

erroneous a di-wasto	**evasion** n pag-iwas
error n mali	**even** a pantay
erupt v. i bumuga	**even** v. t pagpantay
eruption n sumabog	**even** adv kapareha
escape n layas	**evening** n gabi
escape v.i lumayas	**event** n pangyayari
escort n bantay	**eventually** adv. darating ang panahon
escort v. t bantayan	
especial a espesyal	**ever** adv kailanman
essay n. salaysay	**evergreen** a maberde
essay v. t. pagsasalaysay	**evergreen** n ebergrin
essayist n mananalaysay	**everlasting** a. walang-hanggan
essence n sustansya	**every** a kada
essential a esensyal	**evict** v. t paalisin
establish v. t. itatag	**eviction** n ebiksyon
establishment n pagkatatag	**evidence** n ebidensya
estate n katayuan	**evident** a. malinaw
esteem n pagtingin	**evil** n masama
esteem v. t bigyang-halaga	**evil** a balakyot
estimate n. pahalagahin	**evoke** v. t makatawag
estimate v. t ipahalaga	**evolution** n ebulusyon
estimation n tantiya	**evolve** v.t sumibol
etcetera at iba pa	**ewe** n tupang babae
eternal walang-hanggan	**exact** a eksakto
eternity n kawalang hangganan	**exaggerate** v. t. palabisin
ether n himpapawid	**exaggeration** n. pagmamalabis
ethical a etikal	**exalt** v. t itaas
ethics n. etiko	**examination** n. eksaminasyon
etiquette n etiketa	**examine** v. t eksamin
etymology n. etimolohiya	**examinee** n kukuha ng eksam
eunuch n lalaking kinapon	**examiner** n tagapag-eksam
evacuate v. t bakantihin	**example** n halimbawa
evacuation n ebakwasyon	**excavate** v. t. hukayin
evade v. t umiwas	**excavation** n. paghukay
evaluate v. t pahalagahan	**exceed** v.t lumampas
evaporate v. i sumingaw	**excel** v.i galing

excellence n. magaling	expand v.t. lumawak
excellency n kagalingan	expansion n. paglawak
excellent a. dalubhasa	ex-parte a isang sulok
except v. t liban sa	ex-parte adv sulok
except prep maliban sa	expect v. t umaasa
exception n kataliwasan	expectation n. ekspektasyon
excess n sobra	expedient a bagay
excess a labis	expedite v. t. paglakbay
exchange n palit	expedition n paglalakbay
exchange v. t palitan	expel v. t. pinatalsik
excise n hiwain	expend v. t gumasta
excite v. t mapamukaw loob	expenditure n gastos
exclaim v.i magbulalas	expense n. gastos
exclamation n bulalas	expensive a magastos
exclude v. t di-isama	experience n karanasan
exclusive a ekslusibo	experience v. t. nadanasan
excommunicate v. t. itiwalag	experiment n eksperimento
excursion n. eskursiyon	expert a eksperto
excuse v.t magpatawad	expert n dalubhasa
excuse n tawad	expire v.i. mamatay
execute v. t ipatupad	expiry n magwakas
execution n pagpapatupad	explain v. t. magpaliwanag
executioner n. tagabitay	explanation n paliwanagan
exempt v. t. ikapuri	explicit a. malinaw
exempt a di-kasama	explode v. t. pumutok
exercise n. ehersisyo	exploit n bayani
exercise v. t mag-ehersisyo	exploit v. t mabayaniekstrimista
exhaust v. t. nakakapagod	exploration n paggalugad
exhibit n. ekshibit	explore v.t ginalugad
exhibit v. t pagtangghal	explosion n. pagputok
exhibition n. eksibisyon	explosive n. sumasabog
exile n. tapon	explosive a sabog
exile v. t itapon	exponent n tipo
exist v.i mabuhay	export n luwas
existence n buhay	export v. t. iluwas
exit n. labasan	expose v. t ihayag

express v. t. ipahayag
express a hayag
express n tiyak
expression n. ekspresyon
expressive a. mabisa
expulsion n. pagpaalis
extend v. t palawigin
extent n. abot
external a panlabas
extinct a patay na
extinguish v.t patayin
extol v. t. papurihan
extra a ekstra
extra adv palabis
extract n katas
extract v. t katasin
extraordinary a. pambihira
extravagance n ekstrabagansa
extravagant a aksaya
extreme a sukdulan
extreme n duluhan
extremist n ekstrimista
exult v. i magdiwang
eye n mata
eyeball n bilog ng mata
eyelash n pilikmata
eyelet n butas-butas
eyewash n panghugas ng mata

Ff

fable n. pabula
fabric n tela
fabricate v.t gawin
fabrication n pabrikasyon
fabulous a pabuloso
facade n harapan
face n mukha
face v.t humarap
facet n panig
facial a mukha
facile a maalwan
facilitate v.t padaliin
facility n pasilidad
fac-simile n kopya
fact n pangyayari
faction n partido
factious a mapaghimagsik
factor n sanhi
factory n pabrika
faculty n pakultad
fad n uso
fade v.i malanta
faggot n bigkis ng panggatong
fail v.i mabigo
failure n pagkukulang
faint a nahimatay
faint v.i himatayin
fair a kaaya-aya
fair n. patas
fairly adv. pagkapatas
fairy n diwata
faith n paniniwala
faithful a tapat
falcon n palkon
fall v.i. mahulog
fall n hulog
fallacy n palsiya
fallow n lupang bungkal
false a di-totoo

falter v.i magbantulot
fame n kabantugan
familiar a alam na alam
family n pamilya
famine n taggutom
famous a tanyag
fan n paypay
fanatic a panatiko
fanatic n panatiko
fancy n haraya
fancy v.t kapritso
fantastic a di-karaniwan
far adv. malayo
far a higit
far n layo
farce n pagkukunwari
fare n pasahe
farewell n pamamaalam
farewell interj. paalam!
farm n bukid
farmer n magsasaka
fascinate v.t akitin
fascination n. pagkahalina
fashion n anyo
fashionable a kaanyuan
fast a mabilis
fast adv matatag
fast n kulasyon
fast v.i bilisan
fasten v.t pagkabitin
fat a mataba
fat n taba
fatal a nakamamatay
fate n tadhana
father n ama
fathom v.t arukin

fathom n brasa
fatigue n pagod
fatigue v.t pagurin
fault n kamalian
faulty a pagkukulang
fauna n hayupan
favour1 n kagandahang loob
favour v.t sangayonan
favourable a paburable
favourite a paburito
favourite n paburito
fear n takot
fear v.i natatakot
fearful a. katakot-takot
feasible a magagawa
feast n pista
feast v.i pistahan
feat n pakitang-galing
feather n balahibo
feature n detalyeng litaw
February n Pebrero
federal a pederal
federation n pederasyon
fee n bayad
feeble a mahina
feed v.t pakainin
feed n kain
feel v.t dinadamdam
feeling n narararamdaman
feign v.t kathain
felicitate v.t batiin
felicity n ligaya
fell v.t laglag
fellow n kasama
female a pambabae
female n babae

feminine a pambabae	**field** n bukid
fence n bakod	**fiend** n impakto
fence v.t bakuran	**fierce** a mabagsik
fend v.t mananggol	**fiery** a maapoy
ferment n pahilab	**fifteen** n labing lima
ferment v.t pahilabin	**fifty** n. limampu
fermentation n pag-hilab	**fig** n igos
ferocious a mabangis	**fight** n laban
ferry n tawiran	**fight** v.t labanan
ferry v.t itawid	**figment** n kathang-diwa
fertile a mataba	**figurative** a pigura
fertility n pertilidad	**figure** n hugis
fertilize v.t gawing pertil	**figure** v.t hugisan
fertilizer n pampataba	**file** n tipon
fervent a matapat	**file** v.t iayos
fervour n kaalaban	**file** n ayos
festival n piyesta	**file** v.t itipon
festive a masaya	**file** n tipunin
festivity n papista	**file** v.i. isaayos
festoon n gayak	**fill** v.t punuin
fetch v.t kunin	**film** n pelikula
fetter n tali sa paa	**film** v.t isapelikula
fetter v.t talian sa paa	**filter** n salaan
feud n. alitan	**filter** v.t salain
feudal a peudal	**filth** n dumi
fever n lagnat	**filthy** a pusali
few a kaunti	**fin** n palikpik
fiasco n kabiguan	**final** a huli
fibre n hibla	**finance** n pamimilak
fickle a salawahan	**finance** v.t bigyang puhunan
fiction n katutuhanan	**financial** a ukol sa pananalapi
fictitious a tutuong nangyari	**financier** n pinansiyero
fiddle n byolin	**find** v.t makita
fiddle v.i magbyolin	**fine** n multa
fidelity n katapatan	**fine** v.t multahan
fie interj mahiya ka!	**fine** a manipis

finger n daliri	**flash** n kumislap
finger v.t daliriin	**flash** v.t ipakislap
finish v.t tapusin	**flask** n prasko
finish n tapos	**flat** a patag
finite a limitado	**flat** n pantay
fir n abeto	**flatter** v.t purihin kunwari
fire n apoy	**flattery** n pakunwaring papuri
fire v.t apoyan	**flavour** n lasa
firm a kapisanan	**flaw** n mantsa
firm n. samahan	**flea** n. pulgas
first a unang	**flee** v.i tumakas
first n una	**fleece** n balahibo
first adv primero	**fleece** v.t binalahibuan
fiscal a piskal	**fleet** n hukbong-dagat
fish n isda	**flesh** n laman
fish v.i mangisda	**flexible** a masunurin
fisherman n mangingisda	**flicker** n kurap
fissure n biyak	**flicker** v.t kumisap
fist n kamao	**flight** n lipad
fistula n pistula	**flimsy** a manipis
fit v.t angkupin	**fling** v.t ihagis
fit angkop	**flippancy** n mabiro
fit n bumagay	**flirt** n limbang
fitful a urong-sulong	**flirt** v.i manlimbang
fitter n sakto	**float** v.i lumutang
five n lima	**flock** n kawan
fix v.t ikabit	**flock** v.i magsama-sama
fix n kabit	**flog** v.t bugbugin
flabby a luyloy	**flood** n baha
flag n watawat	**flood** v.t binaha
flagrant a lantarang kasamaan	**floor** n sahig
flame n alab	**floor** v.t mapatumba
flame v.i pinadingas	**flora** n mga pananim
flannel n pranela	**florist** n magbubulaklak
flare v.i ansisilaw	**flour** n harina
flare n biglang siklab	**flourish** v.i yumabong

flow n agos	**foolscap** n papel na malaki
flow v.i umagos	**foot** n paa
flower n bulaklak	**for** prep para sa
flowery a mabulaklak	**for** conj. alang-alang sa
fluent a matatas	**forbid** v.t magbawal
fluid a tubig	**force** n pwersa
fluid n likido	**force** v.t pwersahin
flush v.i mamula	**forceful** a pwersahanan
flush n hugasan	**forcible** a pwersahan
flute n plawta	**forearm** n bisig
flute v.i nagplawta	**forearm** v.t magsandata
flutter n wagayway	**forecast** n manghula
flutter v.t wumawagayway	**forecast** v.t hulaan
fly n langaw	**forefather** n ninuno
fly v.i lumipad	**forefinger** n hintuturo
foam n bula	**forehead** n noo
foam v.t bumula	**foreign** a tagaibang-bansa
focal a panggitna	**foreigner** n tagaibang-bansa
focus n sentro	**foreknowledge** n. kaalaman
focus v.t pokus	**foreleg** n hita
fodder n kumpay	**forelock** n isira
foe n kaaway	**foreman** n kapatas
fog n ulap	**foremost** a pangunahin
foil v.t biguin	**forenoon** n bago tumanghali
fold n tiklupin	**forerunner** n prekursor
fold v.t tiniklop	**foresee** v.t mahulaan
foliage n mga dahon	**foresight** n pangita
follow v.t sumunod	**forest** n gubat
follower n tagasunod	**forestall** v.t unahan
folly n kaukulan	**forester** n mangugubat
foment v.t magbunsod	**forestry** n panggugubat
fond a magiliw	**foretell** v.t manghula
fondle v.t paglamyusan	**forethought** n paunang-isip
food n pagkain	**forever** adv kailanman
fool n ungas	**forewarn** v.t paunahang sabi
foolish a pagkaungas	**foreword** n paunang salita

forfeit v.t magpakatalo
forfeit n parusa
forfeiture n pagpapatalo
forge n pandayan
forge v.t pandayin
forgery n palsipikasyon
forget v.t nilimot
forgetful a malimutin
forgive v.t magpatawad
forgo v.t pabayaan
forlorn a iniwan
form n anyo
form v.t. anyuin
formal a pormal
format n pormat
formation n pagkakahanay
former a dati
former pron dating
formerly adv datihan
formidable a nakatatakot
formula n pormula
formulate v.t pormulahin
forsake v.t. iwan
forswear v.t. itakwil
fort n. kuta
forte n. katangian
forth adv. sa labas
forthcoming a. darating
forthwith adv. agad
fortify v.t. palakasin
fortitude n. katatagan
fort-night n. dalawang linggo
fortress n. kutang-tanggulan
fortunate a. mapalad
fortune n. kapalawan
forty n. apatnapu

forum n. porum
forward a. maagap
forward adv pasulong
forward v.t abantihin
fossil n. abok sa bato
foster v.t. itaguyod
foul a. masama
found v.t. magtayo
foundation n. simulain
founder n. tagapagtatag
foundry n. pundisyon
fountain n. bukal
four n. apat
fourteen n. labing apat
fowl n. pabo
fowler n. maypakpak
fox n. uso
fraction n. bahagi
fracture n. bali
fracture v.t pilayin
fragile a. marupok
fragment n. piraso
fragrance n. bango
fragrant a. mabango
frail a. may marupok
frame v.t. magbalangkas
frame n balangkas
franchise n. prangkisya
frank a. prangka
frantic a. gulong-gulo
fraternal a. praternal
fraternity n. praternidad
fratricide n. pagpatay sa kapatid lalaki
fraud n. linlang
fraudulent a. mapanlinlang

fraught a. puno
fray n basag-ulo
free a. libre
free v.t malibre
freedom n. malaya
freeze v.i. patigasin sa lamig
freight n. karga
French a. Pranses
French n Pranses
frenzy n. pagkaulol
frequency n. dalas
frequent n. malimit
fresh a. sariwa
fret n. gasgasin
fret v.t. ginasgasan
friction n. kiskis
Friday n. Biyernes
Fridge n. palamigin
Friend n. kaibigan
Fright n. sindak
frighten v.t. sindakin
frigid a. maginaw
frill n. pileges
fringe n. gilid
fringe v.t orlahan
frivolous a. malaro
frock n. blusa
frog n. palaka
frolic n. pagsasaya
frolic v.i. nagdiriwang
from prep. mula sa
front n. unahan
front a harapan
front v.t humarap
frontier n. nangunguna
frost n. hamog na nagyelo

frown n. magkunot-noo
frown v.i magmasungit
frugal a. matipid
fruit n. prutas
fruitful a. mabunga
frustrate v.t. biguin
frustration n. pagkabigo
fry v.t. iprito
fry n prito
fuel n. gatong
fugitive a. takas
fugitive n. puga
fulfil v.t. tuparin
fulfillment n. katuparan
full a. puno
full adv. labis
fullness n. punong-puno
fully adv. umawas
fumble v.i. kakapa-kapa
fun n. katuwaan
function n. tungkulin
function v.i gumanap
functionary n. pinunong-bayan
fund n. pondo
fundamental a. pangunahing
funeral n. libing
fungus n. onggo
funny n. nakakatawa
fur n. balanhibo ng hayop
furious a. mabagsik
furl v.t. balumbunin
furlong n. sukat ng distansya
furnace n. pugon
furnish v.t. bigyan
furniture n. muwebles
furrow n. daang-araro

further adv. higit na malayo
further a lalong malayo
further v.t isulong
fury n. matinding galit
fuse v.t. magtunaw
fuse n mitsa
fusion n. pagsasama
fuss n. kuskus-balungus
fuss v.i magpakuskus-balungos
futile a. walang saysay
futility n. walang pangyarihan
future a. hinaharap
future n kinabukasan

Gg

gabble v.i. dumaldal
gadfly n. bangaw
gag v.t. busalan
gag n. busal
gaiety n. saya
gain v.t. kumita
gain n kita
gainsay v.t. tuligsain
gait n. lakad
galaxy n. galaksiya
gale n. hanging malakas
gallant a. kabalyero
gallant n galante
gallantry n. galanteriya
gallery n. galeriya
gallon n. galon
gallop n. takbong-kabig
gallop v.t. tumakbong-kabig

gallows n. . bibitayan
galore adv. kayrami
galvanize v.t. galbanisahan
gamble v.i. magsugal
gamble n sugal
gambler n. nagsusugal
game n. laro
game v.i maglaro
gander n. malaking gansa
gang n. gang
gangster n. gangster
gap n puwang
gape v.i. humiklab
garage n. garahe
garb n. pananamit
garb v.t binihisan
garbage n. basura
garden n. harden
gardener n. hardinero
gargle v.i. magmumog
garland n. girnalda
garland v.t. girnaldahan
garlic n. sibuyas
garment n. damit
garter n. garter
gas n. gas
gasket n. gasket
gasp n. hingal
gasp v.i humingal
gassy a. makabag
gastric a. gastriko
gate n. tarangkahan
gather v.t. ipunin
gaudy a. marangya
gauge n. batayan
gauntlet n. gwantes

gay a. bakla	**ghost** n. multo
gaze v.t. nagtitigan	**giant** n. higante
gaze n titig	**gibbon** n. matsing
gazette n. gaseta	**gibe** v.i. kumutya
gear n. pananamit	**gibe** n kutya
geld v.t. magkapon	**giddy** a. hilo
gem n alahas	**gift** n. regalo
gender n. kasarian	**gifted** a. kakayahan
general a. panlahat	**gigantic** a. parang higante
generally adv. kalahatan	**giggle** v.i. humalikhik
generate v.t. magbigay-simula	**gild** v.t. kalupkupan ng ginto
generation n. henerasyon	**gilt** a. kalupkop ng ginto
generator n. dinamo	**ginger** n. luya
generosity n. mapagbigay	**giraffe** n. girape
generous a. mapagbigay	**gird** v.t. talian
genius n. henyo	**girder** n. pantali
gentle a. marahan	**girdle** n. bigkis
gentleman n. lalaking magalang	**girdle** v.t bigkisan
gentry n. gitnang lipunan	**girl** n. babae
genuine a. tunay	**girlish** a. kilos babae
geographer n. heograpo	**gist** n. buod
geographical a. heograpikal	**give** v.t. binigay
geography n. heograpiko	**glacier** n. kimpal ng yelo
geological a. heologiko	**glad** a. masaya
geologist n. heologo	**gladden** v.t. pinasaya
geology n. heolohiya	**glamour** n. alindog
geometrical a. heometriko	**glance** n. sulyap
geometry n. heometriko	**glance** v.i. magsulyap
germ n. mikrobyo	**gland** n. glandula
germicide n. pamatay-mikrobyo	**glare** n. ningning
germinate v.i. sumupang	**glare** v.i magningning
germination n. pagsupang	**glass** n. baso
gerund n. pangngalang-diwa	**glaucoma** n. glaucoma
gesture n. galaw	**glaze** v.t. salaminan
get v.t. kinuha	**glaze** n salaminan
ghastly a. kasindak-sidak	**glazier** n. magsasalamin

glee n. galak
glide v.t. magpalutang
glider n. glayder
glimpse n. siglaw
glitter v.i. kuminang
glitter n kinang
global a. pambuong-daigdaig
globe n. globo
gloom n. madilim
gloomy a. madilim
glorification n. gloripikasyon
glorify v.t. luwalhatiin
glorious a. malulwalhati
glory n. glorya
gloss n. kintab
glossary n. glosaryo
glossy a. makintab
glove n. guwantes
glow v.i. magningning
glow n ningning
glucose n. glukosa
glue n. pandikit
glut v.t. lumamon
glut n lamon
glutton n. taong-masiba
gluttony n. kasibaan
glycerine n. gliserina
go v.i. lumakad
goad n. panundot
goad v.t sinundot
goal n. layunin
goat n. kambing
gobble n. laklakin
goblet n. kopa
god n. Bathala
goddess n. kadiyosan

godhead n. diyos
godly a. makadiyos
godown n. bumaba
godsend n. kaloob ng diyos
goggles n. dilat
gold n. ginto
golden a. kulay ginto
goldsmith n. panday-ginto
golf n. golp
gong n. agong
good a. mabuti
good n buti
good-bye interj. paalam!
goodness n. kagandahan
goodwill n. kagustuhan
goose n. gansa
gooseberry n. gusberi
gorgeous a. kaaki-akit
gorilla n. gurilya
gospel n. ebanghelyo
gossip n. satsat
gourd n. bote
gout n. pamamaga kasu-kasuan
govern v.t. pamahalaan
governance n. pamamahala
governess n. yaya
government n. gobyerno
governor n. gobernador
gown n. toga
grab v.t. sunggaban
grace n. kabaitan
grace v.t. parangalan
gracious a. magiliw
gradation n. pagsunod-sunod
grade n. antas
grade v.t inantas

gradual a. unti-unti	**graze** n dumaplis
graduate v.i. nagtapos	**grease** n grasa
graduate n tapos	**grease** v.t grasahan
graft n. paugat	**greasy** a. magrasa
graft v.t pinaugatan	**great** a dakila
grain n. butil	**greed** n. katakawan
grammar n. gramatika	**greedy** a. matakaw
grammarian n. gramaryan	**Greek** n. Griyego
gramme n. gramo	**Greek** a Griyego
gramophone n. gramopon	**green** a. luntian
granary n. kamalig	**green** n berde
grand a. dakila	**greenery** n. maluntian
grandeur n. kadakilaan	**greet** v.t. pagbati
grant v.t. inayunan	**grenade** n. granada
grant n ayunan	**grey** a. kulay-abo
grape n. ubas	**greyhound** n. lebrel
graph n. grapika	**grief** n. dalamhati
graphic a. grapiko	**grievance** n. agrabyo
grapple n. bunuin	**grieve** v.t. magdalamhati
grapple v.i. ibinuon	**grievous** a. nakalulungkot
grasp v.t. sunggaban	**grind** v.i. gilingin
grasp n paghawak	**grinder** n. gilingan
grass n damo	**grip** v.t. hawakang mahigpit
grate n. magkudkod	**grip** n malatin
grate v.t ikinudkod	**groan** v.i. dumaing
grateful a. nagpapasalamat	**groan** n daing
gratification n. gantimpala	**grocer** n. abasero
gratis adv. libre	**grocery** n. groseri
gratitude n. pagpapasalamat	**groom** n. nobyo
gratuity n. bigay-pala	**groom** v.t ayusin
grave n. libingan	**groove** n. kanal
grave a. maselan	**groove** v.t kanalan
gravitate v.i. gabitasyon	**grope** v.t. kapain
gravitation n. grabitasyon	**gross** n. gruesa
gravity n. kahalagahan	**gross** a makapal
graze v.i. manginain	**grotesque** a. grutesko

ground n. lupa	**gulp** n. lulunin
group n. grupo	**gum** n. gilagid
group v.t. igrupo	**gun** n. baril
grow v.t. tumubo	**gust** n. silakbo
grower n. mas sumibol	**gutter** n. alulod
growl v.i. umungol	**guttural** a. impit
growl n ungol	**gymnasium** n. himnasyo
growth n. pagtubo	**gymnast** n. himnasyo
grudge v.t. sama ng loob	**gymnastic** a. himnastiko
grudge n sama ng loob	**gymnastics** n. himnasya
grumble v.i. umungol	
grunt n. igik	
grunt v.i. umigik	

Hh

grunt v.i. umigik	**habeas corpus** n. habyas korpus
guarantee n. garantiya	**habit** n. ugali
guarantee v.t ginarantiya	**habitable** a. kasanayan
guard v.i. guwardiya	**habitat** n. tirahan
guard n. bantay	**habitation** n. pagtira
guardian n. protektor	**habituate** v. t. matitirahan
guava n. bayabas	**hack** v.t. tadtarin
guerilla n. gerilya	**hag** n. bruha
guess n. hula	**haggard** a. nangangalumata
guess v.i manghula	**haggle** v.i. magtalo
guest n. panauhin	**hail** n. ulan
guidance n. patnubay	**hail** v.i saluduhan
guide v.t. gabayan	**hail** v.t batiin
guide n. gabayan	**hair** n buhok
guild n. kapatiran	**hale** a. malusog
guile n. linlang	**half** n. hati
guilt n. kasalanan	**half** a kalahati
guilty a. nagkasala	**hall** n. bulwagan
guise n. itsura	**hallmark** n. palatandaan
guitar n. gitara	**hallow** v.t. santipikahin
gulf n. look	**halt** v. t. tigilan
gull n. tagak	
gull n tagak	
gull v.t lalaugan	

halt n tigil
halve v.t. maghati
hamlet n. munting nayon
hammer n. martilyo
hammer v.t minartilyo
hand n kamay
hand v.t kamayan
handbill n. pamaskil
handbook n. manwal
handcuff n. posas
handcuff v.t posasan
handful n. sandakot
handicap v.t. kapansanan
handicap n handicap
handicraft n. gawaing-kamay
handiwork n. gawaing-sining
handkerchief n. panyo
handle n. hawakan
handle v.t hinawakan
handsome a. gwapo
handy a. abot ng kamay
hang v.t. ibitin
hanker v.i. naisin
haphazard a. pagkakataon
happen v.t. mangyari
happening n. pangyayari
happiness n. kaligayahan
happy a. maligaya
harass v.t. pagurin
harassment n. guluhin
harbor n. pwerto
harbor v.t kupkupin
hard a. matigas
harden v.t. patigasin
hardihood n. lakas ng loob
hardly adv. matigas ang

hardship n. paghihirap
hardy adj. malupit sa
hare n. lepus
harm n. pinsala
harm v.t napinsala
harmonious a. magkaugma
harmonium n. armoniya
harmony n. armoniya
harness n. guwarnisyon
harness v.t isingkaw
harp n. alpa
harsh a. bastos
harvest n. ani
haverster n. taga-ani
haste n. pagmamadali
hasten v.i. madaliin
hasty a. matulin
hat n. sumbrero
hatchet n. palataw
hate n. poot
hate v.t. mapoot
haughty a. mapagmataas
haunt v.t. dalawing malimit
haunt n paboritong pook
have v.t. mayroon
haven n. walang panganib
havoc n. pagkagiba
hawk n lawin
hawker n maglalako
hawthorn n. punong hotorn
hay n. dayami
hazard n. panganib
hazard v.t mapanganib
haze n. ulap
hazy a. malabo
he pron. siya

head n. ulo	**helpful** a. matulungin
head v.t uluhin	**helpless** a. mahina
headache n. masakit ang ulo	**helpmate** n. katulong
heading n. pamagat	**hemisphere** n. hating-globo
headlong adv. una ang ulo	**hemp** n. kanyamo
headstrong a. matigas ang ulo	**hen** n. inahin
heal v.i. gamutin	**hence** adv. mula rito
health n. kalusugan	**henceforth** adv. mula ngayon
healthy a. malusog	**henceforward** adv. simula ngayon
heap n. bunton	**henchman** n. kampon
heap v.t ibunton	**henpecked** a. dominado
hear v.t. marinig	**her** pron. niya
hearsay n. bali-balita	**her** a kaniya
heart n. puso	**herald** n. tagapagbalita
hearth n. apuyan	**herald** v.t balitaan
heartily adv. taos-puso	**herb** n. yerba
heat n. init	**herculean** a. Herkuleo
heat v.t mainit	**herd** n. kawan
heave v.i. isalya	**herdsman** n. pastol
heaven n. langit	**here** n. dito
heavenly a. makalangit	**hereabouts** adv. sa palibot ditto
hedge n. pimpin	**hereafter** adv. pagkatapos
hedge v.t pimpinan	**hereditary** n. namamana
heed v.t. pansinin	**heredity** n. mana
heed n pansin	**heritable** a. maaring mamana
heel n. sakong	**heritage** n. minana
hefty a. mabigat	**hermit** n. ermitanyo
height n. taas	**hermitage** n. ermita
heighten v.t. pataasin	**hernia** n. luslos
heinous a. nakasusuklam	**hero** n. bayani
heir n. eredero	**heroic** a. bidang bayani
hell a. impyerno	**heroine** n. bidang babae
helm n. timon	**heroism** n. pagkabayani
helmet n. helmet	**herring** n. isdang sasardinasin
help v.t. tulungan	**hesitant** a. atubili
help n tulong	**hesitate** v.i. atubilihin

hesitation n. pag-aatubili
hew v.t. tagpasin
heyday n. kasikatan
hibernation n. pag-iberna
hiccup n. sinok
hide n. tago
hide v.t itago
hideous a. kahindik-hindik
hierarchy n. herarkiya
high a. mataas
highly adv. sa rurok
Highness n. Kaitaasan
highway n. karetera
hilarious a. masayang maingay
hilarity n. maingay na pagsasaya
hill n. burol
hillock n. munting burol
him pron. sa kaniya
hinder v.t. hadlangan
hindrance n. sagabal
hint n. natama
hint v.i natamaan
hip n baywang
hire n. upa
hire v.t upahan
hireling n. upahan
his pron. kanya
hiss n sutsot
hiss v.i sutsutan
historian n. istoryador
historic a. istoriko
historical a. pag-akto
history n. istorya
hit v.t. tumama
hit n tama
hitch n. itali

hither adv. dini
hitherto adv. hindi pa
hive n. bahay-pukyutan
hoarse a. malat
hoax n. daya
hoax v.t dinaya
hobby n. libangang-gawain
hobby-horse n. kaba-kabayuhan
hockey n. larong haki
hoist v.t. itaas
hold n. hawak
hold v.t humawak
hole n butas
hole v.t butasan
holiday n. pista
hollow a. walang halaga
hollow n. lungga
hollow v.t lunggaan
holocaust n. pagkapugnaw
holy a. banal
homage n. paggalang
home n. tahanan
homicide n. makamatay-tao
homoeopath n. homyopata
homeopathy n. homyopatiya
homogeneous a. kauri
honest a. marangal
honesty n. matapat
honey n. pulot-pukyutan
honeycomb n. panilan
honeymoon n. pulot-gata
honorarium n. onoraryum
honorary a. pandangal
honour n. dangal
honour v. t dangalan
honourable a. kagalang-galang

hood n. pandong
hoodwink v.t. mandaya
hoof n. kuko
hook n. kalawit
hooligan n. butangero
hoot n. sigaw na paaglahi
hoot v.i sumigaw na paaglahi
hop v. i lumundag
hop n lundag
hope v.t. maypagasa
hope n tiwala
hopeful a. naniniwala
hopeless a. walang gana
horde n. horda
horizon n. kagiliran
horn n. sungay
hornet n. putakti
horrible a. nakagagalit
horrify v.t. sindakin
horror n. sindakin
horse n. kabayo
horticulture n. holtikultura
hose n. tubong-goma
hosiery n. negosyo sa medyas
hospitable a. mapagtanggap
hospital n. ospital
hospitality n. pagkamagiliw-tumanggap
host n. hukbo
hostage n. bihag-sagot
hostel n. tuluyan
hostile a. laban
hostility n. pagka-kaaway
hot a. mainit
hotchpotch n. gulo
hotel n. hotel

hound n. mangaso
hour n. oras
house n bahay
house v.t bahayan
how adv. paano
however adv. gayunpaman
however conj gayunman
howl v.t. tumambaw
howl n tambaw
hub n. kalagitnaan
hubbub n. hiyawan
huge a. malaking-malaki
hum v. i umugong
hum n ugong
human a. pantao
humane a. mabuting kalooban
humanitarian a makatao
humanity n. makatao
humanize v.t. gawing makatao
humble a. mababang-loob
humdrum a. nakababagot
humid a. basa-basa
humidity n. pahalumigmigin
humiliate v.t. hiyain
humiliation n. pagkahiya
humility n. pagkamababa
humorist n. umorista
humorous a. nakatatawa
humour n. kalooban
hunch n. umbok
hundred n. sandaan
hunger n gutom
hungry a. nagutom
hunt v.t. manugis
hunt n tugis
hunter n. mantutugis

huntsman n. nagtutugis ng
hurdle1 n. lundag
hurdle2 v.t lumundag
hurl v.t. ipukol
hurrah interj. hurrah!
hurricane n. buhawi
hurry v.t. bilisan
hurry n bilisan
hurt v.t. sinaktan
hurt n saktan
husband n asawang lalaki
husbandry n. pangangalaga
hush n tahimik
hush v.i patahimikin
husk n. bunot
husky a. tinig na agas
hut n. dampa
hyaena, hyena n. hiyena
hybrid a. hibrido
hybrid n hibrido
hydrogen n. hidroheno
hygiene n. pagpapakalusog
hygienic a. pagpapalusog
hymn n. awit
hyperbole n. hiperbole
hypnotism n. hipnotismo
hypnotize v.t. hipnotisahin
hypocrisy n. hipokriseya
hypocrite n. hipokrita
hypocritical a. hipokritikal
hypothesis n. hipotesis
hypothetical a. hipotetikal
hysteria n. histerya
hysterical a. histerikal

Ii

I pron. Ako
ice n. yelo
iceberg n. yelong-lutang
icicle n. yelong nakabitin
icy a. nagyeyelo
idea n. ideya
ideal a. ideyal
ideal n tularan
idealism n. ideyalismo
idealist n. ideyalista
idealistic a. ideyalistiko
idealize v.t. uliranin
identical a. pareho
indentification n. pagkakilanlan
identify v.t. makilala
identity n. kaisahan
ideocy n. kahangalan
idiom n. idyoma
idiomatic a. kawikaan
idiot n. tanga
idiotic a. hangal
idle a. walang trabaho
idleness n. walang ginagawa
idler n. lantutay
idol n. idolo
idolater n. idoleytor
if conj. kung
ignoble a. mababa
ignorance n. kamangmangan
ignorant a. ignorante
ignore v.t. di-pansinin
ill a. maysakit

ill adv. masama	**immigrate** v.i. mandayuhan
ill n di-mabuti	**immigration** n. imigrasyon
illegal a. ilegal	**imminent** a. nalalapit
illegibility n. kawalang liwanag	**immodest** a. pangahas
illegible a. di-mabasa	**immodesty** n. pagkapangahas
illegitimate a. di-ayon-katuwiran	**immoral** a. di-moral
illicit a. di-ipinahihintulot	**immorality** n. imoralidad
illiteracy n. kamangmangan	**immortal** a. imortal
illiterate a. mangmang	**immortality** n. imortalidad
illness n. sakit	**immortalize** v.t. imortalisahin
illogical a. ilohikal	**immovable** a. di-matinag
illuminate v.t. pailawin	**immune** a. di-tinatablahan
illumination n. iluminasyon	**immunity** n. imunidad
illusion n. ilusyon	**immunize** v.t. imunisahin
illustrate v.t. ilarawan	**impact** n. bungguan
illustration n. ilustrasyon	**impart** v.t. mamahagi
image n. imahe	**impartial** a. makatarungan
imagery n. larawang-diwa	**impartiality** n. makatarungan
imaginary a. likha ng isip	**impassable** a. di-madaraanan
imagination n. imahinasyon	**impasse** n. daang-putol
imaginative a. imahinatibo	**impatience** n. pagkainip
imagine v.t. isipin	**impatient** a. walang tiyaga
imitate v.t. gayahin	**impeach** v.t. isakdal
imitation n. panggagaya	**impeachment** n. pagsasakdal
imitator n. nanggagaya	**impede** v.t. hadlangan
immaterial a. di-materya	**impediment** n. hadlang
immature a. di pa magulang	**impenetrable** a. di-mapasok
immaturity n. kamuraan	**imperative** a. imperatibo
immeasurable a. di-masusukat	**imperfect** a. pagka di ganap
immediate a agad	**imperfection** n. imperpeksyon
immemorial a. wala sa gunita	**imperial** a. imperyal
immense a. di-masukat	**imperialism** n. imperyalismo
immensity n. napakalaki	**imperil** v.t. isapnganib
immerse v.t. ilubog	**imperishable** a. di-mawala
immersion n. pagbabad	**impersonal** a. di-personal
immigrant n. imigrante	**impersonate** v.t. magpanggap

impersonation n. personipikasyon	**impropriety** n. pagka di-dapat
impertinence n. di-kaugnay	**improve** v.t. bumuti
impertinent a. di-nararapat	**improvement** n. pagbuti
impetuosity n. pagkapusok	**imprudence** n. pagka-imprudente
impetuous a. mapusok	**imprudent** a. di-maingat
implement n. kasangkapan	**impulse** n. bunsod
implement v.t. isakatuparan	**impulsive** a. masimbuyo
implicate v.t. iugnay	**impunity** n. impunidaad
implication n. dalawit	**impure** a. marumi
implicit a. tiyak	**impurity** n. karumihan
implore v.t. sumamo	**impute** v.t. ibintang
imply v.t. mangahulugan	**in** prep. sa
impolite a. bastos	**inability** n. kawalang-kaya
import v.t. angkatin	**inaccurate** a. di-wasto
import n. angkat	**inaction** n. kawalang ginagawa
importance n. importansya	**inactive** a. walang galaw
important a. importante	**inadmissible** a. di-matatanggap
impose v.t. lapatan	**inanimate** a. walang buhay
imposing a. kahanga-hanga	**inapplicable** a. di-maaari
imposition n. imposisyon	**inattentive** a. walang atensyon
impossibility n. imposibilidaad	**inaudible** a. di-marinig
impossible a. imposible	**inaugural** a. magpasinaya
impostor n. impostor	**inauguration** n. inagurasyon
imposture n. pagpapanggap	**inauspicious** a. sinasama
impotence n. kahinaan	**inborn** a. katutubo
impotent a. walang lakas	**incalculable** a. di-tiyak
impoverish v.t. pulubuhin	**incapable** a. walang-kaya
impracticability n. di-magagamit	**incapacity** n. pagka-walang kaya
impracticable a. di-maisasagawa	**incarnate** a. maglaman
impress v.t. ilimbag	**incarnate** v.t. magkalaman
impression n. impresyon	**incarnation** n. pagkakatawan
impressive a. nakakapukaw-loob	**incense** v.t. pag-insenso
imprint v.t. maglimbag	**incense** n. insenso
imprint n. limbag	**incentive** n. pampasigla
imprison v.t. ibilanggo	**inception** n. umpisa
improper a. di-dapat	**inch** n. pulgada

incident n. pangyayari	**indeed** adv. sa katunayan
incidental a. di-sinasadya	**indefensible** a. di-maipagtanggol
incite v.t. ibuyo	**indefinite** a. di-tiyak
inclination n. ingklinasyon	**indemnity** n. magbayad-sala
incline v.i. humilig	**independence** n. independensiya
include v.t. isama	**independent** a. kasarinlan
inclusion n. sinama	**indescribable** a. di-mailarawan
inclusive a. kasama	**index** n. talatuntunan
incoherent a. walang-kaugnayan	**Indian** a. Indiyan
income n. kita	**Indicate** v.t. ituro
incomparable a. walang kapantay	**Indication** n. indikasyon
incompetent a. walang kaalaman	**Indicative** a. indikatibo
incomplete a. di-kumpleto	**Indicator** n. indikador
inconsiderate a. walang konseder	**indict** v.t. ihabla
inconvenient a. panggulo	**indictment** n. isakdal
incorporate v.t. pagsamahin	**indifference** n. walang bahala
incorporate a. pinagsama	**indifferent** a. patay-damdamin
incorporation n. pinag-isa	**indigenous** a. katutubo
incorrect a. di-wasto	**indigestible** a. di-matutunaw
incorrigible a. di-masupil	**indigestion** n. impatso
incorruptible a. walang bahid	**indignant** a. galit
increase v.t. tumaas	**indignation** n. ngitngit
increase n taas	**indigo** n. indigo
incredible a. di-mapaniwalaan	**indirect** a. di-tuwiran
increment n. dagdag	**indiscipline** n. walang disiplina
incriminate v.t. idamay	**indiscreet** a. di-matino
incubate v.i. humalimhim	**indiscretion** n. imprudensya
inculcate v.t. ikintal	**indiscriminate** a. walang pagiiba
incumbent n. panunungkulan	**indispensable** a. kailangang
incumbent a nakahiga	**indisposed** a. maysakit
incur v.t. matagpuan	**indisputable** a. di-matutulan
incurable a. di-mapagaling	**indistinct** a. di-malinaw
indebted a. pagkakautang	**individual** a. sarili
indecency n. pagkamahalay	**individualism** n. indibidwalismo
indecent a. mahalay	**individuality** n. kasarilinan
indecision n. pag-uulik-ulik	**indivisible** a. di-mahahati

indolent a. tamad
indomitable a. di-mapasuko
indoor a. sa loob ng bahay
indoors adv. panloob ng bahay
induce v.t. hikayatin
inducement n. hikayat
induct v.t. italaga
induction n. pagtatalaga
indulge v.t. magpairog
indulgence n. pagpapalayaw
indulgent a. mapagbigay
industrial a. industriya
industrious a. masipag
industry n. industriya
ineffective a. walang-bisa
inert a. walang galaw
inertia n. inersiya
inevitable a. di-maiiwasan
inexact a. di-eksakto
inexorable a. di-mahikayat
inexpensive a. di-mahal
inexperience n. walang karanasan
inexplicable a. di-maipaliwanag
infallible a. di-maaring magkamali
infamous a. napakaimbi
infamy n. karawalan
infancy n. kamusmusan
infant n. sanggol
infanticide n. pagpatay-sanggol
infantile a. paslit
infantry n. impanteriya
infatuate v.t. nahahaling
infatuation n. pagkakahaling
infect v.t. hawaan
infection n. impeksiyon
infectious a. nakakahawa

infer v.t. huluin
inference n. imperensiya
inferior a. mababa
inferiority n. kababaan
infernal a. magkademonyo
infinite a. walang hanggan
infinity n. pagkawalang hanggan
infirm a. mahina
infirmity n. kahinaan
inflame v.t. sindihan
inflammable a. madaling umapoy
inflammation n. pamamaga
inflammatory a. pagpapasiklab
inflation n. implasyon
inflexible a. matigas
inflict v.t. manakit
influence n. impluwensya
influence v.t. mapabago
influential a. makapangyarihan
influenza n. trangkaso
influx n. agos na paloob
inform v.t. magpabatid
informal a. impormal
information n. impormasyon
informative a. pagkabatiran
informer n. lihim-tagabalita
infringe v.t. labagin
infringement n. paglabag
infuriate v.t. galitin
infuse v.t. iukit
infusion n. pagkintal
ingrained a. nakatanim
ingratitude n. walang utang-loob
ingredient n. panghalo
inhabit v.t. tahanan
inhabitable a. matitirahan

inhabitant n. maninirahan
inhale v.i. singhot
inherent a. likas
inherit v.t. magmana
inheritance n. mana
inhibit v.t. magbawal
inhibition n. pagbabawal
inhospitable a. di-mapagpanggap
inhuman a. di-makatao
inimical a. di-kaayon
inimitable a. di-matutularan
initial a. panimula
initial n. unang titik
initial v.t inisyalan
initiate v.t. umpisahan
initiative n. insyatibo
inject v.t. itusok
injection n. inheksyon
injudicious a. walang ingat
injunction n. utos
injure v.t. manakit
injurious a. nakakapinsala
injury n. kapinsalaan
injustice n. walang katarungan
ink n. tinta
inkling n. hiwatig
inland a. ilaya
inland adv. ibaba
in-laws n. pinagbiyanan
inmate n. maninirahan
inmost a. kaibuturan
inn n. posada
innate a. likas
inner a. sa loob loob pa
innermost a. pinakaloob pa
innings n. ining

innocence n. inosensya
innocent a. inosente
innovate v.t. pagbabago
innovation n. kabaguhan
innovator n. tagapagpabago
innumerable a. di-mabilang
inoculate v.t. inokulahan
inoculation n. inokulasyon
inoperative a. di-pinaiiral
inopportune a. wala sa panahon
input n. pwersa
inquest n. siyasig
inquire v.t. mag-usisa
inquiry n. pag-uusisa
inquisition n. pagkamausisa
inquisitive a. mausisa
insane a. baliw
insanity n. pagkabaliw
insatiable a. walang kabusugan
inscribe v.t. isulat
inscription n. inskripsiyon
insect n. kulisap
insecticide n. pamatay insekto
insecure a. di-panatag
insecurity n. di-patgkatiwasay
insensibility n. walang pandama
insensible a. di-makaramdam
inseparable a. di-mapaghiwalay
insert v.t. ipasok
insertion n. lakip
inside n. loob
inside prep. panloob
inside a sa loob
inside adv. sa loob
insight n. katalasan
insignificance n. wala-kahulugan

insignificant a. di-mahalaga
insincere a. di-tapat
insincerity n. di-matapat
insinuate v.t. magpahiwatig
insinuation n. pahiwatig
insipid a. walang lasa
insipidity n. walang sigla
insist v.t. igiit
insistence n. pagpipilit
insistent a. mapilit
insolence n. mapagmataas
insolent a. walang pakundangan
insoluble n. di-matunaw
insolvency n. di makabayad
insolvent a. di-makabayad
inspect v.t. tingnan
inspection n. pagsusuri
inspector n. tagasuri
inspiration n. inspirasyon
inspire v.t. bigyang inspirasyon
instability n. walang kapanatagan
install v.t. magkabit
installation n. instalasyon
instalment n. hulogan
instance n. pagkakataon
instant n. madalian
instant a. kadalian
instantaneous a. biglaan
instantly adv. bigla
instigate v.t. sulsulan
instigation n. instigasyon
instill v.t. ibuhos na patak patak
instinct n. talino
instinctive a. galing
institute n. tatag
institution n. simulain

instruct v.t. magturo
instruction n. instruksiyon
instructor n. tagapagturo
instrument n. instrumento
instrumental a. instrumental
instrumentalist n. tagapagtugtug
insubordinate a. masuwayin
insubordination n. masuwayin
insufficient a. di-sapat
insular a. pangkapuluan
insularity n. pampulo
insulate v.t. islahan
insulation n. insulasyon
insulator n. insulador
insult n. insulto
insult v.t. ininsulto
insupportable a. walang suporta
insurance n. seguro
insure v.t. magpaseguro
insurgent a. pagbabangon
insurgent n. paghihimagsik
insurmountable a. di-malulutas
insurrection n. paghihimagsik
intact a. buo pa
intangible a. di-madaling unawain
integral a. pambuo
integrity n. katibayang moral
intellect n. dunong
intellectual a. pangkatalinuhan
intellectual n. ang matalino
intelligence n. talino
intelligent a. matalino
intelligentsia n. pangkat-matalino
intelligible a. maunawaan
intend v.t. magbalak
intense a. masidhi

intensify v.t. pasidhiin
intensity n. sidhi
intensive a. masidhi
intent n. layunin
intent a. gusto
intention n. intensyon
intentional a. intensyonal
intercept v.t. harangan
interception n. pagharang
interchange n. maghali-halili
interchange v. magpalit-palit
intercourse n. pag-uugnayan
interdependence n. pagtulungan
interdependent a. tulungan
interest n. kapakanan
interested a. interasado
interesting a. kawili-wili
interfere v.i. humadlang
interference n. paghadlang
interim n. pansamantala
interior a. interyor
interior n. sa loob
interjection n. padamdam
interlock v.t. pagkabit-kabitin
interlude n. interludyo
intermediary n. tagapamagitan
intermediate a. intermedya
interminable a. di-matapus tapus
intermingle v.t. makihalubilo
intern v.t. bimbinin
internal a. panloob
international a. internasyonal
interplay n. pagtutulung
interpret v.t. ipakahulugan
interpreter n. interprete
interrogate v.t. tanungin

interrogation n. interogasyon
interrogative a. pagtatanong
interrogative n tanong
interrupt v.t. abalahin
interruption n. interupsiyon
intersect v.t. pamutol na pahati
intersection n. krosing
interval n. pagitan
intervene v.i. mamagitan
intervention n. interbensiyon
interview n. kapanayam
interview v.t. kapanayamin
intestinal a. lamang loob
intestine n. bituka
intimacy n. pagkamalapit
intimate a. kaloob-loban
intimate v.t. ipaunawa
intimation n. intimasyon
intimidate v.t. manakot
intimidation n. pagbabanta
into prep. sa loob ng
intolerable a. di-matitiis
intolerance n. intoleransya
intolerant a. di-makapagbata
intoxicant n. nakalalasing
intoxicate v.t. nilasing
intoxication n. pagkalasing
intransitive a. (verb) katawanin
intrepid a. walang takot
intrepidity n. di-natatakot
intricate a. masalimuot
intrigue v.t. inintriga
intrigue n intriga
intrinsic a. kalikas
introduce v.t. ipakilala
introduction n. introdusyon

introductory a. panimula	**inwards** adv. papasok
introspect v.i. manalamisim	**irate** a. galit
introspection n. salamisim	**ire** n. pagkagalit
intrude v.t. makialam	**Irish** a. Irlandes
intrusion n. pakikialam	**Irish** n. Irlandes
intuition n. intwisyon	**Irksome** a. nakayayamot
intuitive a. may andam	**iron** n. yero
invade v.t. nilusob	**iron** v.t. mamalantsa
invalid a. walang saysay	**ironical** a. balintuna
invalid a. walang kabuluhan	**irony** n. panunuya
invalid n baldado	**irradiate** v.i. mag-ilaw
invalidate v.t. walang saysay	**irrational** a. irasyonal
invaluable a. napakamahalaga	**irreconcilable** a. mahirap kasundo
invasion n. pagsakop	**irrecoverable** a. di-mababawi
invective n. upasala	**irrefutable** a. di-mapapabulaanan
invent v.t. mag imbento	**irregular** a. iregular
invention n. imbensiyon	**irregularity** n. di ayon sa batas
inventive a. malikahain	**irrelevant** a. di-kaugnay
inventor n. imbentor	**irrespective** a. di-kaugnay ng
invert v.t. itaob	**irresponsible** a. iresponsable
invest v.t. mamuhunan	**irrigate** v.t. magpatubig
investigate v.t. imbestigahan	**irrigation** n. irigasyon
investigation n. imbestigasyon	**irritable** a. iritable
investment n. pamumuhunan	**irritant** a. inip
invigilation n. inbihilasyon	**irritant** n. yamut
invigilator n. tagabantay	**irritate** v.t. yamutin
invincible a. di-masupil	**irritation** n. iritasyon
inviolable a. di-malalabag	**irruption** n. pamumutok paloob
invisible a. di-makita	**island** n. pulo
invitation v. imbitasyon	**isle** n. pulo
invite v.t. imbitahan	**isobar** n. linyang imahinasyon
invocation n. panawagan	**isolate** v.t. ibukod
invoice n. resibo	**isolation** n. pagbubukod
invoke v.t. pakiusapan	**issue** v.i. tumulo
involve v.t. isama	**issue** n. labas
inward a. paloob	**it** pron. ito

Italian a. Italyano
Italian n. Italyano
Italic a. bastardilya
italics n. italika
itch n. kati
itch v.i. pakakati
item n. sangkap
ivory n. garing
ivy n lanot

Jj

jab v.t. sundutin
jabber v.t. sumatsat
jack n. sota
jack v.t. sotain
jackal n. mahirap na trabaho
jacket n. diyaket
jade n. batong ihada
jail n. piitan
jailer n. bantay-bilangguan
jam n. siksikan
jam v.t. siksikin
jar n. banga
jargon n. wikang walang kawaan
jasmine, jessamine n. hasmin
jaundice n. paninilaw
jaundice v.t. paninilaw
javelin n. diyablin
jaw n. panga
jay n. ibong europeo
jealous a. seloso
jealousy n. selos
jean n. pantalon

jeer v.i. aglahiin
jelly n. mamuo
jeopardize v.t. isapinsala
jeopardy n. isapanganib
jerk n. baltak
jerkin n. baltakin
jerky a. tangtang
jersey n. jersey
jest n. biro
jest v.i. biniro
jet n. dyet
Jew n. Hudyo
jewel n. alahas
jewel v.t. hiyasan
jeweler n. tagagawa alahas
jewellery n. alahas
jingle n. kalansing
jingle v.i. kumalansing
job n. trabaho
jobber n. trabaho ng di panay
jobbery n. pagbabakasakali
jocular a. palabiro
jog v.t. alog
join v.t. isali
joiner n. dugtungan
joint n. kasukasuan
jointly adv. pinagsama
joke n. biro
joke v.i. magbiro
joker n. diyoker
jollity n. kasayahan
jolly a. masaya
jolt n. biglang kalog
jolt v.t. bigwasin
jostle n. siksik
jostle v.t. sumiksik

jot n. tuldok
jot v.t. tuldokan
journal n. talaarawan
journalism n. pamamahayag
journalist n. mamamahayag
journey n. lakbay
journey v.i. nilakbay
jovial a. masaya
joviality n. pagkamasaya
joy n. lugod
joyful, joyous n. malugod
jubilant a. tuwang-tuwa
jubilation n. pagkatuwa
jubilee n. hubileo
judge n. hukom
judge v.i. ihukom
judgement n. paghuhukom
judicature n. hukuman
judicial a. hatulan
judiciary n. panghukuman
judicious a. mabuting humatol
jug n. pitsel
juggle v.t. magsalamangka
juggler n. salamangkero
juice n katas
juicy a. makatas
jumble n. haluin
jumble v.t. ginulo
jump n. lukso
jump v.i lumukso
junction n. pinagdugtungan
juncture n. sa sandaling ito
jungle n. makapal na gubat
junior a. diyunyor
junior n. diyunyor
junk n. tapon

jupiter n. Planetang jupiter
jurisdiction n. sakop
jurisprudence n. sinasakupan
jurist n. hurita
juror n. hurado
jury n. sangguniang hurado
juryman n. taong naging hurado
just a. makatarungan
just adv. lamang
justice n. hustisya
justifiable a. makatarungan
justification n. hustipikasyon
justify v.t. ipinaliwanag
justly adv. lamang sa
jute n. yute
juvenile a. pangbata

Kk

keen a. matalas
keenness n. pagkamatalas
keep v.t. itago
keeper n. tagatago
keepsake n. hiling sa
kennel n. bahay-aso
kerchief n. talukbong
kernel n. butil
kerosene n. pitrolyo
ketchup n. kettsap
kettle n. kaldero
key n. susi
key v.t isusi
kick n. sipa
kick v.t. sipain

kid n. bata
kidnap v.t. dukutin
kidney n. bato
kill v.t. pumatay
kill n. patay
kiln n. hurno
kin n. kamag-anak
kind n. mabait
kind a tipo
kindergarten ; n. kindergarten
kindle v.t. magpaningas
kindly adv. pwedeng
king n. hari
kingdom n. kaharian
kinship n. pagkahari
kiss n. halik
kiss v.t. halikan
kit n. kit
kitchen n. kusina
kite n. saranggola
kith n. mga kaibigan
kitten n. kuting
knave n. alporhas
knavery n. kabarambaduhan
knee n. tuhod
kneel v.i. lumuhod
knife n. kutsilyo
knight n. kabalyero
knight v.t. magkabalyero
knit v.t. maglala
knock v.t. kumatok
knot n. buhol
knot v.t. buhulin
know v.t. alamin
knowledge n. kaalaman

Ll

label n. etikita
label v.t. etikitahan
labial a. labyal
laboratory n. laboratoryo
laborious a. mahirap na gawin
labour n. paggawa
labour v.i. gumawa
labored a. nagtrabaho
labourer n. manggagawa
labyrinth n. daang salimuot
lac, lakh n lak
lace n. sintas
lace v.t. sintasan
lacerate v.t. punitin
lachrymose a. mapagluha
lack n. kulang
lack v.t. kulangan
lackey n. alila
lackluster a. labo
laconic a. matipid sa salita
lactate v.i. laktato
lactometer n. laktometro
lactose n. laktosa
lacuna n. puwang
lacy a. parang lambat
lad n. binatilyo
ladder n. akyatan
lade v.t. kargahan
ladle n. sandok
ladle v.t. sandokin
lady n. ginang
lag v.i. mahuli

laggard n. mabagal	**largesse** n. regalo
lagoon n. lanaw	**lark** n. langay langayan
lair n. pahingahan	**lascivious** a. mahalay
lake n. lawa	**lash** a. hagupit
lama n. lumayas	**lash** n latiguhin
lamb n. kordero	**lass** n. dalagita
lambaste v.t. tuligsain	**last1** a. hulmahan
lame a. pilay	**last** adv. nahuli
lame v.t. pilayin	**last** v.i. ihuli
lament v.i. ikalunghkot	**last** n huli
lament n lungkot	**lastly** adv. wakas
lamentable a. taghoy	**lasting** a. walang katapusan
lamentation n. daing	**latch** n. trangka
lambkin n. maliit na tupa	**late** a. mahuli
laminate v.t. laminahin	**late** adv. atrasado
lamp n. ilawan	**lately** itong huli
lampoon n. tuligsa	**latent** a. di-kita
lampoon v.t. tuligsain	**lath** n. listong kahoy
lance n. lansa	**lathe** n. torno
lance v.t. sibatin	**lathe** n. lilukan
lancer n. pansibat	**lather** n. bula ng sabon
lancet a. lanseta	**latitude** n. latitud
land n. lupa	**latrine** n. palikuran
land v.i. sumadsad	**latter** a. huli
landing n. bumaba	**lattice** n. sala-sala
landscape n. tanawin	**laud** v.t. purihin
lane n. landas	**laud** n dakilain
language n. wika	**laudable** a. kapuri-puri
languish v.i. wikain	**laugh** n. halakhak
lank a. mahagway	**laugh** v.i humalakhak]
lantern n. parol	**laughable** a. kataw-tawa
lap n. kandungan	**laughter** n. pagtatawa
lapse v.i. pagkakamali	**launch** v.t. ibunsod
lapse n lapso	**launch** n. lantsa
lard n. mantika	**launder** v.t. maglaba
large a. malaki	**laundress** n. labandera

laundry n. labanderiya	**leafy** a. madahon
laurel n. laurel	**league** n. liga
laureate a. laureado	**leak** n. tulo
laureate n laureado	**leak** v.i. itagas
lava n. kumukulong putik	**leakage** n. tagas
lavatory n. lababo	**lean** n. butuhan
lavender n. labanda	**lean** v.i. sumandal
lavish a. sagana	**leap** v.i. lumundag
lavish v.t. buntunan	**leap** n lundag
law n. batas	**learn** v.i. matuto
lawful a. legal	**learned** a. marunong
lawless a. walang batas	**learner** n. mag-aaral
lawn n. damuhan	**learning** n. alam
lawyer n. abogado	**lease** n. upahan
lax a. maluwag	**lease** v.t. uupahan
laxative n. pampaluwag	**least** a. pinakamaliit
laxative a laksatiba	**least** adv. sana man lamang
laxity n. kaluwagan	**leather** n. katad
lay v.t. ilagay	**leave** n. iwan
lay a. lego	**leave** v.t. mag-iwan
lay n himig	**lecture** n. panayam
layer n. mangingitlog	**lecture** v pag-aaral
layman n. layko	**lecturer** n. tagapagturo
laze v.i. katamaran	**ledger** n. ledyer
laziness n. pagkatamad	**lee** n. latak
lazy n. tamad	**leech** n. linta
lea n. damuhan	**leek** n. sibuyas
leach v.t. pagpapatak	**left** a. kaliwa
lead n. pagsakay	**left** n. ang kaliwa
lead v.t. akayin	**leftist** n iskiyerdista
lead n. pangunguna	**leg** n. binti
leaden a. namimigat	**legacy** n. pamana
leader n. pinuno	**legal** a. legal
leadership n. pangunguna	**legality** n. legalidad
leaf n. dahon	**legalize** v.t. legalisahin
leaflet n. uhilya	**legend** n. alamat

legendary a. pagkaalamat
leghorn n. leghorn
legible a. nababasa
legibly adv. nakakabasa
legion n. hukbo
legionary n. mga hukbo
legislate v.i. magbatas
legislation n. lehislasyon
legislative a. lehislatibo
legislator n. lehislador
legislature n. lehislatura
legitimacy n. pagka-lehitimo
legitimate a. lehitimo
leisure n. oras na malaya
leisure a ginhawa
leisurely a. luwag ng panahon
leisurely adv. luwang ng oras
lemon n. limon
lemonade n. limunada
lend v.t. magbigay
length n. haba
lengthen v.t. habaan
lengthy a. napakahaba
lenience, leniency n. maawain
lenient a. maamo
lens n. lens
lentil n. halamang lentil
Leo n. Leon
Leonine a leyon
leopard n. leopardo
leper n. taong may leprosya
leprosy n. leprosya
leprous a. may leprosya
less a. mas mababa
less n mas kaunti
less adv. bumaba

less prep. ay mababa sa
lessee n. uupa
lessen v.t babawasan
lesser a. mababa kaysa dati
lesson n. aralin
lest conj. baka
let v.t. payagan
lethal a. nakamamatay
lethargic a. nahihilo
lethargy n. antok
letter n sulat
level n. posisyon
level a kapantay
level v.t. pantayin
lever n. hawakan
lever v.t. kolektahin
leverage n. impluwensya
levity n. kawalang delikadesa
levy v.t. kolektahin
levy n. kolekta
lewd a. malaswa
lexicography n. leksikograpya
lexicon n. leksiko
liability n. pananagutan
liable a. responsible
liaison n. kontak
liar n. sinungaling
libel n. libel
libel v.t. paninirang puri
liberal a. liberal
liberalism n. liberismo
liberality n. pagkaliberal
liberate v.t. liberito
liberation n. liberasyon
liberator n. naglibera
libertine n. ganid sa laman

liberty n. independensya	**likeness** n. pagkakahawig
librarian n. taong aklatan	**likewise** adv. sa katulad ng
library n. aklatan	**liking** n. gustong
licence n. lisensya	**lilac** n. lilak
license v.t. lisensya	**lily** n. bulaklak na lili
licensee n. lisensyado	**limb** n. kamay at paa
licentious a. mahalay	**limber** v.t. palambutin
lick v.t. dilaan	**limber** n malambot
lick n dila	**lime** n. dalayap
lid n. talukap ng mata	**lime** v.t dayapan
lie v.i. kasinungalingan	**lime** n. dayap
lie v.i hinigaan	**limelight** n. publisidad
lie n magsinungaling	**limit** n. limitado
lien n. prenda	**limit** v.t. limitahan
lieu n. sa halip ng	**limitation** n. limitasyon
lieutenant n. tenyente	**limited** a. limadong
life n buhay	**limitless** a. walang limitasyon
lifeless a. walang buhay	**line** n. linya
lifelong a. mahaba ang buhay	**line** v.t. linyahan
lift n. angat	**line** v.t. linyahan
lift v.t. inangat	**lineage** n. kalinya
light n. liwanag	**linen** n. kumot
light a maliwanag	**linger** v.i. hinintay
light v.t. sindihan	**lingo** n. wika
lighten v.i. apuyan	**lingua franca** n. karaniwang wika
lighter n. pansindi	**lingual** a. lingwahe
lightly adv. mapagaan	**linguist** n. lingwesta
lightening n. kidlat	**linguistic** a. lingwestiko
lignite n. uling	**linguistics** n. lingwestiko
like a. gaya ng	**lining** n aporo
like n. gusto	**link** n. koneksyon
like v.t. gustuhin	**link** v.t konektahan
like prep kagaya ng	**linseed** n. linsid
likelihood n. posibilidad	**lintel** n. sumbrero
likely a. posible	**lion** n leyon
liken v.t. ipagkumpara	**lioness** n. kabangisan

lip n. labi
liquefy v.t. tunawin
liquid a. tubig
liquid n tubig
liquidate v.t. likidahin
liquidation n. likidasyon
liquor n. alak
lisp v.t. mautal
lisp n utal
list n. listahan
list v.t. listahin
listen v.i. makinig
listener n. tagapakinig
listless a. walang sigla
lists n. mga listahan
literacy n. edukasyon
literal a. literal
literary a. literaryo
literate a. literado
literature n. literatura
litigant n. may usapin
litigate v.t. akusahan
litigation n. litigasyon
litre n. litro
litter n. basura
litter v.t. basurahan
litterateur n. manunulat-literatura
little a. maliit
little adv. maliitin
little n. di-malaki
littoral a. pampang
liturgical a. maliturhika
live v.i. buhayin
live a. buhay
livelihood n. pangkabuhayan
lively a. masigla

liver n. atay
livery n. uniporme
living a. pamumuhay
living n kabuhayan
lizard n. butiki
load n. lagyanan
load v.t. lagyan
loadstar n. isang bituin
loadstone n. batong bakal
loaf n. piraso
loaf v.i. katamaran
loafer n. sanggano
loan n. utang
loan v.t. utangan
loath a. inisan
loathe v.t. kinainisan
loathsome a. nakakasuya
lobby n. koridor
lobe n. umbok
lobster n. labster
local a. lokal
locale n. pampubliko
locality n. lokalidad
localize v.t. lokalisahin
locate v.t. alamin
location n. lokasyon
lock n. kandado
lock v.t ikandado
lock n kandado
locker n. lalagyan ng gamit
locket n. laket
locomotive n. makina ng tren
locus n. lokus
locust n. balang
locution n. lokusyon
lodge n. tuluyan

lodge v.t. tinuluyan	**lop** n. pulak
lodging n. matutuluyan	**lord** n. panginoon
loft n. mayabang	**lordly** a. palalo
lofty a. mapagmataas	**lordship** n. panginoon
log n. troso	**lore** n. tradisyonal na kaalaman
logarithim n. logaritmo	**Lorry** n. trak
loggerhead n. magkagalit	**lose** v.t. talunin
logic n. lihiko	**loss** n. nasayang
logical a. lohikal	**lot** n. marami
logician n. tagapag-isip	**lot** n lote
loin n. lomo	**lotion** n. pampahid sa balat
loiter v.i. magpatigil-tigil	**lottery** n. lotohan
loll v.i. sumandal-sandal	**lotus** n. lotus
lollipop n. lolipap	**loud** a. malakas
lone a. nag-iisa	**lounge** v.i. magrelaks
loneliness n. pag-iisa	**lounge** n. relaks
lonely a. nalulungkot	**louse** n. kuto
lonesome a. malungkot	**lovable** a. pwedeng mahalin
long a. mahaba	**love** n mahal
long adv naisin	**love** v.t. minahal
long v.i pahabain	**lovely** a. kaakit-akit
longevity n. pagkahaba	**lover** n. nagmamahalan
longing n. pananabik	**loving** a. nagmamahal
longitude n. longitud	**low** a. mababa
look v.i makita	**low** adv. mas mababa
look a kita	**low** v.i. babaan
loom n magpakita	**low** n. baba
loom v.i. pakitaan	**lower** v.t. mas mababa
loop n. kurbada	**lowliness** n. kababaan
loop-hole n. labasan	**lowly** a. aba
loose a. kuto	**loyal** a. matapat
loose v.t. luwagan	**loyalist** n. loyalista
loosen v.t. paluwagan	**loyalty** n. pagkamatapat
loot n. nakaw	**lubricant** n. pampadulas
loot v.i. magnakaw	**lubricate** v.t. padulasan
lop v.t. pulakan	**lubrication** n. lubrikasyon

lucent a. maliwanag
lucerne n. Lusern
lucid a. matino
lucidity n. katinuan
luck n. swerte
luckily adv. sinwerte
luckless a. malas
lucky a. maswerte
lucrative a. produktibo
lucre n. pera
luggage n. bagahe
lukewarm a. maligamgam
lull v.t. di-umingay
lull n. walang inagy
lullaby n. lulabay
luminary n. luminaryo
luminous a. maapoy
lump n. maliit na bukol
lump v.t. bukulan
lunacy n. kabaliwan
lunar a. lunar
lunatic n. baliw
lunatic a. pagkabaliw
lunch n. pananghalian
lunch v.i. nagpananghalian
lung n baga
lunge n. tinulak
lunge v.i tulakin
lurch n. paeslante
lurch v.i. patagilirin
lure n. tukso
lure v.t. tuksuhin
lurk v.i. tinago
luscious a. masarap
lush a. napakarami
lust n. nasa

lustful a. nagnanasa
lustre n. ningning
lustrous a. makinang
lusty a. malakas ang katawan
lute n. lota
luxuriance n. karangyaan
luxuriant a. marangya
luxurious a. nakakaakit
luxury n. mayaman
lynch v.t. patayin
lyre n. lira
lyric a. liriko
lyric n. himig
lyrical a. lirikal
lyricist n. lirisista

Mm

magical a. makina
magician n. salamangkero
magisterial a. panghukom
magistracy n. hudikatura
magistrate n. mahistrado
magnanimity n. magandang loob
magnanimous a. dakila
magnate n. maimpluwensya
magnet n. magnet
magnetic a. magnetiko
magnetism n. magnetismo
magnificent a. kahanga-hanga
magnify v.t. palakihin
magnitude n. kalakhan
magpie n. daldalero
mahogany n. punong mahogany

mahout n. kutsero ng elepante
maid n. katulong
maiden n. pagkakatulong
maiden a dalaginding
mail n. sulat
mail v.t. sulatan
mail n koreo
main a pangunahin
main n sentro
mainly adv. Pinakapangunahing
mainstay n. tagapagtaguyod
maintain v.t. pinanatili
maintenance n. panatilihin
maize n. mais
majestic a. marilag
majesty n. pagkamarilag
major a. pangunahing
major n pangunahing
majority n. pinakapangunahing
make v.t. ginawa
make n gawa
maker n. tagagawa
malady n. sakit
malaria n. malarya
maladroit a. kalay
malaise n. pagka-di-mapakali
malcontent a. di-kontento
malcontent n di-nasisiyahan
male a. lalaki
male n lalaki
malediction n. maldisyon
malefactor n. pananampalasan
maleficent a. mapanira
malice n. malisya
malicious a. malisyoso
malign v.t. manirang-puri

malign a alipusta
malignancy n. malubha
malignant a. makamamatay
malignity n. kalubhaan
malleable a. pitpitin
malmsey n. alak
malnutrition n. malnutrisyon
malpractice n. di-wastong gawi
malt n. malta
mal-treatment n. pang-aapi
mamma n. inay
mammal n. manunuso
mammary a. mamipero
mammon n. mamon
mammoth n. mamut
mammoth a dambuhala
man n. tao
man v.t. tauhan
manage v.t. ipatakbo
manageable a. kayang patakbuhin
management n. pamamahala
manager n. tagapamahala
managerial a. magpamahala
mandate n. mandato
mandatory a. mandatoryo
mane n. kiling
manes n. espiritu
manful a. maginoo
manganese n. mangganeso
manger n. sabsaban
mangle v.t. hiwagin
mango n manga
manhandle v.t. pagbuhatan
manhole n. pinto sa swelo
manhood n. tapang
mania n kahibangan

maniac n. manyak	**many** a. marami
manicure n. manikyur	**map** n mapa
manifest a. halata	**map** v.t. iguhit ang daanan
manifest v.t. ipakita	**mar** v.t. pinsalain
manifestation n. pakita	**marathon** n. maraton
manifesto n. pahayag sa madla	**maraud** v.i. manduwit
manifold a. maramit iba iba	**marauder** n. manduduwit
manipulate v.t. manipulahin	**marble** n. marmol
manipulation n. pamahalaan	**march** n martsa
mankind n. sangkatauhan	**march** n. Marso
manlike a. gaya ng tao	**march** v.i martsahin
manliness n pagkalalaki	**mare** n. kabayong babae
manly a. lalaki	**margarine** n. margarina
manna n. mana	**margin** n. marhen
mannequin n. manikin	**marginal** a. hangganan
manner n. paraan	**marigold** n. marigold
mannerism n. gawi	**marine** a. marino
mannerly a. ugaling kilos	**mariner** n. nagmamarino
manoeuvre n. kana	**marionette** n. maryonet
manoeuvre v.i. magpakana	**marital** a. tungkol sa kasal
manor n. asyenda	**maritime** a. pandagat
manorial a. asyenda	**mark** n. marka
mansion n. mansyon	**mark** v.t markahan
mantel n. manto	**marker** n. tanda
mantle n kapa	**market** n palengke
mantle v.t mantuhan	**market** v.t ipagbili
manual a. manwal	**marketable** a. mabenta
manual n aklat-manwal	**marksman** n. mabuting-mamaril
manufacture v.t. gumawa	**marl** n. margal
manufacture n pabrikahin	**marmalade** n. marmalada
manufacturer n pabrikador	**maroon** n. mapadpad
manumission n. pagtitimawa	**maroon** a kulay marun
manumit v.t. magmanyumit	**maroon** v.t padparin
manure n. pataba	**marriage** n. kasal
manure v.t. patabain	**marriageable** a. pwedeng ikasal
manuscript n. manuskrito	**marry** v.t. ikasal

Mars n Marte	**masterly** a. may kapangyarihan
marsh n. latian	**masterpiece** n. obramaestra
marshal n mariskal	**mastery** n. kadalubhasaan
marshal v.t mariskalin	**masticate** v.t. nguyain
marshy a. malabon	**masturbate** v.i. magsalsal
marsupial n. marsupyal	**mat** n. tinitirintas
mart n. palengke	**matador** n. matador
marten n. hayop ng maten	**match** n. puspro
martial a. marsyal	**match** v.i. makalaban
martinet n. disiplinang militar	**match** n kalaban
martyr n. martir	**matchless** a. walang kapantay
martyrdom n. pagkamartir	**mate** n. kasama
marvel n. kababalaghan	**mate** v.t. ikapareha
marvel v.i magtaka	**mate** n kapareha
marvelous a. kataka-taka	**mate** v.t. ipares
mascot n. maskot	**material** a. materyal
masculine a. maskulino	**material** n materyales
mash n. masa	**materialism** n. materyalismo
mash v.t masahin	**materialize** v.t. matupad
mask n. maskara	**maternal** a. maternal
mask v.t. maskarahan	**maternity** n. pang-ina
mason n. kantero	**mathematical** a. matematikal
masonry n. masoneriya	**mathematician** n. matematiko
masquerade n. balatkayo	**mathematics** n matematikal
mass n. misa	**matinee** n. matine
mass v.i misahan	**matriarch** n. matriarka
massacre n. pamumuksa	**matricidal** a. pagpatay ng ina
massacre v.t. patayin	**matricide** n. mamamatay ng ina
massage n. masahe	**matriculate** v.t. magpatala
massage v.t. imasahe	**matriculation** n. matrikulasyon
masseur n. masahistang lalaki	**matrimonial** a. matrimonya
massive a. masibo	**matrimony** n. matrimonyo
massy a. malakit mabigat	**matrix** n matris
mast n. palo	**matron** n. matrona
master n. amo	**matter** n. materya
master v.t. maging panginoon	**matter** v.i. bigyang halaga

mattock n. patik
mattress n. kutson
mature a. hinog
mature v.i ipahinog
maturity n. kagulangan
maudlin a labis na sentimental
maul n. gulpi
maul v.t gulpihin
maulstick n. katangan ng kamay
maunder v.t. magbubulong
mausoleum n. mausoleo
mawkish a. nakasusuya
maxilla n. panga
maxim n. sawikain
maximize v.t. pinakamataas
maximum a. pinakamatayog
maximum n maksimo
May n. Mayo
may v maaari
mayor n. alkalde
maze n. labirinto
me pron. ako
mead n. agwamyel
meadow n. kaparangan
meager a. walang laman
meal n. galapong
mealy a. durog
mean a. layun
mean n. hangad
mean v.t hangarin
meander v.i. magpakilu-kilo
meaning n. ibig sabihin
meaningful a. may halaga
meaningless a. walang halaga
meanness n. kawalang halaga
means n sa pamamagitan

meanwhile adv. habang
measles n tigdas
measurable a. nasusukat
measure n. sukat
measure v.t isukat
measureless a. walang hangganan
measurement n. sukat
meat n. karne
mechanic n. mekaniko
mechanic a mekaniko
mechanical a. mekanikal
mechanics n. mekaniko
mechanism n. mekanismo
medal n. medalya
medallist n. may medalya
maddle v.i. makialam
medieval a. medyebal
medieval a. medyebal
median a. mediyana
mediate v.i. mamagitan
mediation n. pamamagitan
mediator n. tagapamagitan
medical a. medikal
medicament n. gamot
medicinal a. medisinal
medicine n. medisina
medico n. mediko
mediocre a. pangkaraniwan
mediocrity n. medyokrite
meditate v.t. magnilay-nilay
mediation n. pamamagitan
meditative a. puedeng-mamagitan
medium n medyum
medium a panggitna
meek a. mahinahon
meet n. makita

meet v.t. magpakita
meeting n. magkita
megalith n. megalit
megalithic a. megalitik
megaphone n. megapon
melancholia n. mapanglaw
melancholic a. malungkot
melancholy n. mapagpanglaw
melancholy adj malungkutin]
melee n. labu-labo
meliorate v.t. magmehora
mellow a. hinog na hinog
melodious a. mahimig
melodrama n. melodrama
melodramatic a. melodramatiko
melody n. melodya
melon n. pakwan
melt v.i. matunaw
member n. myembro
membership n. pagkamyembro
membrane n. lamad
memento n. memento
memoir n. memoryas
memorable a. memorable
memorandum n memorandum
memorial n. memoryal
memorial a memoryal
memory n. memorya
menace n bala
menace v.t pagbalaan
mend v.t. pagkumpuni
mendacious a. bulaan
menial a. mababa
menial n alila
meningitis n. meninghitis
menopause n. menopawsiya

menses n. panaog ng dugo
menstrual a. buwanan
menstruation n. menstruasyon
mental a. mental
mentality n. mentalidad
mention n. banggit
mention v.t. banggitin
mentor n. patnubay
menu n. menu
mercantile a. komersiyal
mercenary a. mersanaryo
mercerise v.t. merserahin
merchandise n. kalakal
merchant n. tagakalakal
merciful a. maawain
merciless adj. walang awa
mercurial a. merkyuryo
mercury n. asoge
mercy n. awa
mere a. lamang
merge v.t. pag-isahin
merger n. konsolidasyon
meridian a. meridyano
merit n. merito
merit v.t gantimpalaan
meritorious a. mahalaga
mermaid n. sirena
merman n. merman
merriment n. saya
merry a masaya
mesh n. lambat
mesh v.t ilambat
mesmerism n. mesmerismo
mesmerize v.t. paghipnotismo
mess n. gulo
mess v.i guluhin

message n. mensahe
messenger n. tagaabot mensahe
messiah n. Mesiyas
Messrs n. mga ginoo
metabolism n. metabolismo
metal n. metal
metallic a. metaliko
metallurgy n. metalurhiya
metamorphosis n metamorphosis
metaphor n. metapora
metaphysical a. metapisikal
metaphysics n. metapisika
mete v.t sukatan
meteor n. bulalakaw
meteoric a. meteorito
meteorologist n. meteorologo
meteorology n. meteorolohiya
meter n. metro
method n. paraan
methodical a. sistematiko
metre n. metro
metric a. metrika
metrical a. metrikal
metropolis n. metropoli
metropolitan a. metropolitan
metropolitan n. metropolitan
mettle n. tibay
mettlesome a. pagkamatibay
mew v.i. ingaw
mew n. ngiyaw
mezzanine n. entreswelo
mica n. mika
microfilm n. mikropilm
micrology n. mikrolohiya
micrometer n. mikrometro
microphone n. mikropono

microscope n. mikroskopyo
microscopic a. mikroskopiko
microwave n. mikroweb
mid a. gitna
midday n. katanghalian
middle a. gitna
middle n sentro
middleman n. ahente
middling a. kainaman
midget n. enanilyo
midland n. sa gitna ng bansa
midnight n. hatinggabi
mid-off n. di-lumukso
mid-on n. lumukso
midriff n. damit na manligo
midst gitna
midsummer n. gitnang tag araw
midwife n. hilot
might n. lakas
mighty adj. makapangyarihan
migraine n. sobrang sakit ng ulo
migrant n. mandarayuhan
migrate v.i. magdayo
migration n. pandarayuhan
milch a. gatasan
mild a. swabe
mildew n. tagulamin
mile n. milya
mileage n. milyahe
milestone n. milyarya
milieu n. milenyo
militant a. militante
militant n nanlalaban
military a. militar
military n hukbo
militate v.i. magmilitante

militia n. milisya	**miniature** n. munsing
milk n. gatas	**miniature** a. minyatura
milk v.t. gatasan	**minim** n. maliit na maliit
milky a. magatas	**minimal** a. minimal
mill n. gilingan	**minimize** v.t. paliitin
mill v.t. igiling	**minimum** n. mababang sahod
millennium n. milenaryo	**minimum** a minimum
miller n. mulinero	**minion** n. paborito
millet n. miho	**minister** n. ministro
milliner n. miliner	**minister** v.i. suguin
milliner n. miliner	**ministrant** a. ministrante
millinery n. milinaryo	**ministry** n. ministeryo
million n. milyon	**mink** n. hayop ng mink
millionaire n. milyonaryo	**minor** a. menor
millipede n. insekto ng milipid	**minor** n mababang uri
mime n. pantomina	**minority** n. minoriya
mime v.i mimohan	**minster** n. monestaryo
mimesis n. panggagaya	**mint** n. monedera
mimic a. gaya	**mint** n katha
mimic n gagad	**mint** v.t. kumatha
mimic v.t gayahin	**minus** prep. bawasan ng
mimicry n mimika	**minus** a pabawas
minaret n. minarete	**minus** n wala
mince v.t. tadtarin	**minuscule** a. minuskula
mind n. unawa	**minute** a. menudo
mind v.t. unawain	**minute** n. minuto
mindful a. maunawain	**minutely** adv. kaliit-liitang bagay
mindless a. walang unawa	**minx** n. masuwaying babae
mine pron. akin	**miracle** n. himala
mine n mina	**miraculous** a. maghimala
miner n. nagmimina	**mirage** n. kinikita
mineral n. mineral	**mire** n. lusak
mineral a mineral	**mire** v.t. putikan
mineralogist n. mineralogo	**mirror** n salamin
mineralogy n. mineralohiya	**mirror** v.t. magsalamin
mingle v.t. makihalubilo	**mirth** n. tuwa

mirthful a. masayahin
misadventure n. disgrasya
misalliance n. di-pagsasama
misanthrope n. kontratao
misapplication n. maling aplikasyon
misapprehend v.t. di-maintindihan
misappropriate v.t. di-tama
misappropriation n. di-pagkatama
misbehave v.i. masamang asal
misbehaviour n. sama ng asal
misbelieve n. maling paniniwala
miscalculate v.t. maling kwenta
miscalculation n. maling kwenta
miscall v.t. maling pagtawag
miscarriage n. maling pagdala
miscarry v.i. maling dalahin
miscellaneous a. sarisari
miscellany n. miselanya
mischance n. walang tsansa
mischief n kalikutan
mischievous a. malikot
misconceive v.t. maling akala
misconception n. maling akala
misconduct n. di-mabuting asal
misconstrue v.t. magkamali
miscreant n. walang konsensya
misdeed n. masamang gawa
misdemeanor n. maliit kasalanan
misdirect v.t. di-direkta
misdirection n. maling direksyon
miser n. abaro
miserable a. miserable
miserly a. kuripot
misery n. pagdurusa

misfire v.i. pumaltos
misfit n. di-magkahusto
misfortune n. kasawian
misgive v.t. sumalagimsim
misgiving n. sagimsim
misguide v.t. maling inakay
mishap n. kapahamakan
misjudge v.t. maling hatol
mislead v.t. naligaw
mismanagement n. di-namaneho
mismatch v.t. di-magkabagay
misnomer n. maling ngalan
misplace v.t. wala sa lugar
misprint n. maling pagkakalimbag
misprint v.t. maling nalimbag
misrepresent v.t. maling presenta
misrule n. maling pagpapatakbo
miss n. binibini
miss v.t. di-tamaan
missile n. pansalipad
mission n. misyon
missionary n. misyonaryo
missis, missus n.. ginang
missive n. sulat
mist n. ulap
mistake n. mali
mistake v.t. nagkamali
mister n. ginoo
mistletoe n. miselto
mistreat d mang-api
mistress n. kalunya
mistrust n. kawalang tiwala
mistrust v.t. di-tiniwalaan
misty a. maulap
misunderstand v.t. mali-kahulugan
misunderstanding n. di-nagintindi

misuse n. maling pagkakagamit	modification n. modipikasyon
misuse v.t. di-ginamit ng maayos	modify v.t. baguhin
mite n. hanip	modulate v.t. modulahin
mite n pulgas	moil v.i. mabigat na trabaho
mithridate n. mitridet	moist a. halumigmig
mitigate v.t. paginhawain	moisten v.t. basa-basain
mitigation n. ginhawaan	moisture n. umido
mitre n. mitra	molar n. bagang
mitten n. guwantes	molar a bagangan
mix v.i isama	molasses n pulot
mixture n. halo	mole n. nunal
moan v.i. tumaghoy	molecular a. molekular
moan n. taghoy	molecule n. molekula
moat n. palibot-bambang	molest v.t. gambalain
moat v.t. ipalibot sa bambang	molestation n. molestiyahin
mob n. taong bayan	molten a. tunaw
mob v.t. pagdumugan	moment n. saglit
mobile a. mobil	momentary a. sandalian
mobility n. mobilidad	momentous a. sandaling
mobilize v.t. mobilisahin	momentum n. momentum
mock v.i. tuyain	monarch n. monarkiya
mock adj kutyain	monarchy n. monarkiya
mockery n. tuya	monastery n. monasteryo
modality n. modalidad	monasticism n monastisismo
mode n. paraan	Monday n. Lunes
model n. modelo	monetary a. monetaryo
model v.t. gawing huwaran	money n. pera
moderate a. hinahon	monger n. trapikante
moderate v.t. huminahon	mongoose n. monggus
moderation n. moderasyon	mongrel a mistisong haluan
modern a. moderno	monitor n. monitor
modernity n. modernisasyon	monitory a. monitore
modernize v.t. modernisahin	monk n. mongha
modest a. mahinhin	monkey n. unggoy
modesty n kahinhinan	monochromatic a. isang kulay
modicum n. kaunti	monocle n. monukulo

monocular a. monukular	**mop** n. panlampaso
monody n. monodya	**mop** v.t. lampasuhin
monogamy n. monogamya	**mope** v.i. mamanglaw
monogram n. monograma	**moral** a. marapat
monograph n. monograpiya	**moral** n. moral
monogynous a. monodyenus	**morale** n. sigla
monolatry n. isang sinasamba	**moralist** n. moralista
monolith n. monolito	**morality** n. moralidad
monologue n. monologo	**moralize** v.t. mangaral
monopolist n. monopolista	**morbid** a. malagim
monopolize v.t. monopolisahin	**morbidity** n pagkamalagim
monopoly n. monopolyo	**more** a. higit
monosyllable n. monosilabo	**more** adv lalo pa
monosyllabic a. monosilabo	**moreover** adv. at karagdagan
monotheism n. monoteismo	**morganatic** a. morganatiko
monotheist n. monoteista	**morgue** n. morge
monotonous a. monotono	**moribund** a. naghihingalo
monotony n pagka-monotono	**morning** n. umaga
monsoon n. monson	**moron** n. tanga
monster n. halimaw	**morose** a. mainit ang ulo
monstrous a. napakalaki	**morphia** n. morpina
monostrous n. monostroso	**morrow** n. kinabukasan
month n. buwan	**morsel** n. kapiraso
monthly a. buwan-buwan	**mortal** a. may kamatayan
monthly adv buwanan	**mortal** n mortal
monthly n bawat buwan	**mortality** n. mortalidad
monument n. munumento	**mortar** v.t. almires
monumental a. bantayugin	**mortgage** n. sangla
moo v.i nag-unga	**mortgage** v.t. isangla
mood n. lagay ng kalooban	**mortagagee** n. mangsasangla
moody a. malungkutin	**mortgator** n. tagasangla
moon n. buwan	**mortify** v.t. magpigil
moor n. latian	**mortuary** n. punerarya
moor v.t dumuong	**mosaic** n. mosayko
moorings n. lugar ng pagpupugal	**mosque** n. meskita
moot n. pagtatalo	**mosquito** n. lamok

moss n. lumot	mountaineer n. namumundok
most a. pinaka	mountainous a. mabundok
most adv. pinaka sa lahat	mourn v.i. magdalamhati
most n pinakamalaki	mourner n. dumadalamhati
mote n. butil ng alabok	mournful n. dumalamhati
motel n. motel	mourning n. ipagdalamhati
moth n. polilya	mouse n. daga
mother n ina	moustache n. bigote
mother v.t. alagaan	mouth n. bibig
motherhood n. pagkaina	mouth v.t. bungangaan
motherlike a. gaya ng ina	mouthful n. sansubo
motherly a. may pagkananay	movable a. magalaw
motif n. paksa	movables n. mga gumagalaw
motion n. galaw	move n. galaw
motion v.i. galawin	move v.t. galawin
motionless a. walang galaw	movement n. ang galaw
motivate v ganyakin	mover n. gumagalaw
motivation n. motibasyon	movies n. pelikula
motive n. motibo	mow v.t. gumapas
motley a. may sari-saring kulay	much a marami
motor n. motor	much adv malaki
motor v.i. makina	mucilage n. musilago
motorist n. motorista	muck n. daming basa
mottle n. bakatan	mucous a. malauhog
motto n. moto	mucus n. uhog
mould n. amag	mud n. putik
mould v.t. inamag	muddle n. taranta
mould n magkaroon ng amag	muddle v.t. pagkataranta
mould n amag	muffle v.t. takpan ang mukha
mouldy a. maamag	muffler n. nagtakip ng mukha
moult v.i. panlulugon	mug n. pitsel
mound n. puntod	muggy a. mabanas
mount n. bundok	mulatto n. dayaming latag
mount v.t. tumaas	mulberry n. malberi
mount n akyat	mule n. mula
mountain n. kabundukan	mulish a. matigas ang ulo

mull n. magmuni
mull v.t. munihin
mullah n. mulya
mullion n. mulyon
multifarious a. iba-iba
multiform n. napakaraming hugis
multilateral a. mapanig
multiparous a. maramihan
multiple a. marami
multiple n dami
multiped n. multiped
multiplex a. multipleks
multiplicand n. multiplikando
multiplication n. multiplikasyon
multiplicity n. multiplikahin
multiply v.t. paramihin
multitude n. multitud
mum a. tahimik
mum n di-kumikibo
mumble v.i. bumulong-bulong
mummer n. artistang komiko
mummy n. mumo
mummy n momya
mumps n. biki
munch v.t. ngalutin
mundane a. mundano
municipal a. munisipal
municipality n. munisipyo
munificent a. mapagbigay
muniment n. sulatang karapatan
munitions n. munisyon
mural a. mural
mural n. pandingding
murder n. sadyang pagpatay
murder v.t. sinadyang pinatay
murderer n. mamamatay-tao

murderous a. nakamamatay
murmur n. bulong
murmur v.t. bumulong
muscle n. kalamnan
muscovite n. muskobite
muscular a. muskular
muse v.i. musa
muse n magnilay-nilay
museum n. museo
mush n. putik
mushroom n. kabute
music n. musika
musical a. musikal
musician n. musikero
musk n. almiskle
musket n. moskete
musketeer n. mosketero
muslin n. muselina
must v. dapatin]
must n. dapat
must n marapat
mustache n. bigote
mustang n. kabayong mustang
mustard n. mustasa
muster v.t. tipunin
muster n tipon
musty a. panis
mutation n. mutasyon
mutative a. pag-iiba-iba
mute a. pipi
mute n. pipi
mutilate v.t. gutayin
mutilation n. paggiba
mutinous a. mapaghimagsik
mutiny n. pagbabangon
mutiny v. i himagsikin

mutter v.i. umungol
mutton n. karning tupa
mutual a. mutwo
muzzle n. busal
muzzle v.t busalan
my a. akin
myalgia n. pananakit-kalamnan
myopia n. myopya
myopic a. myopya
myosis n. myosis
myriad n. san laksa
myriad a sampung libo
myrrh n. mira
myrtle n. mitro
myself pron. aking sarili
mysterious a. misteryoso
mystery n. misteryoso
mystic a. mistiko
mystic n mamistiko
mysticism n. mistisismo
mystify v.t. pahangain sa hiwaga
myth n. alamat
mythical a. maalamat
mythological a. mitolohikal
mythology n. mitologo

Nn

nab v.t. hulihin
nabob n. maimpluwensyang tao
nadir n. nadir
nag n. haka
nag v.t. magnanag
nail n. pako
nail v.t. magpako
naive a. simple
naivete n. kasimplihan
naivety n. pagka-naib
naked a. hubut hubad
name n. ngalan
name v.t. pangalanan
namely adv. nagngangalan
namesake n. kapangalan
nap v.i. umidlip
nap n. idlip
nap n tulog
nape n. batok
napkin n. serbilyeta
narcissism n. narsisismo
narcissus n narsisus
narcosis n. narkosis
narcotic n. narkotiko
narrate v.t. magsalaysay
narration n. salaysay
narrative n. pasalaysay
narrative a. salasayin
narrator n. tagapagsalaysay
narrow a. makipot
narrow v.t. kipotin
nasal a. pang-ilong
nasal n nasal
nascent a. nagbubuhat
nasty a. marumi
natal a. pangkapanganakan
natant a. lutang
nation n. nasyon]
national a. pambansa
nationalism n. nasyonalismo
nationalist n. nasyonalista
nationality n. nasyonalidad

nationalization n. nasyonalisaayon
nationalize v.t. nasyonalisahin
native a. katutubo
native n netibo
nativity n. natibidad
natural a. natural
naturalist n. naturalista
naturalize v.t. naturalisahin
naturally adv. pagkanatural
nature n. kalikasan
naughty a. pilyo
nausea n. duwal
nautic(al) a. marina
naval a. pandagat
nave n. nabe
navigable a. nalalayagan
navigate v.i. maglayag
navigation n. paglalayag
navigator n. tagapaglayag
navy n. hukbong-dagat
nay adv. pag-tanggi
neap a. kwadrature
near a. malapit
near prep. malapit sa
near adv. malapit
near v.i. lapitan
nearly adv. halos
neat a. maayos
nebula n. alapaap
necessary n. kailangan
necessary a di-matatanggihan
necessitate v.t. kinakailangan
necessity n. pangangailangan
neck n. leeg
necklace n. kwentas
necklet n. palamuti sa leeg

necromancer n. nigromante
necropolis n. nekropolis
nectar n. nektar
need n. kailangan
need v.t. kailanganin
needful a. kailangang kailangan
needle n. karayom
needless a. di-kailangan
needs adv. kailangan
needy a. nangangailangan
nefarious a. buktot
negation n. pagtanggi
negative a. negatibo
negative n. negatibo
negative v.t. pagkanegatibo
neglect v.t. pinabayaan
neglect n pabaya
negligence n. pabayaan
negligent a. mapagpabaya
negligible a. di-sukat mapansin
negotiable a. mapag-uusapan
negotiate v.t. makipagusapan
negotiation n. negosasyon
negotiator n. negosyante
negress n. negrong babae
negro n. negro
neigh v.i. humalinghing
neigh n. halinghing
neighbor n. kapitbahay
neighbourhood n. kapitbahayan
neighbourly a. pagkakapit-bahay
neither conj. alinmay hindi
nemesis n. katarungan
neolithic a. neolitiko
neon n. neon
nephew n. pamangking lalaki

nepotism n. nepotismo
Neptune n. Neptuno
nerve n. ugat
nerveless a. walang ugat
nervous a. nerbiyos
nescience n. kawalang malay
nest n. pugad
nest v.t. pugaran
nether a. ilalim
nestle v.i. pakalong
nestling n. inakay
net n. lambat
net v.t. lambatin
net a neto
net v.t. magneto
nettle n. buluhan
nettle v.t. buluhanin
network n. lambat-lambat
neurologist n. neurologo
neurology n. neurolohiya
neurosis n. neurosis
neuter a. neutro
neuter n neutro
neutral a. neutral
neutralize v.t. neutralisahin
neutron n. neutron
never adv. hindi kailanman
nevertheless conj. gayon man
new a. bago
news n. balita
next a. sunod
next adv. kasunod
nib n. dulong matulis
nibble v.t. ngatngatin
nibble n ngatngat
nice a. mainam

nicety n. pagkamarikit
niche n. nitso
nick n. hiwa
nickel n. nikel
nickname n. palayaw
nickname v.t. palayawan
nicotine n. nikotina
niece n. pamangking babae
niggard n. kuripot
niggardly a. pagkakuripot
nigger n. nugger
nigh adv. malapit
nigh prep. malapit sa
night n. gabi
nightingale n. ruwisenyor
nightly adv. magdamag
nightmare n. bangungot
nightie n. naytgawn
nihilism n. nihilismo
nil n. wala
nimble a. maliksi
nimbus n. dagim
nine n. siyam
nineteen n. labing siyam
nineteenth a. ikalabing siyam
ninetieth a. ikalabinsiyam
ninth a. ikasiyam
ninety n. siyamnapu
nip v.t kurutin
nipple n. utong
nitrogen n. nitroheno
no a. hindi
no adv. wala
no n wala
nobility n. noblesa
noble a. noble

noble n. mahal
nobleman n. taong noble
nobody pron. wala ni isa
nocturnal a. panggabi
nod v.i. tumango
node n. buko
noise n. ingay
noisy a. napakaingay
nomad n. lagalag
nomadic a. nomada
nomenclature n. talatawagan
nominal a. sa pangalan lamang
nominate v.t. nominahan
nomination n. nominasyon
nominee n nanomina
non-alignment n. di-nakalinya
nonchalance n. kalamigang loob
nonchalant a. malamig ang loob
none pron. wala
none adv. wala
nonentity n. wala
nonetheless adv. gayunman
nonpareil a. walang kapantay
nonpareil n. walang kaparehas
nonplus v.t. mahilo
nonsense n. kaululan
nonsensical a. kalokohan
nook n. sulok
noon n. katanghalian
noose n. silo
noose v.t. siluin
nor conj walang kahit isa na
norm n. norma
norm n. tuntunin
normal a. normal
normalcy n. kanormalan

normalize v.t. normalisahin
north n. norte
north a. hilaga
north adv. sa norte
northerly a. pahilaga
northerly adv. pahilagang
northern a. hilagang
nose n. ilong
nose v.t inamoy
nosegay n. pumpon ng bulaklak
nosey a. ilungan
nosy a. ilungan
nostalgia n. nostalhiya
nostril n. butas ng ilong
nostrum n. panlunas
not adv. hindi
notability n. kapansin-pansin
notable a. katangi-tangi
notary n. notaryo
notation n. notasyon
notch n. ukit
note n. marka
note v.t. markahan
noteworthy a. katangi-tangi
nothing n. wala
nothing adv. walang
notice a. pabatid
notice v.t. pinabatid
notification n. niotipikasyon
notify v.t. abisuhan
notion n. haka
notional a. hakahaka
notoriety n. kasamaan
notorious a. bantog sa kasamaan
notwithstanding prep. gayonman
notwithstanding adv. kahit na

notwithstanding conj. at kahit na
nought n. wala
noun n. pangngalan
nourish v.t. magpakain
nourishment n. pagkain
novel a. bago
novel n nobela
novelette n. maikling nobela
novelist n. nobelista
novelty n. kabaguhan
November n. Nobyembre
novice n. baguhan
now adv. ngayon
now conj. sa kasalukuyan
nowhere adv. kahit saan
noxious a. nakapipinsala
nozzle n. bokilya
nuance n. pananarinari
nubile a. pwedeng mag-asawa
nuclear a. nuklear
nucleus n. nukleo
nude a. hubut-hubad
nude n nakahubut hubad
nudity n. kahubuan
nudge v.t. sikuhin
nugget n. tigkal
nuisance n. panggulo
null a. walang bisa
nullification n. nulipikasyon
nullify v.t. pawalang bisa
numb a. manhid
number n. numero
number v.t. numeruhan
numberless a. walang numero
numeral a. numeral
numerator n. numerador

numerical a. numerikal
numerous a. napakarami
nun n. mongha
nunnery n. kumbento mongha
nuptial a. kasal
nuptials n. pagkakasal
nurse n. nars
nurse v.t mag-alaga
nursery n. nursery
nurture n. alaga
nurture v.t. algaan
nut n nuwes
nutrition n. nutrisyon
nutritious a. masustansya
nutritive a. napakasustansiya
nuzzle v. sungkalin
nylon n. naylon
nymph n. nimpa

Oo

oak n. roble
oar n. sagwan
oarsman n. maggagaod
oasis n. oasis
oat n. obena
oath n. sumpa
obduracy n. katigasan ng ulo
obdurate a. matigas na puso
obedience n. pagka masunurin
obedient a. masunurin
obeisance n. pagbibigay galang
obesity n. katabaan
obey v.t. sumunod
obituary a. obitwaryo

object n. bagay
object v.t. layunin
objection n. protesta
objectionable a. kapintasan
objective n. ang tinutungo
objective a. palayon
oblation n. pag-aalay
obligation n. obligasyon
obligatory a. sapilitan
oblige v.t. pilitin
oblique a. pahilis
obliterate v.t. katkatin
obliteration n. obliterasyon
oblivion n. limot
oblivious a. malilimutin
oblong a. pagka-oblong
oblong n. oblong
obnoxious a. nakasusuklam
obscene a. mahalay
obscenity n. kahalayan
obscure a. madilim
obscure v.t. baliwagan
obscurity n. karimlan
observance n. obserba
observant a. maobserba
observation n. obserbasyon
observatory n. maoobserbahan
observe v.t. obserbahan
obsess v.t. mahumaling
obsession n. obsesyon
obsolete a. lipas
obstacle n. hadlang
obstinacy n. katigasan ng ulo
obstinate a. di-masupil
obstruct v.t. hadlangan
obstruction n. sagabal

obstructive a. pagsagabal
obtain v.t. makuha
obtainable a. maaaring makuha
obtuse a. pulpol
obvious a. halata
occasion n. okasyon
occasion v.t pinagdiriwang
occasional a. manaka-naka
occasionally adv. pagkanaka-naka
occident n. oksidente
occidental a. oksidental
occult a. tago
occupancy n. nakatira
occupant n. nakatira
occupation n. pag-okupa
occupier n. taga-okupa
occupy v.t. okupahan
occur v.i. mangyari
occurrence n. pangyayari
ocean n. malaking dagat
oceanic a. oseaniko
octagon n. oktagono
octangular a. pagkaoktanggono
octave n. oktaba
October n. Oktubre
octogenarian a. oktehenaryo
octogenarian a walumpuing taon
ocular a. okular
oculist n. okulista
odd a. di-karaniwan
oddity n. pagka-di-karaniwan
odds n. logro
ode n. oda
odious a. nakamumuhi
odium n. kamuhian
odorous a. mahalimuyak

odour n. amoy
offence n. atake
offend v.t. insultuhin
offender n. uminsulto
offensive a. nakakainsulto
offensive n manugat damdamin
offer v.t. mag-alay
offer n mungkahi
offering n. pag-aalay
office n. opisina
officer n. pinuno
official a. opisyal
official n opisyaes
officially adv. pagka-opisyal
officiate v.i. manungkulan
officious a. pakialam
offing n. darating
offset v.t. tapatan
offset n sanga
offshoot n. angkan
offspring n. supling
oft adv. malimit
often adv. malimit
ogle v.t. sumulyap-sulyap
ogle n sulyap
oil n. langis
oil v.t langisan
oily a. malangis
ointment n. unggwento
old a. matanda
oligarchy n. oligarkiya
olive n. olibo
olympiad n. olimpiada
omega n. omega
omelette n. tortilya
omen n. pangitain

ominous a. nagbabala
omission n. omisyon
omit v.t. di-isama
omnipotence n kapangyarihan
omnipotent a. makapangyarihang
omnipresence n. omnipresensya
omnipresent a. omnipresente
omniscience n karunungan
omniscient a. lubos na marunong
on prep. sa
on adv. nasa
once adv. minsan
one a. isa
one pron. sinumang tao
oneness n. pagka-iisa
onerous a. mabigat
onion n. sibuyas
on-looker n. manonood
only a. lamang
only adv. tangi
only conj. ngunit
onomatopoeia n. onomatopeya
onrush n. pagsunod
onset n. salakay
onslaught n. mabangis-salakay
onus n. dala
onward a. pasulong
onwards adv. patuloy
ooze n. tagas
ooze v.i. tumagas
opacity n. kalabuan
opal n. opalo
opaque a. malabo
open a. bukas
open v.t. buksan
opening n. pagbubúkas

openly adv. lantaran
opera n. opera
operate v.t. gumawa
operation n. operasyon
operative a. maybisa
operator n. makinista
opine v.t. magpalagay
opinion n. opinyon
opium n. opyo
opponent n. kalaban
opportune a. napapanahon
opportunism n. opurtunismo
opportunity n. opurtunidad
oppose v.t. sumalungat
opposite a. kasalungat
opposition n. pagtutol
oppress v.t. pahirapan
oppression n. opresyon
oppressive a. mapang-api
oppressor n. mang-aapi
opt v.i. pumili
optic a. optiko
optician n. optika
optimism n. optimismo
optimist n. optemetra
optimistic a. optimista
optimum n. mabuting kalagayan
optimum a. mabuting kalagayan
option n. pagpilian
optional a. di-sapilitan
opulence n. kayamanan
opulent a. mayaman
oracle n. orakulo
oracular a. orakular
oral a. pasalita
orally adv. pambibig

orange n. dalandan
orange a. dalanghita
oration n. talumpati
orator n. mananalumpati
oratorical a. pang-orador
oratory n. pananalumpati
orb n. orbe
orbit n. ligiran
orchard n. looban
orchestra n. orkestra
orchestral a. orkestral
ordeal n. mahigpit na pagsubok
order n. kaayusan
order v.t pagsasaayos
orderly a. maayos
orderly n. maayos
ordinance n. ordinansa
ordinarily adv. Pagkaordinaryo
ordinary a. ordinaryo
ordnance n. ordinansa
ore n. kiho
organ n. organo
organic a. organiko
organism n. organismo
organization n. organisasyon
organize v.t. mag-organisa
orient n. silangan
orient v.t. humarap sa silangan
oriental a. oryental
oriental n silanganin
orientate v.t. ipanilangan
origin n. pinagmulan
original a. orihinal
origina l n orihinal
originality n. orihinalidad
originate v.t. magsimula

originator n. ang nagbigay simula	outer a. sa labas
ornament n. palamuti	outfit n. kasangkapan
ornament v.t. palamutian	outfit v.t kasuotan
ornamental a. pampalamuti	outgrow v.t. pinalaki
ornamentation n. ornamintasyon	outhouse n. kasilyas
orphan n. ulila	outing n. hira
orphan v.t maulila	outlandish a. kakatawa
orphanage n. ampunan	outlaw n. tulisan
orthodox a. ortodokso	outlaw v.t ilabas sa batas
orthodoxy n. ortodoksiya	outline n. hugis
oscillate v.i. magpaurong-sulong	outline v.t. hugisan
oscillation n. osilasyon	outlive v.i. matirang mabuhay
ossify v.t. mamuto	outlook n. tanawin
ostracize v.t. itakwil	outmoded a. lipas na
ostrich n. abestrus	outnumber v.t. lumalo
other a. iba	outpatient n. pasyenteng dayo
other pron. ikalawa	outpost n. abansada
otherwise adv. isa pa	output n. kabuoang produkto
otherwise conj. at isa pa	outrage n. kahalayan
otter n. oter	outrage v.t. hahalayin
ottoman n. sopa	outright adv. lahatan
ounce n. onsa	outright a lahatan
our pron. ang ating	outrun v.t. unahan sa pagtakbo
oust v.t. paalisin	outset n. umpisa
out adv. sa labas	outshine v.t. daigin
out-balance v.t. malampasan	outside a. panlabas
outbid v.t. higtan ang tawad	outside n labas
outbreak n. silakbo	outside adv mula sa labas
outburst n. sabog	outside prep mula sa labas
outcast n. taong itinapon	outsider n. tagalabas
outcast a taong desterado	outsize a. wala sa laki
outcome n. kinalabasan	outskirts n.pl. labas ng bayan
outcry a. sigawan	outspoken a. pranka
outdated a. panahong lipas	outstanding a. tanyag
outdo v.t. mahigitan	outward a. palabas
outdoor a. sa labas ng bahay	outward adv patungo sa labas

outwards adv patungong labas
outwardly adv. tungong palabas
outweigh v.t. makahigit
outwit v.t. manaig sa talas ng isip
oval a. bilog-haba
oval n obalo
ovary n. obaryo
ovation n. pagbubunyi
oven n. hurno
over prep. sa itaas
over adv sa ibabaw
over n lampas
overact v.t. labis na pag-akto
overall n. saklaw-lahat
overall a kalahatan
overawe v.t. takutin
overboard adv. sa dagat
overburden v.t. labis magkarga
overcast a. maulap na maulap
overcharge v.t. singilan ng labis
overcharge n singilan ng labis
overcoat n. abrigo
overcome v.t. pagtagumpayan
overdo v.t. magmalabis
overdose n. labis na dosis
overdose v.t. oberdosis
overdraft n. lampas na lagak
overdraw v.t. labis na paglarawan
overdue a. atrasado
overhaul v.t. oberholin
overhaul n. oberhol
overhear v.t. maulinigan
overjoyed a sobrang saya
overlap v.t. kasudlong-sudlong
overlap n sudlong
overleaf adv. dako ng papel

overload v.t. magsobrang karga
overload n sobrang karga
overlook v.t. di-mapuna
overnight adv. gabing nakaraan
overnight a magdamag
overpower v.t. magahis
overrate v.t. pataasin ang taya
overrule v.t. pangibabawan
overrun v.t mangalat
oversee v.t. pamanihalaan
overseer n. katiwala
overshadow v.t. liliman
oversight n. ligta
overt a. hayag
overtake v.t. abutan
overthrow v.t. talunin
overthrow n talo
overtime adv. lampas oras
overtime n lamay
overture n. obertura
overwhelm v.t. madaig
overwork v.i. pagawin ng labis
overwork n. sobrang trabaho
owe v.t magkautang
owl n. kwago
own a. sarili
own v.t. mag-ari
owner n. may-ari
ownership n. pagmamay-ari
ox n. toro
oxygen n. oksiheno
oyster n. talaba

Pp

pace n hakbang
pace v.i. humakbang
pacific a. pasipiko
pacify v.t. patahimikin
pack n. pakete
pack v.t. paketehin
package n. balutan
packet n. munting pakete
packing n. pagpapapakete
pact n. sanduguan
pad n. sapin
pad v.t. sapinan
padding n. pading
paddle v.i. sagwanin
paddle n sagwan
paddy n. palayan
page n. pahina
page v.t. ipatawag ng malakas
pageant n. tanghal na maringal
pageantry n. dingal
pagoda n. pagoda
pail n. timba
pain n. sakit
pain v.t. sakitan
painful a. masakit
painstaking a. mapagsumakit
paint n. pinta
paint v.t. pintahan
painter n. pintor
painting n. pagpipinta
pair n. pares
pair v.t. kapares

pal n. katoto
palace n. palasyo
palanquin n. palangkin
palatable a. masarap
palatal a. pangangalaga
palate n. ngalangala
palatial a. bagay sa palasyo
pale n. maputla
pale a namumutla
pale v.i. putlain
palette n. paleta
palm n. palad
palm v.t. palaspasan
palm n. palma
palmist n. manghuhula sa palad
palmistry n. panghuhula sa palad
palpable a. nahihipo
palpitate v.i. tumibok
palpitation n. pagtibok
palsy n. paralisis
paltry a. walang saysay
pamper v.t. magpalayaw
pamphlet n. polyeto
pamphleteer n. maliit na aklat
panacea n. panasea
pandemonium n. pandemonyum
pane n. pohas
panegyric n. papuri
panel n. panel
panel v.t. panigan
pang n. matinding kirot
panic n. panik
panorama n. panorama
pant v.i. humingal
pant n. hingal
pantaloon n. pantalon

pantheism n. panteismo	**pardon** v.t. magpatawad
pantheist n. panteista	**pardon** n. patawad
panther n. pantera	**pardonable** a. mapatatawad
pantomime n. pantomina	**parent** n. magulang
pantry n. panti	**parentage** n. angkan
papacy n. papado	**parental** a. gabay ng magulang
papal a. pontipikal	**parenthesis** n. panaklong
paper n. papel	**parish** n. parokya
par n. paridad	**parity** n. paridad
parable n. parabula	**park** n. parke
parachute n. parakayda	**park** v.t. pumarada
parachutist n. magpaparakayda	**parlance** n. pananalita
parade n. parada	**parley** n. komperensiya
parade v.t. pumarada	**parley** v.i komperensiyahin
paradise n. paraiso	**parliament** n. batasan
paradox n. paradoha	**parliamentarian** n. parlamentaryo
paradoxical a. makabalighuan	**parliamentary** a. parlamentaryo
paraffin n. parapina	**parlour** n. salon
paragon n. uliran	**parody** n. parodya
paragraph n. talataan	**parody** v.t. nagpapatawa
parallel a. paralelo	**parole** n. pangako
parallel v.t. kaagapayin	**parole** v.t. pangakuan
parallelism n. pag-aagapayan	**parricide** n. parisidyo
parallelogram n. paralelogramo	**parrot** n. pikoy
paralyse v.t. paralisa	**parry** v.t. ilagan
paralysis n. paralisis	**parry** n. ilag
paralytic a. paralitiko	**parson** n. pari
paramount n. pinakamataas	**part** n. parte
paramour n. kaapid	**part** v.t. partehan
paraphernalia n. pl kagamitan	**partake** v.i. lumahok
paraphrase n. bigay-kahulugan	**partial** a. may kinikilingan
paraphrase v.t. bigay-kahulugan	**partiality** n. prsiyalidad
parasite n. pasrasito	**participate** v.i. makibahagi
parcel n. bahagi	**participant** n. kalahok
parcel v.t. ipamahagi	**participation** n. partisipasyon
parch v.t. isalab	**particle** a. katiting

particular a. bukad	**path** n. landas
particular n. sadya	**pathetic** a. nakakaawa
partisan n. partisan	**pathos** n. pamukaw-awa
partisan a. partisanan	**patience** n. tiyaga
partition n. hati	**patient** a. pasyente
partition v.t. pagkahati	**patient** n pasyente
partner n. kasama	**patricide** n. parisida
partnership n. samahan	**patrimony** n. patrimonyo
party n. partido	**patriot** n. makabayan
pass v.i. pumasa	**patriotic** a. pagkamakabayan
pass n pasa	**patriotism** n. patriotismo
passage n. daanan	**patrol** v.i. patrulya
passenger n. pasahero	**patrol** n patrul
passion n. pagdurusa	**patron** n. patron
passionate a. masimbuyo	**patronage** n. patrosinyo
passive a. pasiba	**patronize** v.t. tangkilikin
passport n. pasaporte	**pattern** n. swekos
past a. kararaan	**paucity** n. kakulangan
past n. kalilipas	**pauper** n. pulubi
past prep. sa lumipas na	**pause** n. tigil
paste n. pandikit	**pause** v.i. tigilan
paste v.t. dikitan	**pave** v.t. latagan ng bato
pastel n. pastel	**pavement** n. pabimento
pastime n. paglilibang	**pavilion** n. pabelyon
pastoral a. pastoral	**paw** n. paa ng hayop
pasture n. pastulan	**paw** v.t. paang may pangalmot
pasture v.t. magpastol	**pay** v.t. magbayad
pat v.t. tapikin	**pay** n bayad
pat n tapik	**payable** a. mababayaran
pat adv tampian	**payee** n. pinagbayaran
patch v.t. magtagpi	**payment** n. kabayaran
patch n tagpi	**pea** n. gisantes
patent a. malinaw	**peace** n. kapayapaan
patent n patentado	**peaceable** a. katahimikan
patent v.t. pahayagan	**peaceful** a. tahimik
paternal a. ng ama	**peach** n. melokoton

peacock n. paboreal	**penalize** v.t. multahan
peahen n. pihen	**penalty** n. mumultahan
peak n. tugatog	**pencil** n. lapis
pear n. peras	**pencil** v.t. lapisin
pearl n. perlas	**pending** prep. samantala
peasant n. taong-bukid	**pending** a nakabitin
peasantry n. magsasaka	**pendulum** n. pendulo
pebble n. graba	**penetrate** v.t. natagusan
peck n. tuka	**penetration** n. pagtagos
peck v.i. tumuka	**penis** n. titi
peculiar a. pambihira	**penniless** a. dukhang-dukha
peculiarity n. pekulyaridad	**penny** n. peras
pecuniary a. pekunyaryo	**pension** n. pensiyon
pedagogue n. guro	**pension** v.t. pensiyonahan
pedagogy n. pedagogo	**pensioner** n. pensyonado
pedal n. pedal	**pensive** a. nag-iisip
pedal v.t. pedalin	**pentagon** n. limang panig
pedant n. pedante	**peon** n. manggagawa
pedantic n. pedantesko	**people** n. mamamayan
pedantry n. pedanteriya	**people** v.t. mga mamamayan
pedestal n. pedestal	**pepper** n. sili
pedestrian n. taong naglalakad	**pepper** v.t. silihan
pedigree n. angkan	**per** prep. bawat
peel v.t. talupan	**perambulator** n. karwahe ng bata
peel n. magtalop	**perceive** v.t. madama
peep v.i. siniyapan	**perceptible** adj nadarama
peep n sumiyap	**per cent** adv. pursyento
peer n. kapantay	**percentage** n. bahagdan
peerless a. walang kapantay	**perception** n. pagkadama
peg n. sabitan	**perceptive** a. matalas dumama
peg v.t. lagyan ng kalabiha	**perch** n. hapunan
pelf n. yamang ninakaw	**perch** v.i. dumapo
pell-mell adv. di-magkamayaw	**perennial** a. pansantaon
pen n. panulat	**perennial** n. pangmatagalan
pen v.t. sulatan	**perfect** a. eksakto
penal a. penal	**perfect** v.t. eksaktuhin

perfection n. perpeksiyon
perfidy n. paglililo
perforate v.t. pagbutas-butasin
perforce adv. sapilitan
perform v.t. gumawa
performance n. pagganap
performer n. tagaganap
perfume n. pabango
perfume v.t. pabanguhan
perhaps adv. marahil
peril n. panganib
peril v.t. kapanganiban
perilous a. mapanganib
period n. punto
periodical n. peryudiko
periodical a. pahayagan
periphery n. guhit ng bilog
perish v.i. mapuksa
perishable a. mapupuksa
perjure v.i. palsong panunumpa
perjury n. panunumpa
permanence n. kapanatilihan
permanent a. permanente
permissible a. maipapahintulot
permission n. permiso
permit v.t. pahintulutan
permit n. pahintulot
permutation n. permutasyon
pernicious a. nakasisira
perpendicular a. patayo
perpendicular n. perpendicular
perpetual a. perpetwo
perpetuate v.t. pananatilihin
perplex v.t. lituhin
perplexity n. kalituhan
persecute v.t. usigin

persecution n. pag-uusig
perseverance n. tiyaga
persevere v.i. pagtiyaga
persist v.i. magpumilit
persistence n. pagpupumilit
persistent a. mapagpumilit
person n. tao
personage n. katauhan
personal a. personal
personality n. personalidad
personification n. personipikasyon
personify v.t. pagtatao
personnel n. personel
perspective n. padamang layo
perspiration n. pawis
perspire v.i. pamamawis
persuade v.t. papaniwalaan
persuasion n. hikayat
pertain v.i. maukol
pertinent a. nauukol
perturb v.t. gambalain
perusal n. maingat na pagbabasa
peruse v.t. magbasa
pervade v.t. laganapin
perverse a. mali
perversion n. kalisyaan
perversity n. kasinsayan
pervert v.t. iligaw
pessimism n. pesimismo
pessimist n. pesimista
pessimistic a. magmasama
pest n. peste
pesticide n. pamatay peste
pestilence n. salot
pet n. alagang hayop
pet v.t. himasin

petal n. talulot
petition n. petisyon
petition v.t. petisyonan
petitioner n. tagapetisyon
petrol n. petrolyo
petroleum n. petrolyum
petticoat n. nagwas
petty a. hamak
petulance n. sumpungin
petulant a. madaingin
phantom n. manlalabas
pharmacy n. parmasya
phase n. aspekto
phenomenal a. penomenal
phenomenon n. penomenon
phial n. pyal
philanthropic a. pilantropiya
philanthropist n. pilantropo
philanthropy n. pilantropiya
philological a. pilolohiko
philologist n. pilologo
philology n. pilologo
philosopher n. pilosopo
philosophical a. pilosopiko
philosophy n. pilosopiya
phone n. telepono
phonetic a. ponetiko
phonetics n. pagkaponetiko
phosphate n. pospet
phosphorus n. posporo
photo n larawan
photograph v.t. letratuhan
photograph n letrato
photographer n. maniniyot
photographic a. potograpo
photography n. potograpiya

phrase n. parirala
phrase v.t. priralaanan
phraseology n. praseolohiya
physic n. lunas
physic v.t. lunasan
physical a. pisikal
physician n. manggagamot
physicist n. pisika
physics n. pisika
physiognomy n. pisonomiya
physique n. pangangatawan
pianist n. pyanista
piano n. pyano
pick v.t. piliin
pick n. pili
picket n. istaka
picket v.t. istakahan
pickle n. salmuwera
pickle v.t atsarahan
picnic n. piknik
picnic v.i. kuraan
pictorical a. maylarawan
picture n. larawan
picture v.t. ilarawan
picturesque a. pintoresko
piece n. piraso
piece v.t. piyesahin
pierce v.t. duruin
piety n. awa
pig n. baboy
pigeon n. palomar
pigmy n. pigmeo
pile n. bunton
pile v.t. magbunton
piles n. almuranas
pilfer v.t. mang-umit

pilgrim n. taong-gala	**piteous** a. nakahahabag
pilgrimage n. paglalakbay	**pitfall** n. patibong
pill n. pilduras	**pitiable** a. nakahahabag
pillar n. pilar	**pitiful** a. kaawa-awa
pillow n unan	**pitiless** a. di-kawawa
pillow v.t. sapinan	**pitman** n. pitman
pilot n. piloto	**pittance** n. habag
pilot v.t. magpiloto	**pity** n. awa
pimple n. tagihawat	**pity** v.t. kaawaan
pin n. trangka	**pivot** n. ikutan
pin v.t. trankahan	**pivot** v.t. paikutan
pinch v.t. pumisil	**playcard** n. paskil
pinch v. kumurot	**place** n. pook
pine n. tamlay	**place** v.t. ilagay
pine v.i. tumamlay	**placid** a. payapa
pineapple n. pinya	**plague** a. salot
pink n. klabel	**plague** v.t. magkasalot
pink a pinakamabuti	**plain** a. simple
pinkish a. kulay rosas	**plain** n. kapatagan
pinnacle n. taluktok	**plaintiff** n. maysakdal
pioneer n. nangunguna	**plan** n. plano
pioneer v.t. manguna	**plan** v.t. magplano
pious a. matapat	**plane** n. eroplano
pipe n. tubo	**plane** v.t. pantayin
pipe v.i tubuhin	**plane** a. patag
piquant a. maanghang	**plane** n katam
piracy n. pirateriya	**planet** n. planeta
pirate n. pirata	**planetary** a. pagkaplaneta
pirate v.t piratahin	**plank** n. tablang makapal
pistol n. pistola	**plank** v.t. magtatabla
piston n. piston	**plant** n. halaman
pit n. hukay	**plant** v.t. magtanim
pit v.t. hukayan	**plantain** n. saging
pitch n. alkitran	**plantation** n. plantasyon
pitch v.t. ihagis	**plaster** n. pantapal
pitcher n. pitser	**plaster** v.t. tapalan

plate n. plato	**plunge** n sugba
plate v.t. plantsahin	**plural** a. maramihan
plateau n. kaibuturan	**plurality** n. karamihan
platform n. plataporma	**plus** a. at saka
platonic a. platoniko	**plus** n dagdagan ng
platoon n. pulutong	**ply** v.t. pleges
play n. laro	**ply** n kapal
play v.i. paglalaro	**pneumonia** neumonya
player n. manlalaro	**pocket** n. bulsa
plea n. dahilan	**pocket** v.t. ibulsa
plead v.i. magmakiusap	**pod** n. supot ng buto
pleader n. makiusap	**poem** n. tula
pleasant a. nakalulugod	**poesy** n. tula
pleasantry n. pagkakalugod	**poet** n. makata
please v.t. pakiusap	**poetaster** n. manunulat literature
pleasure n. kasiyahan	**poetess** n. babaing makata
plebiscite n. plebisito	**poetic** a. makata
pledge n. pangako	**poetics** n. pagkamakata
pledge v.t. ipangako	**poetry** n. makata
plenty n. kasaganaan	**poignancy** n. hapdi
plight n. katayuan	**poignant** a. kirot
plod v.i. gumayod	**point** n. tulis
plot n. pirasong lupa	**point** v.t. tuldukan
plot v.t. magsabwatan	**poise** v.t. timbangin
plough n. araro	**poise** n timbang
plough v.i mag-araro	**poison** n. lason
ploughman n. mang-aararo	**poison** v.t. lasonin
pluck v.t. matapang	**poisonous** a. nakakalason
pluck n tapang	**poke** v.t. sundutin
plug n. pasak	**poke** n. sundot
plug v.t. pasakan	**polar** n. polar
plum n. sirwelas	**pole** n. polo
plumber n. plomero	**police** n. pulisya
plunder v.t. mandambong	**policeman** n. pulis
plunder n dambong	**policy** n. palakad
plunge v.t. sumugba	**polish** v.t. pabuli

polish n bulihin	**popular** a. popular
polite a. pulido	**popularity** n. pagka-popular
politeness n. magalang	**popularize** v.t. popularisahin
politic a. pampolitiko	**populate** v.t. mga matao
political a. pampolitika	**population** n. populasyon
politician n. politiko	**populous** a. matao
politics n. politika	**porcelain** n. porselana
polity n. kaayusan ng pamahalaan	**porch** n. beranda
poll n. pagboto	**pore** n. munting butas
poll v.t. boboto	**pork** n. karneng baboy
pollen n. polen	**porridge** n. lugaw
pollute v.t. parumihin	**port** n. daungan
pollution n. polusyon	**portable** a. bitbitin
polo n. polo	**portage** n. portahe
polygamous a. poligamo	**portal** n. portal
polygamy n. poligami	**portend** v.t. magbabala
polyglot1 n. poliglota	**porter** n. tagabitbit
polyglot2 a. maraming alam wika	**portfolio** n. portpolyo
polytechnic a. politekniko	**portico** n. portiko
polytechnic n. politeknika	**portion** n porsiyon
polytheism n. politeismo	**portion** v.t. bahaginan
polytheist n. politeista	**portrait** n. larawan
polytheistic a. politeista	**portraiture** n. pagdidibuho
pomp n. dingal	**portray** v.t. maglarawan
pomposity n. karangyaan	**portrayal** n. paglalarawan
pompous a. maringal	**pose** v.i. pumwesto
pond n. lanaw	**pose** n. pwesto
ponder v.t. magnuynuy	**position** n. posisyon
pony n. kabayong munti	**position** v.t. ilagay sa lugar
poor a. mahirap	**positive** a. positibo
pop v.i. pumusngat	**possess** v.t. magtaglay
pop n pusngat	**possession** n. pagtataglay
pope n. papa	**possibility** n. posibilidad
poplar n. paplar	**possible** a. posible
poplin n. paplin	**post** n. poste
populace n. mga tao	**post** v.t. tukoran

post n haligi	**pour** v.i. binuhusan
post v.t. haligihann	**poverty** n. kahirapan
post adv. koreo	**powder** n. pulbos
postage n. halaga ng selyo	**powder** v.t. pulbosan
postal a. postal	**power** n. kapangyarihan
post-date v.t. atrasuhang pwesto	**powerful** a. makapangyarihan
poster n. poster	**practicability** n. maaring magawa
posterity n. posteridad	**practicable** a. magagamit
posthumous a. postuma	**practical** a. praktiko
postman n. kartero	**practice** n. ehersisyo
postmaster n. postmaster	**practice** v.t. maehersisyo
post-mortem a. posmortem	**practitioner** n. magsasanay
post-mortem n. pagayos sa patay	**pragmatic** a. pragmatiko
post-office n. pos-opis	**pragmatism** n. pragmatismo
postpone v.t. ipagpaliban	**praise** n. puri
postponement n. napagpaliban	**praise** v.t. purihin
postscript n. habol	**praiseworthy** a. kapuri-puri
posture n. tindig	**prank** n. linlang
pot n. palayok	**prattle** v.i. dumaldal
pot v.t. anglitan	**prattle** n. kadaldalan
potash n. potas	**pray** v.i. sumamo
potassium n. potasyum	**prayer** n. dasal
potato n. patatas	**preach** v.i. mangaral
potency n. bisa	**preacher** n. mangangaral
potent a. lakas	**preamble** n. pambungad
potential a. potensyal	**precaution** n. ingat
potential n. posible	**precautionary** a. pag-iingat
pontentiality n. potensiyalidad	**precede** v. umuna
potter n. gumagawa ng palayok	**precedence** n. pagkauna
pottery n. palayukan	**precedent** n. nauna
pouch n. supot	**precept** n. utos
poultry n. manukan	**preceptor** n. tagaturo
pounce v.i. tapalan	**precious** a. mahalaga
pounce n panapal	**precis** n. buod
pound n. piitan	**precise** n. tiyak
pound v.t. ikulong	**precision** n. presisyoon

precursor n. pangunahin
predecessor n. predesesor
predestination n. predistinasyon
predetermine v.t. ayusin muna
predicament n. suliranin
predicate n. pang-uri
predict v.t. manghula
prediction n. prediksyon
predominanc n. pananaig
predominant a. mapanaig
predominate v.i. manaig
pre-eminence n. kagalingan
pre-eminent a. dakila
preface n. paunang salita
preface v.t. paunangg sabi
prefect n. prepek
prefer v.t. piliin
preference n. kagustuhan
preferential a. mapili
prefix n. unlapi
prefix v.t. unlapian
pregnancy n. pagbubuntis
pregnant a. buntis
prehistoric a. preiistoriko
prejudice n. prehuwisyo
prelate n. prelado
preliminary a. preliminaryo
preliminary n panghanda
prelude n. pambungad
prelude v.t. bungadan
premarital a. di-kasal
premature a. wala sa panahon
premeditate v.t. sinadya
premeditation n. binalak muna
premier a. puno
premier n premyer

premiere n. pinuno
premium n. gantimpala
premonition n. salagimsim
preoccupation n. kaabalahan
preoccupy v.t. paghahanda
preparation n. preparasyon
preparatory a. preparatorya
prepare v.t. maghanda
preponderance n. pamimigat
preponderate v.i. namimigat
preposition n. pang-ukol
prerequisite a. kailangan
prerequisite n kinakailangan
prerogative n. karapatan
prescience n. presiyensiya
prescribe v.t. ipanuto
prescription n. panuto
presence n. tikas
present a. kaharap
present n. regalo
present v.t. iharap
presentation n. presentasyon
presently adv. ngayon
preservation n. preserbasyon
preservative n. preserbatiboo
preservative a. pagkapreserbatibo
preserve v.t. pangalagaan
preserve n. alagaan
preside v.i. mangulo
president n. presidente
presidential a. pagkapresedente
press v.t. diinan
press n diin
pressure n. presyon
pressurize v.t. presyonisahin
prestige n. katangian

prestigious a. prestihiyoso
presume v.t. mangahas
presumption n. mapanghimasok
presuppose v.t. hakain
presupposition n. paghaka
pretence n. pagkukunwari
pretend v.t. magkunwari
pretension n. pakitang-tao
pretentious a. ambisyoso
pretext n dahilan
prettiness n. kalugod-lugod
pretty a nakakalugod
pretty adv. makisig
prevail v.i. manaig
prevalence n. pangingibabaw
prevalent a. ganap
prevent v.t. hadlangan
prevention n. paghadlang
preventive a. maiiwasan
previous a. nauuna
prey n. biktima
prey v.i. biktimahin
price n. presyo
price v.t. presyuhan
prick n. butas
prick v.t. butasan
pride n. ego
pride v.t. pagmamatayog
priest n. pari
priestess n. kaparian
priesthood n. pagka-pari
prima facie adv. prima facie
primarily adv. nangunguna
primary a. pangunahin
prime a. maaga
prime n. simula

primer n. kartilya
primeval a. primitibo
primitive a. primitibo
prince n. prinsepe
princely a. pagkaprinsepe
princess n. prinsesa
principal n. prinsipal
principal a pinakamataas
principle n. prinsipyo
print v.t. ilimbag
print n limbag
printer n. manlilimbag
prior a. una
prior n punong-pari
prioress n. priora
priority n. kaunahan
prison n. kulungan
prisoner n. nakulong
privacy n. kalingiran
private a. pribado
privation n. kadahupan
privilege n. pribilehiyo
prize n. gantimpala
prize v.t. mahalagahin
probability n. probabilidad
probable a. maaaring mangyari
probably adv. marahil nga
probation n. probasyon
probationer n. tagaprobasyon
probe v.t. imbestigahin
probe n sundol
problem n. problema
problematic a. problemado
procedure n. palakad
proceed v.i. magpatuloy
proceeding n. pamamaraan

proceeds n. pinagbilhan	**profound** a. baliwag
process n. proseso	**profundity** n. lalim
procession n. prosisyon	**profuse** a. masagana
proclaim v.t. iproklama	**profusion** n. kasaganaan
proclamation n. proklamasyon	**progeny** n. supling
proclivity n. hilig	**programme** n. programa
procrastinate v.i. ipagpaliban	**programme** v.t. palatuntunan
procrastination n. bukas-bukas	**progress** n. progreso
proctor n. proktur	**progress** v.i. sumulong
procure v.t. makuha	**progressive** a. ipagbawal
procurement n. pagkuha	**prohibit** v.t. pagbawal
prodigal a. alibugha	**prohibition** n. pagbabawal
prodigality n. mapagtapon	**prohibitive** a. mapagbawal
produce v.t. ilantad	**prohibitory** a. mapagbawalan
produce n. ibunga	**project** n. proyekto
product n. produkto	**project** v.t. balakin
production n. produksyon	**projectile** n. gaya ng bato
productive a. produktibo	**projectile** a gaya lang sa bato
productivity n. produktibidad	**projection** n. ungos
profane a. lapastangan	**projector** n. proyektur
profane v.t. lapastanganin	**proliferate** v.i. ilaganap
profess v.t. ipahayag	**proliferation** n. paglaganap
profession n. paghayag	**prolific** a. mabunga
professional a. propesyonal	**prologue** n. prologo
professor n. propesor	**prolong** v.t. pahabain
proficiency n. pagbuti	**prolongation** n. paghabain
proficient a. mabuti	**prominence** n. matanyag
profile n. perpil	**prominent** a. tanyag
profile v.t. hugis ng mukha	**promise** n pangako
profit n. tubo	**promise** v.t pinangako
profit v.t. pakinabangan	**promising** a. mapangako
profitable a. mapakinanabangan	**promissory** a. pangakuan
profiteer n. manghuhuthot	**promote** v.t. iasenso
profiteer v.i. huthutan	**promotion** n. pagtaas
profligacy n. mabisyo	**prompt** a. maliksi
profligate a. marawal	**prompt** v.t. udyukin

prompter n. tagadikta
prone a. nakadapa
pronoun n. panghalip
pronounce v.t. sabihin
pronunciation n. pagbigkas
proof n. patunay
proof a pagpatunay
prop n. tukod
prop v.t. tukuran
propaganda n. propaganda
propagandist n. propagandista
propagate v.t. magparami
propagation n. propagasyon
propel v.t. itulak
proper a. natural
property n. katangian
prophecy n. manghula
prophesy v.t. hulaan
prophet n. propeta
prophetic a. maghuhula
proportion n. proporsyon
proportion v.t. pagkapantay
proportional a. balak
proportionate a. mungkahi
proposal n. alok
propose v.t. imungkahi
proposition n. pagalok
propound v.t. ipasaalang-alang
proprietary a. katumpakan
proprietor n. may-ari
propriety n. katumpakan
prorogue v.t. prorogu
prosaic a. prosaiko
prose n. tuluyan
prosecute v.t. mang-usig
prosecution n. pag-uusig

prosecutor n. tagausig
prosody n. sining ng pagtula
prospect n. tanawin
prospective a. inaasahan
prospsectus n. prospektus
prosper v.i. magtagumpay
prosperity n. tagumpay
prosperous a. maunlad
prostitute n. puta
prostitute v.t. gamitin sa masama
prostitution n. prostitusyon
prostrate a. nakadapa
prostrate v.t. magpatirapa
prostration n. pagpapatirapa
protagonist n. protagonista
protect v.t. ipagtanggol
protection n. proteksyon
protective a. mapagtanggol
protector n. protektor
protein n. protena
protest n. tutol
protest v.i. tumutol
protestation n. pagtatapat
prototype n. prototipo
proud a. mapagmalaki
prove v.t. subukin
proverb n. salawikain
proverbial a. salawikaan
provide v.i. maglaan
providence n. katalagahan
provident a. mapaglaan
providential a. probidensyal
province n. probinsya
provincial a. probinsyal
provincialism n. pagkalalawiganin
provision n. probisyon

provisional a. probisyonal	puddle n. sanaw
proviso n. tadhana	puddle v.t. labusawin
provocation n. hamon	puerile a. bata
provocative a. nanghahamit	puff n. buga
provoke v.t. pukawin	puff v.i. bumuga
prowess n. tapang	pull v.t. hilahin
proximate a. kasunod	pull n. hila
proximity n. kalapitan	pulley n. pulea
proxy n. kinatawan	pullover n. hilang tudo
prude n. santuron	pulp n. sapal
prudence n. kabaitan	pulp v.t. magsapal
prudent a. mabait	pulpit a. pulpito
prudential a. maypagkamabait	pulpy a. masapal
prune v.t. talbusan	pulsate v.i. tumibok
pry v.i. manubok	pulsation n. tibok
psalm n. salmo	pulse n. pintig
pseudonym n. seudonimo	pulse v.i. pagpintig
psyche n. sikya	pulse n pulso
psychiatrist n. sikyatrista	pump n. bomba
psychiatry n. sikyatrika	pump v.t. bombahan
psychic a. sikiko	pumpkin n. kalabasa
psychological a. sikolohikal	pun n. pun
psychologist n. sikologo	pun v.i. magpun
psychology n. sikolohiya	punch n. suntok
psychopath n. sikopato	punch v.t. suntukin
psychosis n. sikosis	punctual a. maagap
psychotherapy n. sikoterapya	punctuality n. pagkamaagap
puberty n. pagbabaguntao	punctuate v.t. bantasan
public a. publiko	punctuation n. bantas
public n. publiko	puncture n. butas
publication n. publikaasyon	puncture v.t. butasin
publicity n. publisidad	pungency n. anghang
publicize v.t. bigyang publisidad	pungent a. maanghang
publish v.t. maglathala	punish v.t. parusahan
publisher n. tagalathala	punishment n. parusa
pudding n. puding	punitive a. pampahirap

puny a. munti
pupil n. eskwela
puppet n. manika
puppy n. tuta
purblind n. malabo ang mata
purchase n. bili
purchase v.t. bumili
pure a dalisay
purgation n. pagpupurga
purgative n. pamurga
purgative a purga
purgatory n. purgatoryo
purge v.t. purgahin
purification n. puripikasyon
purify v.t. dalisayin
purist n. purista
puritan n. puritano
puritanical a. puritaniko
purity n. kadalisayan
purple adj./n. murado
purport n. magpanggap
purport v.t. kahulugan
purpose n. layon
purpose v.t. layunin
purposely adv. maglayon
purr n. ungol
purr v.i. umungol
purse n. pitaka
purse v.t. lukbutan
pursuance n. pagsasagawa
pursue v.t. tugisin
pursuit n. pagtugis
purview n. saklaw
pus n. nana
push v.t. itulak
push n. tulak

put v.t. ilagay
puzzle n. suliranin
puzzle v.t. guluhin ang issip
pygmy n. unano
pyorrhea n. piyorea
pyramid n. tagilo
pyre n. siga
python n. sawa

Qq

quack v.i. pagkuwak
quack n kuwak
quackery n. kwakerya
quadrangle n. patyo
quadrangular a. pagpatyohan
quadrilateral a. & n. kuwadrado
quadruped n. aptang-paa
quadruple a. apat na ibayo
quadruple v.t. iapat ang paa
quail n. pugo
quaint a. kakaiba
quake v.i. manginig
quake n nginig
qualification n. katangian
qualify v.i. katangiang kailangan
qualitative a. kalitatibo
quality n. kalidad
quandary n. suliranin
quantitative a. kandidado
quantity n. kandidad
quantum n. kabuuan
quarrel n. away]
quarrel v.i. inaway

quarrelsome a. alitan
quarry n. tibangan
quarry v.i. tugisin
quarter n. kapat
quarter v.t. ikaapat
quarterly a. sangkwarto
queen n. reyna
queer a. kaiba
quell v.t. mapasuko
quench v.t. patayin
query n. usisa
query v.t itanong
quest n. paghahanap
quest v.t. maghanap
question n. tanong
question v.t. pagtatanong
questionable a. mapag-alinlangan
questionnaire n. talatanungan
queue n. tirintas
quibble n. isuiso
quibble v.i. pagkaisuiso
quick a. maagap
quick n agap
quicksand n. kumunoy
quicksilver n. asoge
quiet a. tahimik
quiet n. payapa
quiet v.t. magtahimik
quilt n. kubrekama
quinine n. kinina
quintessence n. kaanuanuhan
quit v.t. nagtigil
quite adv. ganap
quiver n. sisidlan ng pana
quiver v.i. mangatal
quixotic a. malakihote

quiz n. pagsubok
quiz v.t. pagsusulit
quorum n. kworum
quota n. kota
quotation n. pagbanggit
quote v.t. banggitin
quotient n. kosyente

Rr

rabbit n. kuneho
rabies n. rabis
race n. unahan
race v.i paunahan
racial a. lahi
racialism n. pagkalahi
rack v.t. ptrilyahan
rack n. patrilya
racket n. linggal
radiance n. kinang
radiant a. pagkinang
radiate v.t. manginang
radiation n. radyasyon
radical a. radikal
radio n. radyo
radio v.t. radyuhan
radish n. labanos
radium n. radyum
radius n. radyus
rag n. basahan
rag v.t. trapuhan
rage n. nagalit
rage v.i. pinagalitan
raid n. salakay

raid v.t. salakayin	**rapier** n. espadin
rail n. baranda	**rapport** n. armoniya
rail v.t. rilisan	**rapt** a. lutang
raling n. raling	**rapture** n. pagtatalik
raillery n. panunudyo	**rare** a. malasado
railway n. perokanil	**rascal** n. taong imi
rain v.i. ulanin	**rash** a. abang-abang
rain n ulan	**rat** n. daga
rainy a. maulan	**rate** v.t. halagahan
raise v.t. pabangunin	**rate** n. halaga
raisin n. pasas	**rather** adv. medyo
rally v.t. magtipon	**ratify** v.t. ratipikahin
rally n rali	**ratio** n. proporsiyon
ram n. martinete	**ration** n. rasyon
ram v.t. pagikpikin	**rational** a. maykatwiran
ramble v.t. magpasyal	**rationale** n. paliwanag
ramble n pasyal	**rationality** n. pagkapaliwanag
rampage v.i. pag-alboroto	**rationalize** v.t. pangatwiranan
rampage n. alboroto	**rattle** v.i. kumalantog
rampant a. laganap	**rattle** n kalantog
rampart n. palaganap	**ravage** n. pamumuksa
rancour n. sama ng loob	**ravage** v.t. wasakin
random a. laya	**rave** v.i. magdiliryo
range v.t. layain	**raven** n. uwak
range n. hanay	**ravine** n. bangin
ranger n. tagahanay	**raw** a. hilaw
rank n. ranko	**ray** n. sinag
rank v.t. ihelera	**raze** v.t. paguhuin
rank a hilera	**razor** n. labaha
ransack v.t. halughugin	**reach** v.t. umabot]
ransom n. tubos	**react** v.i. magtauli
ransom v.t. tubusin	**reaction** n. reaksiyon
rape n. gahasa	**reactionary** a. reaktinaryo
rape v.t. gahasain	**read** v.t. basahin
rapid a. matulin	**reader** n. tagabasa
rapidity n. pagkamatulin	**readily** adv. pagkahanda

readiness n. paghahanda	**receive** v.t. natanggap
ready a. handa	**receiver** n. tagatanggap
real a. totoo	**recent** a. kailan lamang
realism n. realismo	**recently** adv. kapangyayari
realist n. realista	**reception** n. resepsyon
realistic a. realistiko	**receptive** a. mapangtanggap
reality n. realidad	**recess** n. alkoba
realization n. realisasyon	**recession** n. urong
realize v.t. maisakatuparan	**recipe** n. resipe
really adv. talaga	**recipient** n. ang tumatanggap
realm a. kaharian	**reciprocal** a. gantihan
ream n. resma	**reciprocate** v.t. gumanti
reap v.t. gumapas	**recital** n. pagsasalaysay
reaper n. tagagapas	**recitation** n. resitasyon
rear n. likod	**recite** v.t. isalaysay
rear v.t. hulihan	**reckless** a. pabaya
reason n. dahilan	**reckon** v.t. bilangin
reason v.i. kadahilanan	**reclaim** v.t. paamuin
reasonable a. makatwiran	**reclamation** n reklamasyon
reassure v.t. tiyaking muli	**recluse** n. bukod
rabate n. sauli	**recognition** n. pagkilala
rebel v.i. magrebelde	**recognize** v.t. makilala
rebel n. rebelde	**recoil** v.i. umurong
rebellion n. rebelyon	**recoil** adv. udlot
rebellious a. mapanghimagsik	**recollect** v.t. mangunita
rebirth n. muling pagsilang	**recollection** n. alaala
rebound v.i. tumalbog	**recommend** v.t. itagubilin
rebound n. talbog	**recommendation** n. tagubilinan
rebuff n. pagtanggi	**recompense** v.t. gantihan
rebuff v.t. tanggihan	**recompense** n. gantimpala
rebuke v.t. murahin	**reconcile** v.t. makipagkasundo
rebuke n. mura	**reconciliation** n. pagkasunduan
recall v.t. maalala	**record** v.t. talaan
recall n. alala	**record** n. tala
recede v.i. umurong	**recorder** n. tagatala
receipt n. resibo	**recount** v.t. bilangin uli

recoup v.t. makabawi	**refinery** n. repineriya
recourse n. dulugan	**reflect** v.t. umisip
recover v.t. mabawian	**reflection** n. pagbubulay-bulay
recovery n. makabawi	**reflective** a. maisip
recreation n. pag-aaliw	**reflector** n. replektor
recruit n. mangalap ng tauhan	**reflex** n. repleks
recruit v.t. rekluta	**reflex** a repleks
rectangle n. rektanggulo	**reflexive** a may pagka repleks
rectangular a. rektanggular	**reform** v.t. repormahin
rectification n. pagtutuwid	**reform** n. reporma
rectify v.i. tuwirin	**reformation** n. reporma
rectum n. tumbong	**reformatory** n. repormatoryo
recur v.i. umulit	**reformatory** a pagpapabuti
recurrence n. pagbalik	**reformer** n. repormador
recurrent a. balik	**refrain** v.i. pigilin ang sarili
red a. pula	**refrain** n pag-tigil
red n. namumula	**refresh** v.t. sariwain
redden v.t. papulahin	**refreshment** n. pagpapapresko
reddish a. mapula-pula	**refrigerate** v.t. palamigan
redeem v.t. tubusin	**refrigeration** n. repriherasyon
redemption n. katubusan	**refrigerator** n. repridyeretor
redouble v.t. pagbalikan	**refuge** n. kanlungan
redress v.t. pagsuotan	**refugee** n. manlilikas
redress n suotan	**refulgence** n. sarang ningning
reduce v.t. magbawas	**refulgent** a. napakaliwanag
reduction n. pagbawas	**refund** v.t. isauli
redundance n. kaliguyan	**refund** n. sauli
redundant a. paulit-ulit	**refusal** n. pagtanggi
reel n. ikiran	**refuse** v.t. tinanggi
reel v.i. mag-iikot	**refuse** n. tanggi
refer v.t. iugay	**refutation** n. pabulaan
referee n. repere	**refute** v.t. pabulaanan
reference n. reperensiya	**regal** a. makahari
referendum n. reperendum	**regard** v.t. pagmasdan
refine v.t. pinuhin	**regard** n. bigyang-pansin
refinement n. pagpino	**regenerate** v.t. muling isilang

regeneration n. rehenerasyon
regicide n. mamamatay-hari
regime n. pamamahala
regiment n. rebimyento
regiment v.t. ipamahala
region n. rehiyon
regional a. rehiyonal
register n. aklat-talaan
register v.t. itala
registrar n. tagatala
registration n. patalaan
registry n. rehistro
regret v.i. pagsisisi
regret n pagsisi
regular a. regular
regularity n. regularidad
regulate v.t. isaayos
regulation n. regulasyon
regulator n. regulador
rehabilitate v.t. rehabilitahin
rehabilitation n. rehabilitasyon
rehearsal n. ensayo
rehearse v.t. magensayo
reign v.i. maghari
reign n kaharian
reimburse v.t. pabayaran
rein n. renda
rein v.t. rendahin
reinforce v.t. ipilit
reinforcement n. pagpilit
reinstate v.t. ibalik sa dati
reinstatement n. pagbalik sa dati
reiterate v.t. muling sabihin
reiteration n. muling-sabi
reject v.t. tanggihan
rejection n. pagtanggi

rejoice v.i. magalak
rejoin v.t. magsama uli
rejoinder n. sagot
rejuvenate v.t. muling palakasin
rejuvenation n. rehubenasyon
relapse v.i. mabinat
relapse n. binat
relate v.t. magsalaysay
relation n. kaugnayan
relative a. relatibo
relative n. kamag-anak
relax v.t. pagrelaks
relaxation n. pagpapahinga
relay n. sabihin
relay v.t. sasabihin
release v.t. pakawalan
release n kalag
relent v.i. maghunus-dili
relentless a. walang awa
relevance n. pagkakaugnay
relevant a. kaugnay
reliable a. mapapagkatiwalaan
reliance n. tiwala
relic n. bakas
relief n. ginhawa
relieve v.t. ginhawaan
religion n. relihiyon
religious a. relihiyoso
relinquish v.t. iwan
relish v.t. lasahan
relish n lasa
reluctance n. kawalang gusto
reluctant a. walang gusto
rely v.i. umasa
remain v.i. maiwan
remainder n. natira

remains n. bangkay
remand v.t. pabalikin
remand n balik
remark n. pansin
remark v.t. pagmamasid
remarkable a. katangi-tangi
remedial a. panlunas
remedy n. remedyo
remedy v.t lunasan
remember v.t. maalaala
remembrance n. gunita
remind v.t. paalalahanan
reminder n. paalala
reminiscence n. gunamgunam
reminiscent a. nagpapaalala
remission n. patawad
remit v.t. ipadala
remittance n. padala
remorse n. pagsisisi
remote a. malayo
removable a. maaalis
removal n. pag-aalis
remove v.t. alisin
remunerate v.t. upahan
remuneration n. gantimapala
remunerative a. pinagkakitaan
renaissance n. muling-silang
render v.t. ibigay
rendezvous n. tagpuan
renew v.t. magpanibago
renewal n. pagpapanibago
renounce v.t. magrenunsya
renovate v.t. pagsaayos
renovation n. pagsasaayos
renown n. kabunyian
renowned a. pagbunyian

rent n. renta
rent v.t. rentahan
renunciation n. pagrerenunsya
repair v.t. magkumpuni
repair n. kumpunihin
reparable a. maaring kumpunihin
repartee n. tugong malaman
repatriate v.t. ibalik bayan
repatriate n pagbalik sa bayan
repatriation n. repatriasyon
repay v.t. magbayad
repayment n. pagbabayad
repeal v.t. mag-ulit
repeal n ulit
repeat v.t. ulitin
repel v.t. magpaurong
repellent a. mawaksi
repellent n nagwawaksi
repent v.i. magsisi
repentance n. pagsisisi
repentant a. nagsisisi
repercussion n. alingawngaw
repetition n. repitisyon
replace v.t. palitan
replacement n. palit
replenish v.t. magpuno
replete a. busog na busog
replica n. replika
reply v.i. sagutin
reply n sagot
report v.t. mag-ulat
report n. ulat
reporter n. taga-ulat
repose n. magpahingalay
repose v.i. mahiga
repository n. lagakan

represent v.t. katawanin
representation n. representasyon
representative n. kinatawan
representative a. kinatawan
repress v.t. magpigil
repression n. pagpipigil
reprimand n. suat
reprimand v.t. suatan
reprint v.t. ilimbag
reprint n. limbag
reproach v.t. sisihin
reproach n. sisi
reproduce v.t. gumawa
reproduction n. reproduksyon
reproductive a. reproduktibo
reproof n. mura
reptile n. reptil
republic n. republika
republican a. republikan
republican n. republikan
repudiate v.t. itakwil
repudiation n. pagtakwil
repugnance n. kaayawan
repugnant a. pag-aayaw
repulse v.t. mapaurong
repulse n. paurong
repulsion n. pagpapapaurong
repulsive a. nakaiinis
reputation n. reputasyon
repute v.t. reputasyunan
repute n. reputasyon
request v.t. pakiusapan
request n pakiusap
requiem n. tugtog sa patay
require v.t. hilingin
requirement n. kailangan

requisite a. rekisiyon
requite n bayaran
requisition n. rekisisyon
requisition v.t. magrekisasyon
requite v.t. gumanti
rescue v.t. tubusin
rescue n sagip
research v.i. pagsasaliksik
research n pananaliksik
resemblance n. pagka-magkatulad
resemble v.t. magkatulad
resent v.t. masamain
resentment n. galit
reservation n. pataan
reserve v.t. ilaan
reservoir n. deposito
reside v.i. tumahan
residence n. residensya
resident a. residente
resident n naninirahan
residual a. latak
residue n. labi
resign v.t. magbitiw
resignation n. pagbibitiw
resist v.t. lumaban
resistance n. pwersang salungat
resistant a. resistente
resolute a. yari ang loob
resolution n. resolusyon
resolve v.t. magpasiya
resonance n. alalad
resonant a. maalalad
resort v.i. dulugan
resort n bakasyunan
resound v.i. tumunog

resource n. pagkukunan
resourceful a. maparaan
respect v.t. pagrespeto
respect n. respeto
respectful a. marespeto
respective a. kanya-kanya
respiration n. paghinga
respire v.i. huminga
resplendent a. kaluningningan
respond v.i. sumagot
respondent n. respondiyente
response n. tugon
responsibility n. responsibilidad
responsible a. responsible
rest v.i. magpahinga
rest n patungan
restaurant n. restauran
restive a. di-mapalagay
restoration n. restorasyon
restore v.t. ibalik
restrain v.t. supilin
restrict v.t. hangganan
restriction n. paghihigpit
restrictive a nagbigay-hangganan
result v.i. magbunga
result n. resulta
resume v.t. simulan
resume n. uli
resumption n. pagsisimula
resurgence n. muling paglitaw
resurgent a. muling lumilitaw
retail v.t. tingian
retail n. tingi
retail adv. tingian
retail a pagtingi
retailer n. nagpapatingi

retain v.t. magpanatili
retaliate v.i. gumanti
retaliation n. paghigante
retard v.t. pabagalin
retardation n. kabagalan
retention n. pagpapanatili
retentive a. mapanatili
reticence n. katimpian
reticent a. matimpi
retina n. retina
retinue n. mga tauhang abay
retire v.i. magretiro
retirement n. retiro
retort v.t. pagbalik-sabihan
retort n. balik-sabi
retouch v.t. ayusin
retrace v.t. magkuli
retread v.t. magritred
retread n. retredan
retreat v.i. taguan
retrench v.t. magbawas
retrenchment n. pagbabawas
retrieve v.t. mabawi
retrospect n. gunamgunam
retrospection n. paggunamgunam
retrospective a. mapaggunam
return v.i. bumalik
return n. pagbalik
revel v.i. magpistahan
revel n. pagsasaya
revelation n. pagbubunyag
reveller n. tagabunyag
revelry n. napakasayang diwang
revenge v.t. higanti
revenge n. ganti
revengeful a. paghiganti

revenue n. kita
revere v.t. sambahin
reverence n. pamimitagan
reverend a. kapita-pitagan
reverent a. mapitagan
reverential a. magalang
reverie n. pangangarap
reversal n. pagbabaliktad
reverse a. baliktad
reverse n pagbaliktad
reverse v.t. baliktarin
reversible a. mababaliktad
revert v.i. magbalik sa dati
review v.t. magbalik-aral
review n balik-aral
revise v.t. rebisahin
revision n. rebisyon
revival n. muling-buhay
revive v.i. muling buhayin
revocable a. mabawi
revocation n. pagbawi
revoke v.t. bawiin
revolt v.i. paghihimagsik
revolt n. himagsik
revolution n. pag-inog
revolutionary a. rebolusyonaryo
revolutionary n lubusang bago
revolve v.i. uminog
revolver n. rebolber
reward n. gantimpala
reward v.t. premyohan
rhetoric n. retorika
rhetorical a. retorikal
rheumatic a. rayoma
rheumatism n. rayomatismo
rhinoceros n. rinoseros

rhyme n. rima
rhyme v.i. tumula
rhymester n. tumutula
rhythm b. ritmo
rhythmic a. maindayog
rib n. tadyang
ribbon n. laso
rice n. bigas
rich a. mayaman
riches n. pinakamayaman
richness a. pagkamayaman
rick n. mandala
rickets n. rakitis
rickety a. pagiwang-giwang
rickshaw n. riksho
rid v.t. makaibis
riddle n. bithay
riddle v.i. magtahip
ride v.t. sumakay
ride n sakay
rider n. sumasakay
ridge n. balakang
ridicule v.t. pagkutya
ridicule n. kutya
ridiculous a. katawa-tawa
rifle v.t. halungkatin
rifle n riple
rift n. bitak
right a. kanan
right adv tama
right n tumpak
right v.t. ituwid
righteous a. makatarungan
rigid a. matibay
rigorous a. mahigpit
rigour n. kalupitan

rim n. gilid	**robber** n. magnanakaw
ring n. singsing	**robbery** n. pagnanakaw
ring v.t. singsingan	**robe** n. balabal
ringlet n. munting singsing	**robe** v.t. balabalan
ringworm n. kulebrang-tubig	**robot** n. robot
rinse v.t. magbanlaw	**robust** a. matipuno
riot n. kagulo	**rock** v.t. yanigin
riot v.t. magkagulo	**rock** n. bato
rip v.t. punitin	**rocket** n. raket
ripe a hinog	**rod** n. pamalo
ripen v.i. pahinugin	**rodent** n. daga
ripple n. lagasaw	**roe** n. itlog ng isda
ripple v.t. saluysuyan	**rogue** n. hampaslupa
rise v. umahon	**roguery** n. kawalang hiyaan
rise n. ahon	**roguish** a. walang hiya
risk v.t. panganib	**role** n. papel
risk n. sapalaran	**roll** n. gulong
risky a. delikado	**roll** v.i. gumulong
rite n. seremonya	**roll-call** n. pagtawag
ritual n. ritwal	**roller** n. tagagulong
ritual a. seremonya	**romance** n. romansa
rival n. karibal	**romantic** a. romantiko
rival v.t. agawin	**romp** v.i. takbong di-pwersado
rivalry n. pang-aagaw	**romp** n. maingay na paglalaro
river n. ilog	**rood** n. krusipiho
rivet n. rematse	**roof** n. bubong
rivet v.t. pagrematse	**roof** v.t. bubungan
rivulet n. ilug-ilugan	**rook** n. titimbog
road n. kalsada	**rook** v.t. titimbugin
roam v.i. gumala	**room** n. silid
roar n. atungal	**roomy** a. siliran
roar v.i. pag-atungal	**roost** n. hapunan
roast v.t. mag-ihaw	**roost** v.i. humapon
roast a ihaw	**root** n. ugat
roast n isangag	**root** v.i. lipulin
rob v.t. magnakaw	**rope** n. lubid

rope v.t. lubiran	**rubber** n. goma
rosary n. rosaryo	**rubbish** n. basura
rose n. rosas	**rubble** n. tigkal-tigkal
roseate a. rosado	**ruby** n. rubi
rostrum n. rostrum	**rude** a. bastos
rosy a. mapula	**rudiment** n. sibol
rot n. bulok	**rudimentary** a. unang hakbang
rot v.i. mabulok	**rue** v.t. magsisi
rotary a. paikit	**rueful** a. nanghihinayang
rotate v.i. uminog	**ruffian** n. taong malupit
rotation n. ikot	**ruffle** v.t. pagngiti
rote n. ulit	**rug** n. alpombra
rouble n. rublo	**rugged** a. kulubot
rough a. magaspang	**ruin** n. pagkagiba
round a. bilog	**ruin** v.t. gibain
round adv. kabilugan	**rule** n. tuntunin
round n. mabilog	**rule** v.t. mamahala
round v.t. bilugan	**ruler** n. tagapamahala
rouse v.i. manggising	**ruling** n. namamahala
rout v.t. manumbang	**rum** n. ram
rout n daig	**rum** a ron
route n. ruta	**rumble** v.i. dagundungan
routine n. kinagawian	**rumble** n. dagundong
routine a palaging ginagawa	**ruminant** a. mangangata
rove v.i. gumala	**ruminant** n. ngata
rover n. gumagala	**ruminate** v.i. ngumata
row n. gumaod	**rumination** n. magngata-ngata
row v.t. maggaod	**rummage** v.i. tindang halikwatin
row n sagwan	**rummage** n halikwat na tinda
row n. magsagwan	**rummy** n. rami
rowdy a. napakaingay	**rumour** n. sabi-sabi
royal a. makahari	**rumour** v.t. pagsasabi-sabi
royalist n. royalista	**run** v.i. pagtakbo
royalty n. regalya	**run** n. takbo
rub v.t. kuskusin	**rung** n. baitang
rub n kuskus	**runner** n. mananakbo

rupee n. rupya
rupture n. pagkasira
rupture v.t. sirain
rural a. rural
ruse n. lalang
rush n. madali
rush v.t. magmadali
rush n pagmamadali
rust n. kalawang
rust v.i kalawangin
rustic a. pambukid
rustic n simple
rusticate v.t. mamukid
rustication n. rustikasyon
rusticity n. rustikasyon
rusty a. makalawang
rut n. uka ng gulong
ruthless a. walang awa
rye n. senteno

Ss

Sabbath n. Sabado
sabotage n. sabotahe
sabotage v.t. pagsabotahe
sabre n. sable
sabre v.t. sablehan
saccharin n. sakarina
saccharine a. sakarina
sack n. sako
sack v.t. pagtitiwalag
sacrament n. sakramento
sacred a. sagrado
sacrifice n. sakripisyo

sacrifice v.t. magsakripisyo
sacrificial a. magpakasakit
sacrilege n. sakrilehiyo
sacrilegious a. sakrilego
sacrosanct a. sakrosanto
sad a. nalulungkot
sadden v.t. malungkot
saddle n. siya
saddle v.t. siyahin
sadism n. sadismo
sadist n. sadista
safe a. walang-panganib
safe n. ligtas
safeguard n. pangangalaga
safety n. kawalang-panganib
saffron n. kulay dalandan
saffron a kulay berde
sagacious a. matalas
sagacity n. katalasan
sage n. paham
sage a. paham
sail n. layag
sail v.i. lumayag
sailor n. manlalayag
saint n. santo
saintly a. banal
sake n. layunin
salable a. maipagbibili
salad n. ensalada
salary n. sweldo
sale n. benta
salesman n. despatsador
salient a. nakaungos
saline a. may-asin
salinity n. pagkamay-asin
saliva n. laway

sally n. pagluwal
sally v.i. magluwal
saloon n. bulwagan
salt n. asin
salt v.t asinan
salty a. maalat
salutary a. nakapagpapagaling
salutation n. bigay-galang
salute v.t. sumaludo
salute n saludo
salvage n. salba
salvage v.t. salbahin
salvation n. kaligtasan
same a. walang-dagdag
sample n. muwestra
sample v.t. patikimin
sanatorium n. sanatoryo
sanctification n. santipikasyon
sanctify v.t. santidad
sanction n. hatol
sanction v.t. hatulan
sanctity n. kasantuhan
sanctuary n. santuwaryo
sand n. buhangin
sandal n. sandalyas
sandalwood n. sandalo
sandwich n. emparedado
sandwich v.t. emparedaduhan
sandy a. mabuhangin
sane a. matino
sanguine a. maasahin
sanitary a. sanitaryo
sanity n. katinuan
sap n. katas
sap v.t. katasan
sapling n. binatilyo

sapphire n. sapiro
sarcasm n. tuya
sarcastic a. nanunuya
sardonic a. mapanuya
satan n. satanas
satchel n. maletin
satellite n. satelite
satiable a. suyain
satiate v.t. busugin
satiety n. kabusugan
satire n. uyam
satirical a. satiriko
satirist n. satirista
satirize v.t. ipanuya
satisfaction n. kasiyahan
satisfactory a. kasiya-siya
satisfy v.t. bigyang-kasiyahan
saturate v.t. mamarin
saturation n. mamad
Saturday n. Sabado
Sauce n. sarsa
saucer n. platito
saunter v.t. lumakad-lakad
savage a. ligaw
savage n mabagsik
savagery n. kabarbaruhan
save v.t. iligtas
save prep maliban sa
saviour n. tagapagligtas
savour n. lasa
savour v.t. bigyang-lasa
saw n. lagari
saw v.t. lagariin
say v.t. magsabi
say n. sabi
scabbard n. kaluban

scabies n. galis
scaffold n. intablado
scale n. platilyo
scale v.t. kaliskisan
scalp n anit
scamper v.i taong pahamak
scamper n pahamak
scan v.t. suriing mabuti
scandal n iskandalo
scandalize v.t. umiskandalo
scant a. kakaunti
scanty a. di-sapat
scapegoat n. kasangkapanin
scar n peklat
scar v.t. magpeklat
scarce a. kakaunti
scarcely adv. mahirap
scarcity n. kadlitan
scare n. takot
scare v.t. takutin
scarf n. bandana
scatter v.t. mangalat
scavenger n. basurero
scene n. eksena
scenery n. tanawin
scenic a. matanaw
scent n. amoy
scent v.t. amuyin
sceptic n. septiko
skeptical a. septikal
skepticism n. septisismo
sceptre n. setro
schedule n. oraryo
schedule v.t. itakda
scheme n. plano
scheme v.i. pagpalno

schism n. sisma
scholar n. iskolar
scholarly a. mag-aaral
scholarship n. iskolarship
scholastic a. iskolastik
school n. paaralan
science n. syensya
scientific a. pang-agham
scientist n. taong-agham
scintillate v.i. kumislap
scintillation n. pagkislap
scissors n. gunting
scoff n. libak
scoff v.i. libakin
scold v.t. magmura
scooter n. iskuter
scope n. lawak
scorch v.t. dangdangin
score n. tanda
score v.t. puntusan
scorer n. tagapuntos
scorn n. panghahamak
scorn v.t. manghamak
scorpion n. alakdan
Scot n. tasa
scotch a. eskosis
scotch n. matipid
scot-free a. ligtas
scoundrel n. taong-imbi
scourge n. parusahan
scourge v.t. magparusa
scout n iskaut
scout v.i maghanap
scowl v.i. magsimangot
scowl n. simangot
scramble v.i. haluin

scramble n halu	season v.t. palabukan
scrap n. piraso	seasonable a. mapanahon
scratch n. galmus	seasonal a. pana-panahon
scratch v.t. galmusin	seat n. upuan
scrawl v.t. gumuri	seat v.t. iupo
scrawl n sulat na paguriguri	secede v.i. tumiwalag
scream v.i. magtili	secession n. pagtiwalag
scream n tili	secessionist n. sesesyonista
screen n. tabing	seclude v.t. ibukod
screen v.t. tabingan	secluded a. ihiwalay
screw n. turnilyo	seclusion n. seklusyon
screw v.t. turnilyuhan	second a. sigundo
scribble v.t. magguguri	second n pangalawa
scribble n. pagsulat ng madalas	second v.t. pumangalawa
script n. iskrip	secondary a. pampangalawa
scripture n. Bibliya	seconder n. sekondero
scroll n. rolyo	secrecy n. pagiging lihim
scrutinize v.t. suriing mabuti	secret a. sekreto
scrutiny n. masusing pagsiyasat	secret n. lihim
scuffle n. babagan	secretariat (e) n. mga kalihim
scuffle v.i. magsunggab	secretary n. kalihim
sculptor n. eskultor	secrete v.t. magsekresyon
sculptural a. eskultural	secretion n. sekresyon
sculpture n. eskultura	secretive a. malihim
scythe n. karit	sect n. sekta
scythe v.t. karitin	sectarian a. sektaryo
sea n. dagat	section n. seksiyon
seal n. selyador	sector n. sektor
seal n. poka	secure a. panatag
seal v.t. tatakan	secure v.t. pangalagaan
seam n. tutop	security n. katiwasayan
seam v.t. tutopan	sedan n. sedan
seamy a. matutop	sedate a. walang balino
search n. ngalap	sedate v.t. tahimik
search v.t. mangalap	sedative a. sedatibo
season n. panahon	sedative n pampakalma

sedentary a. paupo
sediment n. latak
sedition n. sedisyon
seditious a. sedisyoso
seduce n. rahuyuin
seduction n. panrarahuyo
seductive a marahuyo
see v.t. makita
seed n. buto
seed v.t. binhiin
seek v.t. hanapin
seem v.i. animo
seemly a. waring
seep v.i. tumagas
seer n. manghuhula
seethe v.i. kumulo
segment n. bahagi
segment v.t. segmentohan
segregate v.t. ibukod
segregation n. segregasyon
seismic a. malindol
seize v.t. sunggaban
seizure n. nagkonbulsyon
seldom adv. bihira
select v.t. piliin
select a pili
selection n. pagpili
selective a. namimili
self n. sarili
selfish a. makasarili
selfless a. di-makasarili
sell v.t. magbili
seller n. tagabenta
semblance n. wangis
semen n. tamud
semester n. hating-taon

seminal a. magtagumpay
seminar n. seminar
senate n. senado
senator n. senador
senatorial a. pagkasenador
senatorial a senadoryal
send v.t. ipadala
senile a. senil
senility n. ulianin
senior a. nakatatanda
senior n. nakatatanda
seniority n. kaunahan
sensation n. pakiramdam
sensational a. sensasyonal
sense n. sintido
sense v.t. makaramdam
senseless a. walang pakiramdam
sensibility n. talas ng pakiramdam
sensible a. matalas napakiramdam
sensitive a. sensitibo
sensual a. malibog
sensualist n. senswalista
sensuality n. pagkamalibog
sensuous a. makalaman
sentence n. palagay
sentence v.t. sentensyahan
sentience n. malay
sentient a. kamalayan
sentiment n. damdamin
sentimental a. sentimental
sentinel n. taliba
sentry n. tanod
separable a. maihihiwalay
separate v.t. hiwalayin
separate a. hiwalay
separation n. separasyon

sepsis n. sepsis
September n. Setyembre
Septic a. septiko
sepulcher n. nitso
sepulture n. paglilibing
sequel n. sekwela
sequence n. pagkakasunod-sunod
sequester v.t. paglayuin
serene a. maaliwalas
serenity n. katiwasayan
serf n. alipin
serge n. sarhento
sergeant n. sarhento
serial a. dugtong-dugtong
serial n. dugtong
series n. serye
serious a. seryoso
sermon n. sermon
sermonize v.i. magsermon
serpent n. ahas
serpentine n. malaahas
servant n. alila
serve v.t. magsilbi
serve n. silbi
service n. serbisyo
service v.t magserbisyo
serviceable a. makapaglilingkod
servile a. serbil
servility n. kilos alipin
session n. sesyon
set v.t iupo
set a tiyak
set n paninigas
settle v.i. ilagay
settlement n. kumunidad
settler n. bagong maninirahan

seven n. pito
seven a pito
seventeen n., a labing pito
seventeenth a. ikalabimpito
seventh a. ikapito
seventieth a. ikapitoumpu
seventy n., a pitumpo
sever v.t. tagpasin
several a iba-iba
severance n. pagkahiwalay
severe a. malubha
severity n. kalubhaan
sew v.t. manahi
sewage n. dumi ng tuberiyas
sewer n mananahi
sewerage n. sistemang tuberiyas
sex n. sekso
sexual a. sekswal
sexuality n. sekswalidad
sexy n. balingkinitan
shabby a. nasnas
shackle n. posas
shackle v.t. posasan
shade n. sombra
shade v.t. sombrahan
shadow n. anino
shadow v.t liliman
shadowy a. parang anino
shaft n. tandos
shake v.i. ugain
shake n uga
shaky a. mauga
shallow a. mababaw
sham v.i. paimbabaw
sham n kunwa
sham a imitasyon

shame n. hiya	**shell** v.t. maghimay
shame v.t. hiyain	**shelter** n. tanggulan
shameful a. nakakahiya	**shelter** v.t. ampunin
shameless a. walang-hiya	**shelve** v.t. lagyan ng mga pitak
shampoo n. siyampu	**shepherd** n. pastor
shampoo v.t. magsiyampu	**shield** n. eskudo
shanty a. dampa	**shield** v.t. sanggahan
shape n. hugis	**shift** v.t. magbago
shape v.t hugisan	**shift** n pagpupumilit
shapely a. timbang-hubog	**shifty** a. pabagu-bagu
share n. bahagi	**shilling** n. selin
share v.t. bahagian	**shilly-shally** v.i. mag-ulik ulik
share n parte	**shilly-shally** n. magbantulot
shark n. pating	**shin** n. lulod
sharp a. matalim	**shine** v.i. sumikat
sharp adv. mahayap	**shine** n sikat
sharpen v.t. patalimin	**shiny** a. makintab
sharpener n. pataliman	**ship** n. barko
sharper n. magdaraya	**ship** v.t. ipadala sa barko
shatter v.t. durugin	**shipment** n. paglalakbay ng barko
shave v.t. mag-ahit	**shire** n. kaunti
shave n ahit	**shirk** v.t. umilag
shawl n. manton	**shirker** n. mang-iilag
she pron. siya	**shirt** n. kamisadentero
sheaf n. tungkos	**shiver** v.i. manginig
shear v.t. manggupit	**shoal** n. babaw
shears n. pl. panggupit	**shoal** n mababaw
shed v.t. magluno	**shock** n. dagok
shed n habong	**shock** v.t. mabigla
sheep n. tupa	**shoe** n. sapatos
sheepish a. malatupa	**shoe** v.t. sapatusan
sheer a. dalisay	**shoot** v.t. bumaril
sheet n. kumot	**shoot** n tubo
sheet v.t. kumutan	**shop** n. gawaan
shelf n. istante	**shop** v.i. manindahan
shell n. kabibi	**shore** n. baybayin

short a. maikli	shuffle n. halu-haluin
short adv. maigsi	shun v.t. ilagan
shortage n. kakulangan	shunt v.t. ilipat
shortcoming n. pagkukulang	shut v.t. isara
shorten v.t. paikliin	shutter n. persiyana
shortly adv. maiksi	shuttle n. lansadera
shorts n. pl. di-abot	shuttle v.t. maglansadera
shot n. perdugines	shuttlecock n. bolang maypakpak
shoulder n. balikat	shy n. mahiyain
shoulder v.t. isabalikat	shy v.i. nahiya
shout n. sigaw	sick a. maysakit
shout v.i. sumigaw	sickle n. lilik
shove v.t. itulak	sickly a. masasakitin
shove n. tulak	sickness n. sakit
shovel n. pala	side n. tabi
shovel v.t. magpala	side v.i. pumanig
show v.t. ipakita	siege n. kubkubin
show n. kita	siesta n. syesta
shower n. ambon	sieve n. bithay
shower v.t. magambon	sieve v.t. magbithay
shrew n. babaeng matangas	sift v.t. magsala
shrewd a. maalam	sigh n. buntunghininga
shriek n. tili	sigh v.i. magbubuntunghininga
shriek v.i. tumili	sight n. tanawin
shrill a. matinis	sight v.t. makita
shrine n. dambana	sightly a. makikita
shrink v.i mangayupapa	sign n. tanda
shrinkage n. pangungurong	sign v.t. tandaan
shroud n. sapot	signal n. senyas
shroud v.t. sapotan	signal a. namumukod
shrub n. palumpong	signal v.t. sumenyas
shrug v.t. magkibit	signatory n. signatoryo
shrug n kibit	signature n. lagda
shudder v.i. manginig	significance n. kahulugan
shudder n nginig	significant a. makahulugan
shuffle v.i. paghalu-haluin	signification n. pagkamakahulugan

signify v.t. isenyas
silence n. katahimikan
silence v.t. patahimikin
silencer n. seilensyador
silent a. tahimik
silhouette n. silweta
silk n. seda
silken a. malasutla
silky a. malasutla
silly a. gunggung
silt n. burak
silt v.t. magburak
silver n. pilak
silver a. pinilakan
silver v.t. asugihan
similar a. katulad
similarity n. pagkakapareho
simile n. pagtutulad
similitude n. pagkakamukha
simmer v.i. bumulak
simple a. simple
simpleton n. maang
simplicity n. kasimplihan
simplification n. pagkasimple
simplify v.t. simplikahin
simultaneous a. magkasabay
sin n. sala
sin v.i. magkasala
since prep. mula sa
since conj. sapagkat
since adv. mula
sincere a. sinsero
sincerity n. pagkamatapat
sinful a. makasalanan
sing v.i. umawit
singe v.t. isalab

singe n salab
singer n. mang-aawit
single a. iisa
single n. isa
single v.t. pag-iisa
singular a. namumukod
singularity n. pagka-namumukod
singularly adv. pagkatangi
sinister a. masama
sink v.i. lumubog
sink n lubog
sinner n. makasalanan
sinuous a. liku-liko
sip v.t. sipsipin
sip n. sipsip
sir n. ginoo
siren n. sirena
sister n. kapatid na babae
sisterhood n. samahan ng babae
sisterly a. parang kapatid
sit v.i. maupo
site n. lugar
situation n. sitwasyon
six n., a anim
sixteen n., a. labing anim
sixteenth a. ikalabing anim
sixth a. ika anim
sixtieth a. ikalabing animnapu
sixty n., a. animnapu
sizable a. malaki
size n. lawak
size v.t. magsukat
sizzle v.i. sumirit
sizzle n. sirit
skate n. isket
skate v.t. mag-esketing

skein n. labay
skeleton n. kalansay
sketch n. disenyo
sketch v.t. disenyuhan
sketchy a. madesinyo
skid v.i. dumulas
skid n dulas
skilful a. magaling
skill n. kakayahan
skin n. balat
skin v.t magbalat
skip v.i. maglulundag
skip n lundag
skipper n. kapitan ng bapor
skirmish n. maiksing labanan
skirmish v.t. magsagupaan
skirt n. saya
skirt v.t. manabi
skit n. dulang katatawanan
skull n. bungo
sky n. langit
sky v.t. kalangitan
slab n. bakbak
slack a. makupad
slacken v.t. tagalan
slacks n. islaks
slake v.t. bawahan
slam v.t. ibagsak
slam n bagsak
slander n. paninirang-puri
slander v.t. manirang-puri
slanderous a. nakakasirang-puri
slang n. islang
slant v.t. sulyapan
slant n sulyap
slap n. sampal

slap v.t. sampalin
slash v.t. maglaslas
slash n laslas
slate n. munting pisara
slattern n. babaeng burara
slatternly a. babaeng maburara
slaughter n. pagkatay
slaughter v.t. magkatay
slave n. alipin
slave v.i. alipinin
slavery n. pagkaalipin
slavish a. asal-busabos
slay v.t. patayin
sleek a. makinis
sleep v.i. matulog
sleep n. tulog
sleeper n. ang natutulog
sleepy a. naaantok
sleeve n manggas
sleight n. salamangka
slender n. balingkinitan
slice n. hiwa
slice v.t. hiwaan
slick a makinis
slide v.i. magpadulas
slide n dumulas
slight a. kakaunti
slight n. muntit mahina
slight v.t. walang halaga
slim a. payat
slim v.i. payatin
slime n. labwab
slimy a. mapusali
sling n. bitinan
slip v.i. magtanan
slip n. tanan

slipper n. tsinelas	**small** a. munti
slippery a. madulas	**small** n maliit
slipshod a. padaskol	**smallness** adv. pagkamaliit
slit n. sipak	**smallpox** n. bulutong
slit v.t. hiwain	**smart** a. bibo
slogan n. islogan	**smart** v.i mabibo
slope n. gulod	**smart** n matalino
slope v.i. dahiligan	**smash** v.t. pagkamatalino
sloth n. kaalisagaan	**smash** n durog
slothful n. maalisasiga	**smear** v.t. kapolin
slough n. lusak	**smear** n. kapol
slough n. pusali	**smell** n. amoy
slough v.t. lusakan	**smell** v.t. amoyin
slovenly a. maburara	**smelt** v.t. tugnasin
slow a makupad	**smile** n. ngiti
slow v.i. magdahan-dahan	**smile** v.i. ngumiti
slowly adv. mabagal	**smith** n. panday
slowness n. kabagalan	**smock** n. blusa
sluggard n. batugan	**smog** n. ulap-usok
sluggish a. tamad	**smoke** n. usok
sluice n. umagos	**smoke** v.i. umusok
slum n. pook ng mahihirap	**smoky** a. maaso
slumber v.i. matulog	**smooth** a. mahinahon
slumber n. tulog	**smooth** v.t. pantayin
slump n. sadlak	**smother** v.t. mas makinis
slump v.i. masadlak	**smoulder** v.i. magbaga
slur n. siraang-puri	**smug** a. magara
slush n. putik	**smuggle** v.t. magpuslit
slushy a. maputik	**smuggler** n. mamumuslit
slut n. babaing masama	**snack** n. meryenda
sly a. maalam	**snag** n. tuod
smack n. lasa	**snail** n. suso
smack v.i. lagitikin	**snake** n. ahas
smack n lagitik	**snake** v.i. ahasin
smack n. lagutok	**snap** v.t. tumuklaw
smack v.t. lagutukin	**snap** n tuklaw

snap a tuklawin	**soapy** a. masabon
snare n. bitag	**soar** v.i. lumipad
snare v.t. bitagin	**sob** v.i. humikbi
snarl n. buhol	**sob** n hikbi
snarl v.i. magkabuhol-buhol	**sober** a. di-lasing
snatch v.t. saklutin	**sobriety** n. pagtitimpi
snatch n. agaw	**sociability** n. palasama
sneak v.i. pumuslit	**sociable** a. palakaibigan
sneak n puslit	**social** n. sosyal
sneer v.i tuyain	**socialism** n sosyalismo
sneer n tuya	**socialist** n,a sosyalista
sneeze v.i. bumahin	**society** n. kapisanan
sneeze n bahin	**sociology** n. sosyolohiya
sniff v.i. suminghot	**sock** n. medyas
sniff n singhot	**socket** n. suksukan
snob n. mapagmataas	**sod** n. lupang madamo
snobbery n. pagmamalaki	**sodomite** n. sodomite
snobbish v mapagmalaki	**sodomy** n. sodomiya
snore v.i. maghilik	**sofa** n. supa
snore n hilik	**soft** n. malambot
snort v.i. magnguso	**soften** v.t. palambutin
snort n. nguso	**soil** n. lupa
snout n. nguso	**soil** v.t. dungisan
snow n. niyebe	**sojourn** v.i. panunuluyan
snow v.i. magniyebe	**sojourn** n panuluyan
snowy a. maniyebe	**solace** v.t. aliwin
snub v.t. pagmalakihan	**solace** n. aliw
snub n. magmalaki	**solar** a. solar
snuff n. tulo	**solder** n. soldadura
snug n. maginhawa	**solder** v.t. magsoldadura
so adv. sa gayon	**soldier** n. kawal
so conj. upang	**soldier** v.i. magkawal
soak v.t. ibabad	**sole** n. tangi
soak n. babad	**sole** v.t magtangi
soap n. sabon	**sole** a mutya
soap v.t. sabunin	**solemn** a. solemne

solemnity n. solemnidad
solemnize v.t. magdiwang
solicit v.t. manghingi
solicitation n. paghihingi
solicitor n. manghihingi
solicitious a. maasikaso
solicitude n. pagkamamaalahanin
solid a. buo
solid n solido
solidarity n. solidaridad
soliloquy n. solilokyo
solitary a. solitaryo
solitude n. pag-iisa
solo n solo
solo a. solo
solo adv. magsolo
soloist n. soloista
solubility n. pagkamatunawin
soluble a. matunawin
solution n. solusyon
solve v.t. lutasin
solvency n. solbensiya
solvent a. solbente
solvent n maykayang magbayad
sombre a. malagim
some a. ilan
some pron. ilan
somebody pron. isang tao
somebody n. isang tao
somehow adv. sa papaanuman
someone pron. sa papaanuman
somersault n. balinkutis
somersault v.i. magbalinkutis
something pron. isang bagay
something adv. ilang bagay
sometime adv. sa dakong

sometimes adv. minsan
somewhat adv. tila
somewhere adv. sa kung saan
somnambulism n. sonambulismo
somnambulist n. sonambulista
somnolence n. antok
somnolent n. nag-aantok
son n. iho
song n. awit
songster n. mang-aawit
sonic a. sonik
sonnet n. soneto
sonority n. alalad
soon adv. agad
soot n. agiw
soot v.t. mag agiw
soothe v.t. payapain
sophism n. sopismo
sophist n. sopista
sophisticate v.t. makamundo
sophisticated a. masalimuot
sophistication n. pagkamasalimuot
sorcerer n. mangkukulam
sorcery n. pangungulam
sordid a. marumi
sore a. mahapdi
sore n masakit
sorrow n. pighati
sorrow v.i. pagdalamhati
sorry a. nagsisisi
sort n. klase
sort v.t uriin
soul n. kaluluwa
sound a. matatag
sound v.i. tumunog
sound n tunog

soup n. sopas	**sparse** a. madalang
sour a. maasim	**spasm** n. pulikat
sour v.t. umasim	**spasmodic** a. pasintak-sintak
source n. mula	**spate** n. biglang galit
south n. timog	**spatial** a. biglang nagalit
south n. sur	**spawn** n. punlang kabuti/isda
south adv katimugan	**spawn** v.i. mangitlog
southerly a. katimugan	**speak** v.i. magsalita
southern a. dakong timog	**speaker** n. tagapagsalita
souvenir n. alaala	**spear** n. sibat
sovereign n. soberano	**spear** v.t. sibatin
sovereign a makapangyarihan	**spearhead** n. tilos ng sibat
sovereignty n.makapangyarihan	**spearhead** v.t. salakayin
sow v.t. maghasik	**special** a. espesyal
sow n. hasik	**specialist** n. espesyalista
space n. espasyo	**speciality** n. espesyalidad
space v.t. magespasyo	**specialization** n. espesyalisasyon
spacious a. malawak	**specialize** v.i. mag-espesyalista
spade n. pala	**species** n. sari
spade v.t. palahin	**specific** a. tahas
span n. dangkal	**specification** n. espisipikasyon
span v.t. dangkalin	**specify** v.t. tiyakin
Spaniard n. Kastila	**specimen** n. espisimen
spaniel n. taong espanyol	**speck** n. batik
Spanish a. Espanyol	**spectacle** n. panoorin
Spanish n. Espanyol	**spectacular** a. palabas
Spanner n. espanero	**spectator** n. manonood
spare v.t. labisan	**spectre** n. manlalabas
spare a labis	**speculate** v.i. magnilay-nilay
spare n. ekstra	**speculation** n. espekulasyon
spark n. kislap	**speech** n. pagsasalita
spark v.i. kumislap	**speed** n. tulin
spark n. pukaw	**speed** v.i. bilisan
sparkle v.i. magningning	**speedily** adv. mabilis
sparkle n. ningning	**speedy** a. napakabilis
sparrow n. pipit	**spell** n. gayuma

spell v.t. maggayuma	**splash** v.i. tumilamsik
spell n magbaybay	**splash** n tilamsik
spend v.t. gumasta	**spleen** n. pali
spendthrift n. maaksaya	**splendid** a. maluningning
sperm n. tamud	**splendor** n. dingal
sphere n. bilog	**splinter** n. sipak
spherical a. pabilog	**splinter** v.t. sipakin
spice n. rekado	**split** v.i. baakin
spice v.t. palasahin	**split** n baak
spicy a. maanghang	**spoil** v.t. mapanis
spider n. gagamba	**spoil** n panis
spike n. istako	**spoke** n. rayos ng gulong
spike v.t. tulusan	**spokesman** n. tagapagsalita
spill v.i. taponan	**sponge** n. espongha
spill n tapon	**sponge** v.t. magespongha
spin v.i. magsulid	**sponsor** n. padrino
spin n. sulid	**sponsor** v.t. magpadrino
spinach n. espikana	**spontaneity** n. kakusaan
spinal a. panggulugod	**spontaneous** a. tuloy-tuloy
spindle n. ikiran	**spoon** n. kutsara
spine n. gulugod	**spoon** v.t. kutsarain
spinner n. manunulid	**spoonful** n. sangkutsara balawbaw
spinster n. matandang dalaga	**sporadic** a. pabugso-bugso
spiral n. paikid-ikid	**sport** n. isport
spiral a. espayral	**sport** v.i. maglibang
spirit n. espiritu	**sportive** a. masaya
spirited a. kaluluwaan	**sportsman** n. isportsman
spiritual a. espiritwal	**spot** n. mantsa
spiritualism n. espiritwalismo	**spot** v.t. mantsahan
spiritualist n. espiritista	**spotless** a. walang-mantsa
spirituality n. espiritwalidad	**spousal** n. maybahay
spit v.i. duraan	**spouse** n. asawa
spit n dura	**spout** n. labi
spite n. pang-iinis	**spout** v.i. tumilandoy
spittle n laway	**sprain** n. pagkapilok
spittoon n. luraan	**sprain** v.t. mapilok

spray n. wisik	**squeak** v.i. magtili
spray n wilig	**squeak** n tili
spray v.t. wisikan	**squeeze** v.t. pigain
spread v.i. ikalat	**squint** v.i. pasulyapan
spread n. kalat	**squint** n pasulyap
spree n. pagsasaya	**squire** n. abay
sprig n. bulaklak sa tangkay	**squirrel** n. ardilya
sprightly a. masigla	**stab** v.t. saksakin
spring v.i. lumundag	**stab** n. saksak
spring n lundag	**stability** n. tatag
sprinkle v.t. magwilig	**stabilization** n. katatagan
sprint v.i. tumakbong matulin	**stabilize** v.t. patatagin
sprint n takbong matulin	**stable** a. matatag
sprout v.i. magusbong	**stable** n matibay
sprout n usbong	**stable** v.t. patibayin
spur n. panundot	**stadium** n. istadyum
spur v.t. sundutin	**staff** n. pamunuan
spurious a. huwad	**staff** v.t. tungkudan
spurn v.t. tanggihan	**stag** n. lalaking usa
spurt v.i. bumulwak	**stage** n. intablado
spurt n bulwak	**stage** v.t. platapormahan
sputnik n. isputnik	**stagger** v.i. gumiray
sputum n. dura	**stagger** n. giray
spy n. espiya	**stagnant** a. walang agos
spy v.i. espiyahan	**stagnate** v.i. mabungkok
squad n. pitson	**stagnation** n. pagkamabungkok
squadron n. armada	**staid** a. matatag
squalid a. marumi	**stain** n. mantsa
squalor n. dumi	**stain** v.t. mantsahan
squander v.t. mag-aksaya	**stainless** a. walang bahid
square n. kudrado	**stair** n. baitang
square a marangal	**stake** n istaka
square v.t. gawing kwadrado	**stake** v.t. istakahan
squash v.t. magkalabasa	**stale** a. lipas
squash n kalabasa	**stale** v.t. lipasin
squat v.i. tumingkayad	**stalemate** n. hake

stalk n. tangkay	**start** v.t. magsimula
stalk v.i. manubok	**start** n simula
stalk n uhay	**startle** v.t. gulatin
stall n. kuwadra	**starvation** n. paghihirap sa gutom
stall v.t. patigilin	**starve** v.i. mahayak sa gutom
stallion n. kabayong bulugan	**state** n. estado
stalwart a. matipuno	**state** v.t isalaysay
stalwart n malakas	**stateliness** n. pagkasalaysay
stamina n. tira	**stately** a. kagulat-gulat
stammer v.i. mautal	**statement** n. pahayag
stammer n utal	**statesman** n. estadista
stamp n. tatak	**static** n. estatistika
stamp v.i. tatakan	**statics** n. estatiks
stampede n. panakbuhan	**station** n. istasyon
stampede v.i magpanakbuhan	**station** v.t. himpilan
stand v.i. tumindig	**stationary** a. estesyonaryo
stand n. tindig	**stationer** n. papelero
standard n. sagisag	**stationery** n. papeleriya
standard a pamantayan	**statistical** a. estatistikal
standardization n. standardisasyon	**statistician** n. estatistiko
standardize v.t. istandardisahin	**statistics** n. estatistika
standing n. nakatindig	**statue** n. estatwa
standpoint n. pananaw	**stature** n. tayog
standstill n. tigil	**status** n. kalagayan
stanza n. saknong	**statute** n. estatulo
staple n. istepol	**statutory** a. ayon sa batas
staple a materya prima	**stauncha**. di-mapasok ng tubig
star n. bituin	**stay** v.i. magsuhay
star v.t. sumikat	**stay** n suhay
starch n. arina	**steadfast** a. matatag
starch v.t. inalmirulan	**steadiness** n. katatagan
stare v.i. tumitig	**steady** a. patuloy
stare n. titig	**steady** v.t. pinagpatuloy
stark n. lubos	**steal** v.i. magnakaw
stark adv. puspos	**stealthily** adv. palihim
starry a. mabituin	**steam** n singaw

steam v.i. sumingaw	**sticker** n. estiketa
steamer n. pasingawan	**stickler** n. makulit
steed n. kabayo	**sticky** n. malagkit
steel n. asero	**stiff** n. matigas
steep a. matarik	**stiffen** v.t. tumigas
steep v.t. ibabad	**stifle** v.t. inisin
steeple n. kampanaryo	**stigma** n. dungis
steer v.t. torong kapon	**still** a. walang galaw
stellar a. pambituin	**still** adv. hanggang ngayon
stem n. puno	**still** v.t. patahimikin
stem v.i. manggaling	**still** n. distilador
stench n. alingasaw	**stillness** n. alambike
stencil n. istensil	**stilt** n. tayakad
stencil v.i. estarsidorahin	**stimulant** n. pampabuyo
stenographer n. takigrapo	**stimulate** v.t. pasiglahin
stenography n. takigrapiya	**stimulus** n. pamukaw
step n. hakbang	**sting** v.t. sundutin
step v.i. hakbangan	**sting** n. saktan
steppe n. kapatagan	**stingy** a. kuripot
stereotype n. estereotipo	**stink** v.i. mamaho
stereotype v.t. magklitse	**stink** n maamoy
stereotyped a. nagklitse	**stipend** n. sahod
sterile a. baog	**stipulate** v.t. makipagkasunduan
sterility n. kabaugan	**stipulation** n. kasunduan
sterilization n. esteralisasyon	**stir** v.i. umibo
sterilize v.t. esterilisahin	**stirrup** n. estribo
sterling a. puro	**stitch** n. tahi
sterling n. dalisay	**stitch** v.t. tahiin
stern a. mahigpit	**stock** n. kalakal
stern n. masungit	**stock** v.t. magkalakal
stethoscope n. istetoskop	**stock** a. puhunan
stew n. ilaga	**stocking** n. medyas ng babae
stew v.t. nilaga	**stoic** n. walang pakiramdam
steward n. tagapamahala	**stoke** v.t. magparubrub
stick n. tuhog	**stoker** n. pugunero
stick v.t. tuhugin	**stomach** n. sikmura

stomach v.t. sikmurain
stone n. bato
stone v.t. batuhin
stony a. mabato
stool n. bangkito
stoop v.i. yumuko
stoop n yuko
stop v.t. takpan
stop n tigil
stoppage n pagpigil
storage n. almasenahe
store n. tindahan
store v.t. magtinda
storey n. palapag
stork n. tagak
storm n. bagyo
storm v.i. bumagyo
stormy a. mabagyo
story n. kwento
stout a. matipuno
stove n. kalan
stow v.t. isalansan
straggle v.i. maligaw
straggler n. ligaw
straight a. tuwid
straight adv. lantay
straighten v.t. ituwid
straightforward a. matapat
straightway adv. kagyat
strain v.t. hapitin
strain n hapit
strait n. kipot
straiten v.t. kiputan
strand v.i. baybayin
strand n baybay
strange a. iba

stranger n. dayuhan
strangle v.t. pipisin
strangulation n. pagkapipis
strap n. sintas
strap v.t. sintasan
stratagem n. estratehiya
strategic a. istratehiko
strategist n. maestratihika
strategy n. estratehiya
stratum n. sapin
straw n. dayami
strawberry n. presas
stray v.i. maligaw
stray a ligawin
stray n ligaw
stream n. agos
stream v.i. agusan
streamer n. banderola
streamlet n. munting ilog
street n. kalye
strength n. lakas
strengthen v.t. palakasin
strenuous a. maalab
stress n. diin
stress v.t diinan
stretch v.t. banatin
stretch n banat
stretcher n. makinang pambanat
strew v.t. isabog
strict a. istrikto
stricture n. tuligsa
stride v.i. lumakdaw
stride n lakdaw
strident a. palirit
strife n. alitan
strike v.t. hampasin

strike n hampas	**stuff** 2 v.t. siksikin
striker n. mang aalsa	**stuffy** a. maalinsangan
string n. kwerdas	**stumble** v.i. matisod
string v.t. talian	**stumble** n. tisod
stringency n. kahika-hikayat	**stump** n. magrikurida
stringent a. mahigpit	**stump** v.t kalabugin
strip n. hanay	**stun** v.t. tuliruhin
strip v.t. kunan	**stunt** v.t. bansutin
stripe n. guhit	**stunt** n palabas
stripe v.t. latayan	**stupefy** v.t. lingmingin
strive v.i. magpunyagi	**stupendous** a. kahanga-hanga
stroke n. golpe	**stupid** a tanga
stroke v.t. himasin	**stupidity** n. pagkatanga
stroke n pagtama	**sturdy** a. malusog
stroll v.i. magpasyal-pasyal	**sty** n. ulbo
stroll n pasyal-pasyal	**stye** n. kuliti
strong a. malakas	**style** n. istilo
stronghold n. malakas ang kapit	**subdue** v.t. supilin
structural a. pagyayari	**subject** n. saklaw
structure n. kayarian	**subject** a sakop
struggle v.i. magpunyagi	**subject** v.t. sakupin
struggle n punyagi	**subjection** n. ipailalim
strumpet n. mababa ang lipad	**subjective** a. pansimuno
strut v.i. gumiri	**subjugate** v.t. pasukuin
strut n giri	**subjugation** n. pagsuko
stub n. tuod	**sublet** v.t. inuupahan
stubble n. tuud-tuod	**sublimate** v.t. magsublimat
stubborn a. mapagmatigas	**sublime** a. darakila
stud n. boton	**sublime** n dalisay
stud v.t. pamakuanan	**sublimity** n. pagkadalisay
student n. estudyante	**submarine** n. submarino
studio n. istudyo	**submarine** a submarino
studious a. palaaral	**submerge** v.i. lumubog
study v.i. mag-aaral	**submission** n. pasa
study n. pag-aaral	**submissive** a. masunurin
stuff n. materyal	**submit** v.t. sumuko

subordinate a. mababa
subordinate n mababa
subordinate v.t. pantulong
subordination n. suburdinasyon
subscribe v.t. lumagda
subscription n. suskrisyon
subsequent a. kasunod
subservience n. alipinin
subservient a. mapagsilbi
subside v.i. bumaba
subsidiary a. subsidyaryo
subsidize v.t. magtulong
subsidy n. abuloy
subsist v.i. manatili
subsistence n. pananatili
substance n. sustansiya
substantial a. sustansyal
substantially adv. may laman
substantiate v.t. patunayan
substantiation n. sustantibo
substitute n. kahalili
substitute v.t. humalili
substitution n. panghalili
subterranean a. tago
subtle n. matalas
subtlety n. pagkamasuri
subtract v.t. bawasan
subtraction n. bawas
suburb n. arabal
suburban a. sa arabal
subversion n. subersiyon
subversive a. mapangwasak
subvert v.t. sirain ang pananalig
succeed v.i. magtagumpay
success n. tagumpay
successful a nagtagumpay

succession n. sunod-sunod
successive a. hali-halili
successor n. kahalili
succour n. saklolo
succour v.t. saklolohan
succumb v.i. sumuko
such a. gayon
such pron. ganyan
suck v.t. sumuso
suck n. supsop
suckle v.t. magpasuso
sudden n. bigla
suddenly adv. biglang
sue v.t. magdemanda
suffer v.t. magtiis
suffice v.i. sumapat
sufficiency n. pagkasapat
sufficient a. kainaman
suffix n. hulapi
suffix v.t. ihulapi
suffocate v.t sakalin
suffocation n. pagsakal
suffrage n. prangkisya
sugar n. asukal
sugar v.t. asukalan
suggest v.t. magmungkahi
suggestion n. mungkahi
suggestive a. suhestiyon
suicidal a. pagpapatiwakal
suicide n. pagpapakamatay
suit n. terno
suit v.t. bumagay
suitability n. angkop
suitable a. tumpak
suite n. kasangkap
suitor n. manliligaw

sullen a. galit	**superlative** a. superlatibo
sulphur n. asupre	**superlative** n. superlatibo
sulphuric a. maasupre	**superman** n. superman
sultry a. mabanas	**supernatural** a. kahima-himala
sum n. kabuuan	**supersede** v.t. palitan
sum v.t. sumahin	**supersonic** a. supersonik
summarily adv. kabuoran	**superstition** n. pamahiin
summarize v.t. paikliin	**superstitious** a. pagkamapamahiin
summary n. buod	**supertax** n. sobrang pagbuwis
summary a. buodin	**supervise** v.t. superbisahin
summer n. tag-araw	**supervision** n. pangasiwa
summit n. tuktok	**supervisor** n. tagapangasiwa
summon v.t. paharapin	**supper** n. hapunan
summons n. sitasyon	**supple** a. malambot
sumptuous a. marangya	**supplement** n. suplemento
sun n. araw	**supplement** v.t. dagdagan
sun v.t. umaraw	**supplementary** a. karagdagan
Sunday n. Linggo	**supplier** n. tagatustos
sunder v.t. magpalayo	**supply** v.t. tustusan
sundary a. sundaryo	**supply** n tustos
sunny a. maaraw	**support** v.t. suportahan
sup v.i. maghapunan	**support** n. suportahan
superabundance n. napakasapat	**suppose** v.t. ipagpalagay
superabundant a. sapat	**supposition** n. palagay
superb a. superyor	**suppress** v.t. supilin
superficial a. superpisyal	**suppression** n. ipagbawal
superficiality n. paimbabaw	**supremacy** n. pananaig
superfine a. napakaayos	**supreme** a. suprema
superfluity n. kalabisan	**surcharge** n. dagdag bayad
superfluous a. mapagmataas	**surcharge** v.t. dagdag bayaran
superhuman a. lampas kaya-tao	**sure** a. sigurado
superintend v.t. pamahinalaan	**surely** adv. pagkasigurado
superintendence n. tagapamahala	**surety** n. katiyakan
superintendent superintendente	**surf** n. alimbukay
superior a. nakakataas	**surface** n. ibabaw
superiority n. kahigtan	**surface** v.i katamin

surfeit n. pagbubultak	**swallow** n. lunok
surge n. daluyong	**swallow** n. langay-langayan
surge v.i. bultakin	**swamp** n. latian
surgeon n. siruhano	**swamp** v.t. maglatian
surgery n. siruhiya	**swan** n. sisne
surmise n. sapantaha	**swarm** n. mamunini
surmise v.t. sapantahiin	**swarm** v.i. mamutiktik
surmount v.t. pangibabawan	**swarthy** a. maitim-itim
surname n. apelyido	**sway** v.i. lumiko
surpass v.t. malampasan	**sway** n liko
surplus n. labis	**swear** v.t. sumumpa
surprise n. bigla	**sweat** n. pawis
surprise v.t. biglain	**sweat** v.i. pawisan
surrender v.t. pagsuko	**sweater** n. suweter
surrender n suko	**sweep** v.i. magwalis
surround v.t. paligiran	**sweep** n. walis
surroundings n. paligid	**sweeper** n. tagapagwalis
surtax n. karagdagan	**sweet** a. matamis
surveillance n. mahigpit na alaga	**sweet** n dulse
survey n. pagsusuri	**sweeten** v.t. patamisin
survey v.t. suriin	**sweetmeat** n. kendi
survival n. pananatili	**sweetness** n. katamisan
survive v.i. manatili	**swell** v.i. lumaki
suspect v.t. maghinala	**swell** n pamamaga
suspect a. hinala	**swift** a. matulin
suspect n sospetsa	**swim** v.i. lumangoy
suspend v.t. suspendido	**swim** n langoy
suspense n. kapanabikan	**swimmer** n. manlalangoy
suspension n. suspensiyon	**swindle** v.t. manuba
suspicion n. hinala	**swindle** n. daya
suspicious a. kahina-hinala	**swindler** n. balasubas
sustain v.t. sustinihin	**swine** n. baboy
sustenance n. sustento	**swing** v.i. iwasiwas
swagger v.i. lakad-pagirigiri	**swing** n wasiwas
swagger n pagiri-giri	**swiss** n. Suwiso
swallow v.t. lumunok	**swiss** a Suwisa

switch n. latiko
switch v.t. ilipat
swoon n. paghihimatay
swoon v.i maghimatay
swoop v.i. mandagit
swoop n pagdagit
sword n. ispada
sycamore n. sikomore
sycophancy n. di-tapat na papuri
sycophant n. manghihibo
syllabic n. silabika
syllable n. pantig
syllabus n. pampantig
sylph n. dalagang marikit
sylvan a. pambukid
symbol n. simbolo
symbolic a. simboliko
symbolism n. simbolismo
symbolize v.t. simbolohan
symmetrical a. kaparehas
symmetry n. parehas
sympathetic a. kaawa-awa
sympathize v.i. kaawaan
sympathy n. maawa
symphony n. simponya
symposium n. simposyum
symptom n. sintomas
symptomatic a. masintomas
synonym n. sinonimo
synonymous a. kasingkahulugan
synopsis n. sinopsis
syntax n. sintaksis
synthesis n. pagbubuo
synthetic a. sintetika
synthetic n niyari
syringe n. heringga

syringe v.t. heringilyahan
syrup n. arnibal
system n. sistema
systematic a. sistematiko
systematize v.t. sistematisahen

Tt

table n. mesa
table v.t. tabulasyon
tablet n. tabletas
taboo n. tabu
taboo a bawal
taboo v.t. bawalan
tabular a. tabular
tabulate v.t. itabular
tabulation n. tabulasyon
tabulator n. tabulador
tacit a. di-sinabi
taciturn a. di-masalita
tackle n. ekipo
tackle v.t. sunggaban
tact n. takto
tactful a. madaling makitungo
tactician n. taktiko
tactics n. taktika
tactile a. nahihipo
tag n. tag
tag v.t. lagyan ng tag
tail n. buntot
tailor n. sastre
tailor v.t. mananahi
taint n. hawa

taint v.t. hawaan	**tar** v.t. mag-alkitran
take v.t hulihin	**target** n. target
tale n. kwento	**tariff** n. taripa
talent n. talento	**tarnish** v.t. kumupas
talisman n. agimat	**task** n. gawain
talk v.i. magsalita	**task** v.t. tungkulin
talk n salita	**taste** n. tikim
talkative a. masalita	**taste** v.t. tumikim
tall a. matangkad	**tasteful** a. malasa
tallow n. sebo	**tasty** a. masarap
tally n. taha	**tatter** n. pilas
tally v.t. tayahin	**tatter** v.t pilasan
tamarind n. tamarindo	**tattoo** n. tatu
tame a. maamo	**tattoo** v.i. tatuan
tame v.t. paamuin	**taunt** v.t. laitin
tamper v.i. pambayo	**taunt** n lait
tan v.i. magkulti	**tavern** n. taberna
tan n., a. kayumanggi	**tax** n. buwis
tangent n. sapyaw	**tax** v.t. magpabuwis
tangible a. nadarama	**taxable** a. malalapatan ng buwis
tangle n. buhol-buhol	**taxation** n. pagpapapabuwis
tangle v.t. pagbuhol-buhulin	**taxi** n. taksi
tank n. tanke	**taxi** v.i. magtaksi
tanker n. barko-tangke	**tea** n tsaa
tanner n. kurtidor	**teach** v.t. magturo
tannery n. kultihan	**teacher** n. titser
tantalize v.t. takawin	**teak** n. teka
tantamount a. katumbas	**team** n. koponan
tap n. tapik	**tear** v.t. sirain
tap v.t. tumapik	**tear** n. luha
tape n. plaster	**tear** n. punit
tape v.t plasteran	**tearful** a. mayluha
taper v.i. gawing kandila	**tease** v.t. suklayin
taper n kandila	**teat** n. utong
tapestry n. tapiseriya	**technical** n. tekniko
tar n. alkitran	**technicality** n. teknikalidad

technician n. tekniko
technique n. pamamaraan
technological a. teknolohiko
technologist n. teknolohiko
technology n. teknolohiya
tedious a. nakaiinip
tedium n. inip
teem v.i. magdumami
teenager n. tin-edyer
teens n. pl. mga kabataan
teethe v.i. tubo ng ngipin
teetotal a. di-lasing
teetotaler n. di-lasingero
telecast n. telekast
telecast v.t. magtelekast
telecommunications n. telekomunikasyon
telegram n. telegrama
telegraph n. telegrapo
telegraph v.t. tumelegrama
telegraphic a. telegrapiko
telegraphist n. telegrapista
telegraphy n. teletgrapiya
telepathic a. telepatiko
telepathist n. telepatista
telepathy n. telepatiya
telephone n. telepono
telephone v.t. teleponohan
telescope n. teleskopyo
telescopic a. teleskpiko
televise v.t. isatelibisyon
television n. telebisyon
tell v.t. sabihin
teller n. teler
temper n. timpla
temper v.t. timplahin

temperament n. temperamento
temperamental a. temperamental
temperance n. pagtimpla
temperate a. timplado
temperature n. temperatura
tempest n. unos
tempestuous a. maunos
temple n. templo
temple n pilipisan
temporal a. pampilipisan
temporary a. pansamantala
tempt v.t. tuksuin
temptation n. tentasyon
tempter n. tumutukso
ten n., a sampu
tenable a. maipagtatanggol
tenacious a. makapit
tenacity n. tenasidad
tenancy n. pamumusesyon
tenant n. ingkilino
tend v.i. mag-alaga
tendency n. kiling
tender n pambayad
tender v.t. magmalambot
tender n malambot
tender a mahinay
tenet n. simulain
tennis n. tenis
tense n. panahon
tense a. hapit
tension n. tensyon
tent n. tent
tentative a. pansamantala
tenure n. pagmamay-ari
term n. tagal
term v.t. tagalan

terminable a. may hangganan	**thanks** n. pasalamatan
terminal a. terminal	**thankful** a. nagpapasalamat
terminal n pangwakas	**thankless** a. ingrato
terminate v.t. tapusin	**that** a. iyan
termination n. pagtatapos	**that** dem. pron. iyon
terminological a. terminolohikal	**that** rel. pron. yaon
terminology n. terminolohiya	**that** adv. iyan
terminus n. hanggahan	**that** conj. iyan
terrace n. terasa	**thatch** n. atip
terrible a. terible	**thatch** v.t. atipan
terrier n. asong teryer	**thaw** v.i malusaw
terrific a. sindakin	**thaw** n lusaw
terrify v.t. masindak	**theatre** n. teatro
territorial a. teritoryo	**theatrical** a. teatrikal
territory n. lupang sakop	**theft** n. pagnanakaw
terror n. sindak	**their** a. kanila
terrorism n. terorismo	**theirs** pron. ang kanilang mga
terrorist n. terorista	**theism** n. teismo
terrorize v.t. manindak	**theist** n. teista
terse a. matipid na salita	**them** pron. nila
test v.t. magtest	**thematic** a. tematiko
test n pagsubok	**theme** n. tema
testament n. testamento	**then** adv. pagkatapos
testicle n. bayag	**then** a noon
testify v.i. sumaksi	**thence** adv. mula noon
testimonial n. testimonyal	**theocracy** n. teokrasya
testimony n. testimonyo	**theologian** n. teologo
tete-a-tete n. magkaupong	**theological** a. teolohikal
tether n. suga	**theology** n. teolohiya
tether v.t. itali	**theorem** n. simulain
text n. teksto	**theoretical** a. teoritikal
textile a. tela	**theorist** n. teoriko
textile n telahan	**theorize** v.i. magteorya
textual n. tekstwal	**theory** n. teorya
texture n. pagkahabi	**therapy** n. terapi
thank v.t. magpasalamat	**there** adv. diyan

thereabouts adv. malapit doon	thorn n. tinik
thereafter adv. pagkatapos noon	thorny a. matinik
thereby adv. sa gayon	thorough a ganap
therefore adv. mula noon	thoroughfare n. daanan
thermal a. termal	though conj. kahit na
thermometer n. termometro	though adv. bagaman
thermos (flask) n. termos	thought n isip
thesis n. tesis	thoughtful a. maasikaso
thick a. makapal	thousand n. libo
thick n. malapot	thousand a libo
thick adv. masinsin	thrall n. pumalit sa kaalipinan
thicken v.i. kumapal	thralldom n. pagkaalipin
thicket n. makapal palumpungan	thrash v.t. gumiik
thief n. magnanakaw	thread n. sinulid
thigh n. hita	thread v.t magsulot
thimble n. dedal	threadbare a. nutnot
thin a. manipis	threat n. banta
thin v.t. panipisin	threaten v.t. bantaan
thing n. bagay	three n. tatlo
think v.t. mag-isip	three a tatlo
thinker n. taong palaisip	thresh v.t. manggiik
third a. pangatlo	thresher n. tagagiik
third n. ikatlo	threshold n. pasukin
thirdly adv. ikapangatlo	thrice adv. tatlong beses
thirst n. uhaw	thrift n. pagtitipid
thirst v.i. mauhaw	thrifty a. matipid
thirsty a. nauuhaw	thrill n. ngilig
thirteen n. labing tatlo	thrill v.t. mangilig
thirteen a labing tatlo	thrive v.i. mabuhay
thirteenth a. ikalabintatlo	throat n. lalamunan
thirtieth a. ikatatlumpu	throaty a. panlalamunan
thirtieth n ikatatlumpu	throb v.i. tumibok
thirty n. tatlumpu	throb n. tibok
thirty a tatlumpu	throe n. kirot
thistle n. tistle	throne n. trono
thither adv. paroon	throne v.t. iluklok sa trono

throng n. libumbon	**tidy** a. makinis
throng v.t. magkalibumbun	**tidy** v.t. pagkamakinis
throttle n. gasulinador	**tie** v.t. talian
throttle v.t. gasulinahan	**tie** n talian
through prep. sa pamamagitan	**tier** n. hanay
through adv. lampasan mula sa	**tiger** n. tigre
through a sa gitna ng	**tight** a. mahigpit
throughout adv. saanman	**tighten** v.t. higpitan
throughout prep. kahit saan	**tigress** n. tigres
throw v.t. ihagis	**tile** n. baldosa
throw n. hagis	**tile** v.t. magtisa
thrust v.t. isaksak	**till** prep. hanggang
thrust n saksak	**till** n. conj. hanggang sa
thud n. hampas	**till** v.t. linangin
thud v.i. hampasin	**tilt** v.i. itikwas
thug n. butangero	**tilt** n. torneo
thumb n. hinlalaki	**timber** n. tabla
thumb v.t. hinlalakihan	**time** n. panahon
thump n. bugbog	**time** v.t. itama sa oras
thump v.t. bugbugin	**timely** a. napapanahon
thunder n. kulog	**timid** a. matakutin
thunder v.i. kumulog	**timidity** n. mahinang loob
thunderous a. madagundong	**timorous** a. matakutin
Thursday n. Huwebes	**tin** n. lata
thus adv. sa ganitong paraan	**tin** v.t. latahin
thwart v.t. hadlangan	**tincture** n. tintura
tiara n. tiyara	**tincture** v.t. tinturahan
tick n. garapata	**tinge** n. bahid
tick v.i. tumiktik	**tinge** v.t. bahiran
ticket n. tiket	**tinker** n. latonero
tickle v.t. mangiliti	**tinsel** n. tinsel
ticklish a. makilitiin	**tint** n. bahid
tidal a. agwahe	**tint** v.t. kulayan
tide n. laki at kati ng dagat	**tiny** a. munti
tidings n. pl. balita	**tip** n. dulo
tidiness n. di-maayos	**tip** v.t. itagilid

tip n. tikwas	**toll** v.t. bayaran
tip v.t. tikwasin	**tomato** n. kamatis
tip n. lagay	**tomb** n. libingan
tip v.t. bigyan	**tomboy** n. tomboy
tipsy a. medyo-lasing na	**tomcat** n. pusang laog
tirade n. tuligsa	**tome** n. tomo
tire v.t. pagurin	**tomorrow** n. bukas
tireso e a. nakapapagod	**tomorrow** adv. kinabukasan
tissue n. tisyu	**ton** n. tonelada
titanic a. titanik	**tone** n. tono
tithe n. diyesmo	**tone** v.t. magtunog
title n. titulo	**tongs** n. pl. sipit
titular a. titular	**tongue** n. dila
toad n. palaka	**tonic** a. toniko
toast n. iihaw	**tonic** n. pampalakas
toast v.t. ihawin	**to-night** n. ngayong gabi
tobacco n. tobako	**tonight** adv. mamayang gabi
today adv. ngayon	**tone** n. tonelada
today n. kasalukuyan	**tonsil** n. tonsil
toe n. daliri ng paa	**tonsure** n. tonsura
toe v.t. daliri ng paa	**too** adv. din
toffee n. topi	**tool** n. kasangkapan
toga n. toga	**tooth** n. ngipin
together adv. magkasama	**toothache** n. ngiping masakit
toil n. gawa	**toothsome** a. malinamnam
toil v.i. gumawa	**top** n. ibabaw
toilet n. tokador	**top** v.t. talbusan
toils n. pl. mga trabaho	**top** n. dulo
token n. tanda	**topaz** n. topasyo
tolerable a. matitiis	**topic** n. paksa
tolerance n. toleransya	**topical** a. topikal
tolerant a. mapagparaya	**topographer** n. topograpo
tolerate v.t. magparaya	**topographical** a. topograpikal
toleration n. paubaya	**topography** n. topograpiya
toll n. buwis	**topple** v.i. matumba
toll n bayad	**topsy turvy** a. balintuwad

topsy turvy adv balintuwad	**township** a. munisipyo
torch n. sulo	**toy** n. laruan
torment n. pighati	**toy** v.i. maglaro
torment v.t. magpighati	**trace** n. dasto
tornado n. buhawi	**trace** v.t. magdasto
torpedo n. torpedo	**traceable** a. madasto
torpedo v.t. torpeduhin	**track** n. bakas
torrent n. sag lwak	**track** v.t. bakasan
torrential a. bumabaha	**tract** n. lawak
torrid a. tuyot	**tract** n lagay
tortoise n. pagong	**traction** n. traksyon
tortuous a. paliku-liko	**tractor** n. traktora
torture n. pagpapahirap	**trade** n. negosyo
torture v.t. pahirapan	**trade** v.i magnegosyo
toss v.t. ipagpahagis-hagis	**trader** n. negosyante
toss n ihagis-hagis	**tradesman** n. magtitinda
total a. ganap	**tradition** n. tradisyon
total n. kabuuan	**traditional** a. tradisyonal
total v.t. kunin ang kabuuan	**traffic** n. trapiko
totality n. totalidad	**traffic** v.i. matrapik
touch v.t. humipo	**tragedian** n. tragedyan
touch n hipo	**tragedy** n. trahedya
touchy a. maramdaman	**tragic** a. trahiko
tough a. makunat	**trail** n. kaladkaran
toughen v.t. pahirapan	**trail** v.t. kaladkarin
tour n. biyahe	**trailer** n. treyler
tour v.i. magbiyahe	**train** n. tren
tourism n. turismo	**train** v.t. itunton
tourist n. turista	**trainee** n. tagasanay
tournament n. torneo	**training** n. pagsasanay
towards prep. sa dakong	**trait** n. namumukod
towel n. tuwalya	**traitor** n. traidor
towel v.t. magtuwalya	**tramp** n. lagalag
tower n. tore	**trample** v.t. yakapan
tower v.i. maghilayog	**trance** n. kalingmigan
town n. bayan	**tranquil** a. tiwasay

tranquility n. katiwasayan
tranquillize v.t. patiwasayin
transact v.t. magnegosyo
transaction n. transaksyon
transcend v.t. lumampas
transcendent a. transendente
transcribe v.t. kopyahin
transcription n. transkripsyon
transfer n. lumipat
transfer v.t. maglipat
transferable a. maililipat
transfiguration n. pagbagong-anyo
transfigure v.t. baguhing anyo
transform v. baguhin
transformation n. transpormasyon
transgress v.t. magkasala
transgression n. paglabag
transit n. pagdaraan
transition n. transisyon
transitive n. palipat
transitory n. pansamantala
translate v.t. magsaling-wika
translation n. translasyon
transmigration n. transmigrasyon
transmission n. transmisyon
transmit v.t. ipadala
transmitter n. transmiter
transparent a. aninag
transplant v.t. maglipat ng tanim
transport v.t. isakay at ihatid
transport n. sasakyan
transportation n. transportasyon
trap n. patibong
trap v.t. patibungan
trash n. basura
travel v.i. maglakbay

travel n lakbay
traveler n. manlalakbay
tray n. bandeha
treacherous a. taksil
treachery n. pagsusukab
tread v.t. tapakan
tread n tapak
treason n. pagtaksil sa bayan
treasure n. yaman
treasure v.t. pagyamanin
treasurer n. ingat-yaman
treasury n. ingatang-yaman
treat v.t. makipagtrato
treat n mirindal
treatise n. akda
treatment n. trato
treaty n. kasunduan
tree n. punongkahoy
trek v.i. maglakbay
trek n. lakbay
tremble v.i. manginig
tremendous a. nakapanghihilakbot
tremor n. panginginig
trench n. trintsera
trench v.t. maghukay ng kanal
trend n. hilig
trespass v.i. makialam
trespass n. pakikialam
trial n. pagsubok
triangle n. tatsulok
triangular a. trianggular
tribal a. pantribu
tribe n. tribu
tribulation n. pagtitiis
tribunal n. tribuna
tributary n. namumuwis

tributary a. umambag
trick n lalang
trick v.t. lumalang
trickery n. panlilinlang
trickle v.i. tumagas
trickster n. manlilinlang
tricky a. mapanlinlang
tricolour a. tatlong kulay
tricolor n trikolor
tricycle n. trisiklo
trifle n. munting bagay
trifle v.i magbiro
trigger n. gatilyo
trim a. ayusin
trim n katamin
trim v.t. magayos
trinity n. trinidad
trio n. tatluhan
trip v.t. matisod
trip n. magbyahe
tripartite a. pinagtatlo
triple a. triple
triple v.t., tatluhin
triplicate a. triplikado
triplicate n pinagtatlong-sipi
triplicate v.t. gawing triplikado
triplication n. triplikasyon
tripod n. tripode
triumph n. pagwawagi
triumph v.i. magtagumpay
triumphal a. pagtagumpayan
triumphant a. mapanagumpay
trivial a. di-mahalaga
troop n. tropa
troop v.i magkatropa
trooper n. tagamaneho ng tanker

trophy n. tropeo
tropic n. tropiko
tropical a. tropikal
trot v.i. yumagyag
trot n yagyag
trouble n. gulo
trouble v.t. guluhin
troublesome a. mapanggulo
troupe n. tropa
trousers n. pl pantalon
trowel n. dulus
truce n. tregwa
truck n. trak
true a. tapat
trump n. mananaig
trump v.t. manaig
trumpet n. trompeta
trumpet v.i. trompetero
trunk n. puno
trust n. kompiyansa
trust v.t magtiwala
trustee n. katiwala
trustful a. mapagtiwala
trustworthy a. mapagtitiwalaan
trusty n. mapagkakatiwalaan
truth n. katotohanan
truthful a. makatotoo
try v.i. subukin
try n subok
trying a. nagsubok
tryst n. tipanan
tub n. taong
tube n. tunel
tuberculosis n. tuberkolusis
tubular a. tubular
tug v.t. batakin

tuition n. tutela
tumble v.i. magsirko
tumble n. magsirko
tumbler n. sirkero
tumour n. tumor
tumult n. kagulo
tumultuous a. magulo
tune n. tono
tune v.t. apinahan
tunnel n. tunel
tunnel v.i. daang-yungib
turban n. turbante
turbine n. turbina
turbulence n. ligalig
turbulent a. magulo
turf n. lupang-damuhan
turkey n. pabo
turmeric n. dilaw
turmoil n. pagkakagulo
turn v.i. paikutin
turn n paikot
turner n. tornero
turnip n. turnip
turpentine n. turpentina
turtle n. pagong
tusk n. pangil
tussle n. pagpapambuno
tussle v.i. magpanunggaban
tutor n. tutor
tutorial a. tutoryal
tutorial n. tutoryal
twelfth a. ikalabindalawa
twelfth n. ikalabindalawa
twelve n. labing dalawa
twelve n labing dalawa
twentieth a. ikadalawampu

twentieth n ikadalawampu
twenty a. dalawampu
twenty n dalawampu
twice adv. dalawang beses
twig n. yagit
twiligh t n agaw-liwanag
twin n. kambal
twin a kambal
twinkle v.i. kumurap
twinkle n. kurap
twist v.t. pilipitin
twist n. pilipit
twitter n. nerbiyos
twitter v.i. magnerbiyos
two n. dalawa
two a. dalawa
twofold a. doble
type n. tipo
type v.t. uriin
typhoid n. tipus
typhoon n. unos
typhus n. tipus
typical a. tipikal
typify v.t. mangatawan
typist n. tipista
tyranny n. tiraniya
tyrant n. tirano
tyre n. baguhan

Uu

Udder n. lawit ng suso
Uglify v.t. papangitin
ugliness n. kapangitan

ugly a. pangit
ulcer n. ulser
ulcerous a. mag-ulser
ulterior a. tago
ultimate a. pinakamalayo
ultimately adv. kahuli-hulihan
ultimatum n. huling sabi
umbrella n. payong
umpire n. repere
umpire v.t., tagahatol
unable a. di-kaya
unanimity n. unamidad
unanimous a. buong pagkakaisa
unaware a. walang kamalayan
unawares adv. walang malay
unburden v.t. damang ginhawa
uncanny a. mahiwaga
uncertain a. di-tiyak
uncle n. tiyo
uncouth a. kakaiba
under prep. sa ilalim ng
under adv ayon sa
under a pang-ilalim
undercurrent n. agos na tago
underdog n taong-api
undergo v.t. sumailalim
undergraduate n. di-nakatapos
underhand a. panakaw
underline v.t. guhitan
undermine v.t. paguhuin
underneath adv. sa ilalim ng
underneath prep. sa ilalim ng
understand v.t. intindihin
undertake v.t. isagawa
undertone n. kabilang sintido
underwear n. kasuutang panilalim

underworld n. lipunang mababa
undo v.t. kalasin
undue a. sobra-sobra
undulate v.i. umalon
undulation n. pag-alon
unearth v.t. mahukay
uneasy a. balisa
unfair a di-tapat
unfold v.t. iladlad
unfortunate a. sawi
ungainly a. lampa
unhappy a. malungkot
unification n. unipikasyon
union n. unyon
unionist n. pagkakaisa
unique a. walang katulad
unison n. katunog
unit n. yunit
unite v.t. pag-isahin
unity n. kaisahan
universal a. unibersal
universality n. pandaigdig
universe n. uniberso
university n. unibersidad
unjust a. di-makatarungan
unless conj. maliban kung
unlike a magkaiba
unlike prep di-katulad
unlikely a. walang kasiguruhan
unmanned a. papanghinain
unmannerly a walang modo
unprincipled a. di ayon kabudhian
unreliable a. di-sakto
unrest n walang pahinga
unruly a. di-masupil
unsettle v.t. alisin sa lugar

unsheathe v.t. bunut kaluyban	**urinary** a. sa ihi
until prep. hanggang sa	**urinate** v.i. umihi
until conj hanggang sa	**urination** n. pag-ihi
untoward a. pampahirap	**urine** n. ihi
unwell a. di-mabuti	**urn** n urna
unwittingly adv. walang malay	**usage** n. paggamit
up adv. pataas	**use** n. gamit
up prep. sa itaas ng	**use** v.t. ginamit
upbraid v.t murahin	**useful** a. magagamit
upheaval n. lindol	**usher** n. hatid
uphold v.t tabanan	**usher** v.t. ihatid
upkeep n pangangalaga	**usual** a. kinaugalian
uplift v.t. pag-aangat	**usually** adv. karaniwan
uplift n paangat	**usurer** n. ususero
upon prep sa ibabaw ng	**usurp** v.t. kamkamin
upper a. higit na mataas	**usurpation** n. pangangamkam
upright a. tuwid	**usury** n. usurya
uprising n. pagbabangon	**utensil** n. kasangkapan
uproar n. kagulo	**uterus** n. matris
uproarious a. kaingay	**utilitarian** a. utilitaryo
uproot v.t. bunutin	**utility** n. utilidad
upset v.t. itaob	**utilization** n. gamitan
upshot n. kinahinatnan	**utilize** v.t. gamitin
upstart n. taong biglang taas	**utmost** a. kalayu-layuan
up-to-date a. hanggang ngayon	**utmost** n pinaka
upward a. paitaas	**utopia** n. utopya
upwards adv. pataas	**utopian** a. utopyan
urban a. panlungsod	**utter** v.t. ginanap
urbane a. may urbanidad	**utter** a ganap
urbanity n. urbanidad	**utterance** n. pagbigkas
urchin n. batang malikot	**utterly** adv. ganap-na ganap
urge v.t manghikayat	
urge n panghihikayat	
urgency n. kailangan	
urgent a. kailangan agad	
urinal n. urinal	

Vv

vacancy n. bakante
vacant a. bakante
vacate v.t. binakante
vacation n. bakasyon
vaccinate v.t. magbakuna
vaccination n. pagbabakuna
vaccinator n. tagabakuna
vaccine n. bakuna
vacillate v.i. mag-atubili
vacuum n. bakyum
vagabond n. hampaslupa
vagabond a bagamundo
vagary n. ikot
vagina n. bayna
vague a. malabo
vagueness n. may pagkalabo
vain a. walang halaga
vainglorious a. hambog
vainglory n. kahambugan
vainly adv. marangya
vale n. sige
valiant a. matapang
valid a. batay sa katotohanan
validate v.t. bigyang-bisa
validity n. kabisaan
valley n. lambak
valour n. giting
valuable a. mahalaga
valuation n. pagbibigay halaga
value n. halaga
value v.t. halagahin
valve n. balbula

van n. ban
vanish v.i. mawala
vanity n. walang-kabuluhan
vanquish v.t. malupig
vaporize v.t. pasingawin
vaporous a. masingaw
vapour n. singaw
variable a. pabagu-bago
variance n. pagkalaban-laban
variation n. pagkakaiba
varied a. iba-iba
variety n. sari-sari
various a. ibat-iba
varnish n. barnis
varnish v.t. barnisahan
vary v.t. mag-iba-iba
vasectomy n. basektomya
vaseline n. baselina
vast a. malawak
vault n. lukso
vault n. balantok
vault v.i. lundagan
vegetable n. gulay
vegetable a. gulay
vegetarian n. kaing-gulay
vegetarian a kaing-gulay
vegetation n. pananim
vehemence n. silakbo
vehement a. masilakbo
vehicle n. sasakyan
vehicular a. bihikular
veil n. belo
veil v.t. belohan
vein n. ugat
velocity n. bilis
velvet n. tersiyupelo

velvety a. pagkatersiyupelo
venal a. karawalan
venality n. kabalakyutan
vendor n. magtitinda
venerable a. kapita-pitagan
venerate v.t. pagpitaganan
veneration n. pamimitagan
vengeance n. higante
venial a. benyal
venom n. kamandag
venomous a. makamandag
vent n. labasan
ventilate v.t. pahanginan
ventilation n. bentilasyon
ventilator n. bentilador
venture n. pakikipasapalaran
venture v.t. ipagsapalaran
venturesome a. mapagpabasakali
venturous a. pangahas
venue n. pook na nakakasaklaw
veracity n. pagkamakatao
verandah n. beranda
verb n. pandiwa
verbal a. pandiwari
verbally adv. pandiwarian
verbatim a. salita sa salita
verbatim adv. salita ng salita
verbose a. masalita
verbosity n. maligoy
verdant a. luntian
verdict n. pasya
verge n. gilid
verification n. beripikasyon
verify v.t. beripikahan
verisimilitude n. animo totoo
veritable a. totoo

vermillion n. bermelyon
vermillion a. bermelyon
vernacular n. inang wika
vernacular a. bernakular
vernal a. bernal
versatile a. bersatil
versatility n. bersatilidad
verse n. berso
versed a. tula
versification n. bersipikasyon
versify v.t. tumula
version n. bersiyon
versus prep. laban sa
vertical a. bertikal
verve n. talino
very a. napaka
vessel n. sasakyang dagat
vest n. tsaleko
vest v.t. tsalekohan
vestige n. palatandaan
vestment n. kasuutan
veteran n. beterano
veteran a. beterano
veterinary a. beterenaryo
veto n. beto
veto v.t. betuhan
vex v.t. mangyamot
vexation n pagkainis
via prep. sa pamamagitan ng
viable a. kayang
vial n. ampolyas
vibrate v.i. manginig
vibration n. nginig
vicar n. bikaryo
vicarious a. pagkabikaryo
vice n. bisyo

viceroy n. birey
vice-versa adv. kabaligtaran
vicinity n. kapitbahayan
vicious a. bisyoso
vicissitude n. pagsusunod-sunod
victim n. biktima
victimize v.t. nabiktima
victor n. ang nagwagi
victorious a. mapagwagi
victory n. biktorya
victuals n. pl pakain
vie v.i. makipaglaban
view n. tingin
view v.t. tingnan
vigil n. bantay
vigilance n. pagbabantay
vigilant a. mapagbantay
vigorous a. malakas
vile a. mababa
vilify v.t. hamakin
villa n. bilya
village n. nayon
villager n. taga baryo
villain n. buhong
vindicate v.t. ipagtanggol
vindication n. pagtatanggol
vine n. baging
vinegar n. suka
vintage n. gulang ng alak
violate v.t. lumabag
violation n. paglabag
violence n. dahas
violent a. marahas
violet n. biyuleta
violin n. biyulin
violinist n. biyulinista

virgin n. birhen
virgin n dalaga
virginity n. pagkabirhen
virile a. maypagkalalaki
virility n. pagkalalaki
virtual a totoo
virtue n. birtud
virtuous a. bitwoso
virulence n. makamandag
virulent a. kamandag
virus n. lason
visage n. pagmumukha
visibility n. linaw ng tanaw
visible a. nakikita
vision n. bisyon
visionary a. bisyonaryo
visionary n. malikmata
visit n. dalaw
visit v.t. dumalaw
visito r n. bisita
vista n. bista
visual a. biswal
visualize v.t. larawanin
vital a. mahalaga sa buhay
vitality n. bitalidad
vitalize v.t. bigyang-buhay
vitamin n. bitamina
vitiate v.t. lalinan
vivacious a. bibo
vivacity n. kabibuhan
viva-voce adv. mabuhay bose
viva-voce a mabuhay bose
viva-voce n mabuhay bose
vivid a. matingkad
vixen n. sora
vocabulary n. bokabularyo

vocal a. pantinig
vocalist n. bokalista
vocation n. bokasyon
vogue n. istilo
voice n. tinig
voice v.t. magsalita
void a. walang laman
void v.t. pawalang bisa
void n. walang bisa
volcanic a. may bulkan
volcano n. bulkan
volition n. kalooban
volley n. bulya
volley v.t putokin
volt n. boltiyo
voltage n. boltahe
volume n. bulto
voluminous a. makapal
voluntarily adv. kusa
voluntary a. kusang loob
volunteer n. buluntaryo
volunteer v.t. magbuluntaro
voluptuary n. taong senswal
voluptuous a. taong masenswal
vomit v.t. sumuka
vomit n pagsuka
voracious a. masiba
votary n. deboto
vote n. boto
vote v.i. botohin
voter n. botante
vouch v.i. sumaksi
voucher n. komprobante
vouchsafe v.t. loobin
vow n. panata
vow v.t. mangako

vowel n. patinig
voyage n. paglalayag
voyage v.i. maglalakbay
voyager n. naglalakbay
vulgar a. bulgar
vulgarity n. magaspang
vulnerable a. madaling masugat
vulture n. bultyur

Ww

wade v.i. paglusong
waddle v.i. kampay-kampay
waft v.t. kumaway
waft n kaway
wag v.i. ilingin
wag n iling
wage v.t. sahudan
wage n. pasahod
wager n. pusta
wager v.i. pustaan
wagon n. bagon
wail v.i. managhoy
wail n taghoy
wain n. teranting kahoy
waist n. baywang]
waistband n. sinturon
waistcoat n. tsaleko
wait v.i. hinintay
wait n. hintay
waiter n. serbidor
waitress n. serbidora
waive v.t. ipalamang
wake v.t. magising

wake n gising	**warm** v.t. painitin
wake n puyat	**warmth** n. kainitan
wakeful a. di-makatulog	**warn** v.t. paalalahanan
walk v.i. lumakad	**warning** n. paalala
walk n lakad	**warrant** n. awtorisasyon
wall n. pader	**warrant** v.t. magawtorisa
wall v.t. dingdingan	**warrantee** n. warante
wallet n. pitaka	**warrantor** n. warantor
wallop v.t. malakas na suntok	**warranty** n. waranteya
wallow v.i. maglublob	**warren** n. kulungan ng kuneho
walnut n. nugales	**warrior** n. mandirigma
walrus n. bakang dagat	**wart** n. kulugo
wan a. malabo	**wary** a. maingat
wand n. baras	**wash** v.t. maghugas
wander v.i. maglagalag	**wash** n hugas
wane v.i. lumiit	**washable** a. malalabhan
wane n liit	**washer** n. tagahugas
want v.t. magkulang	**wasp** n. putakti
want n gusto	**waspish** a. parang putakti
wanton a. mahalay	**wassail** n. waseyl
war n. digma	**wastage** n. pag-aaksaya
war v.i. digmaan	**waste** a. tapon
warble v.i. yumodel	**waste** n. pag-aaksaya
warble n tremulo	**waste** v.t. aksayahin
warbler n. nagpapatremulo	**wasteful** a. aksaya
ward n. alaga	**watch** v.t. magbantay
ward v.t. alagaan	**watch** n. relo
warden n. warden	**watchful** a. mapagbantay
warder n. tagaalkayde	**watchword** n. kontrasenyas
wardrobe n. aparador	**water** n. tubig
wardship n. pagbabantay	**water** v.t. tubigan
ware n. kalakal	**waterfall** n. talon
warehouse v.t bodega	**water-melon** n. pakwan
warfare n. pagdirigmaan	**waterproof** a. di-matagusan tubig
warlike a. mapandigma	**waterproof** n di-matagusan tubig
warm1 a. mainit	**waterproof** v.t. di-tumagos tubig

watertight a. tumpak
watery a. malabnaw
watt n. batyo
wave n. alon
wave v.t. wumagayway
waver v.i. mag-atubili]
wax n. sera
wax v.t. sumibol
way n. ruta
wayfarer n. manlalakbay
waylay v.t. mangharang
wayward a. layaw
weak a. mahina
weaken v.t. & i pahinain
weakling n. mahina ang katawan
weakness n. kahinaan
weal n. kabutihan
wealth n. yaman
wealthy a. mayaman
wean v.t. awatin
weapon n. sandata
wear v.t. magsuot
weary a. pagal
weary v.t. & i naiinip
weary a. suya
weary v.t. nasusuya
weather n panahon
weather v.t. maligtasan
weave v.t. humabi
weaver n. manghahabi
web n. bahay-gagamba
webby a. webi
wed v.t. pakasal
wedding n. kasal
wedge n. kalso

wedge v.t. kalsuan
wedlock n. pagaasawa
Wednesday n. Myerkules
weed n. damo
weed v.t. magdamo
week n. linggo
weekly a. lingguhan
weekly adv. lingguhan
weekly n. lingguhan
weep v.i. umiyak
weevil n. bukbok
weigh v.t. magtimbang
weight n. timbang
weightage n. matimbang
weighty a. mabigat
weir n. pilapil
weird a. mahiwaga
welcome a. nakalulugod
welcome n tanggaping magiliw
welcome v.t tinanggap
weld v.t. manghinang
weld n hinang
welfare n. kagalingan
well a. mabuti
well adv. mahusay
well n. balon
well v.i. gumaling
wellington n. welington
well-known a. kilala
well-read a. naintindihan
well-timed a. tamang oras
well-to-do a. mga dapat gawin
welt n. tupi
welter n. maglublob
wen n. butlig
wench n. dalagita

west n. kanluran	**which** pron. na
west a. oeste	**which** a alin
west adv. sa kanluran	**whichever** pron alin man
westerly a. pakanluran	**whiff** n. buga
westerly adv. kanluranin	**while** n. sandali
western a. dakong kanluran	**while** conj. habang
wet a. basa	**while** v.t. magparaan ng oras
wet v.t. nabasa	**whim** n. kapritso
wetness n. pagkabasa	**whimper** v.i. umingit
whack v.t. bugbog	**whimsical** a. sumpungin
whale n. balyena	**whine** v.i. humaluyhoy
wharfage n. paggamit-pantalan	**whine** n haluyhoy
what a. ano	**whip** v.t. pinalo
what pron. ano	**whip** n. palo
what interj. ano!	**whipcord** n. panghagupit
whatever pron. kahit ano	**whir** n. haging
wheat n. trigo	**whirl** n.i. humaging
wheedle v.t. sumuyo	**whirl** n paghaging
wheel a. gulong	**whirligig** n. paikot
wheel v.t. magruweda	**whirlpool** n. puyo sa dagat
whelm v.t. welm	**whirlwind** n. ipu-ipo
whelp n. tuta	**whisk** v.t. pagwawalis
when adv. kailan	**whisk** n pagwalis
when conj. kailan	**whisker** n. patilya
whence adv. kung saan nagmula	**whisky** n. wisky
whenever adv. conj kailan man	**whisper** v.t. bumulong
where adv. saan	**whisper** n bulong
where conj. saan	**whistle** v.i. sumipol
whereabout adv. tungkol saan	**whistle** n sipol
whereas conj. sapagkat	**white** a. puti
whereat conj. sa dahilang	**white** n maputi
wherein adv. pook na kakitaan	**whiten** v.t. magputi
whereupon conj. sa gayon	**whitewash** n. pintang puti
wherever adv. saan man	**whitewash** v.t. pintahang maputi
whet v.t. maghasa	**whither** adv. pasaan
whether conj. kung	**whitish** a. mas maputi

whittle v.t. magkayas	**wile** n. linlang
whiz v.i. paghuni	**will** n. kalooban
who pron. sino	**will** v.t. iutos
whoever pron. kahit sino	**willing** a. payag
whole a. buo	**willingness** n. pumapayag
whole n ganap	**willow** n. wilow
whole-hearted a. buong-puso	**wily** a. malinlang
wholesale n. pakyaw	**wimble** n. pambutas
wholesale a pakyawan	**wimple** n. pandong
wholesale adv. pakyawan	**win** v.t. magwagi
wholesaler n. tagapakyaw	**win** n wagi
wholesome a. matino	**wince** v.i. umudlot
wholly adv. buong-buo	**winch** n. udlot
whom pron. kanino	**wind** n. hangin
whore n. puta	**wind** v.t. humangin
whose pron. kanino	**wind** v.t. pilipitin
why adv. bakit	**windbag** n. bululusan
wick n. mitsa	**winder** n. waynder
wicked a. masama	**windlass** v.t. muton
wicker n. yantok	**windmill** n. mulino
wicket n. munting pinto	**window** n. bintana
wide a. malawak	**windy** a. mahangin
wide adv. malawakan	**wine** n. alak
widen v.t. palawakin	**wing** n. pakpak
widespread a. kalatin	**wink** v.i. kumisap
widow n. biyuda	**wink** n kisap
widow v.t. magbiyuda	**winner** n. nagwagi
widower n. balo	**winnow** v.t. magtahip
width n. lapad	**winsome** a. masaya
wield v.t. humawak	**winter** n. taglamigan
wife n. asawa	**winter** v.i taglamig
wig n. peluka	**wintry** a. malamig
wight n. wayt	**wipe** v.t. punasan
wigwam n. wigwam	**wipe** n. magpunas
wild a. ligaw	**wire** n. kawad
wilderness n. pagkaligaw	**wire** v.t. magkawad

wireless a. walang kawad
wireless n walang kawad
wiring n. instalasyon ng kawad
wisdom n. dunong
wisdom-tooth n. dulong ngipin
wise a. maalam
wish n. nais
wish v.t. magnais
wishful a. pwedeng naisin
wisp n. tingting
wistful a. maasahin
wit n. talino
witch n. bruha
witchcraft n. gawang kulam
witchery n. pangkukulam
with prep. kasama ng
withal adv. gayon din
withdraw v.t. bawiin
withdrawal n. pagbawi
withe n. tuod
wither v.i. malanta
withhold v.t. pigilin
within prep. sa loob ng
within adv. sa loob
within n. sa loob
without prep. walang
without adv. walang
without n walang
withstand v.t. malabanan
witless a. hangal
witness n. saksi
witness v.i. saksihan
witticism n. kasistihan
witty a. matalinong magsalita
wizard n. mangkukulam
wobble v.i sumuray

woe n. hirap
woebegone a. nagdadalamhati
woeful n. mahirap
wolf n. lobo
woman n. babae
womanhood n. pagkababae
womanish n. malababae
womanise v.t. naging babae
womb n. bahay-bata
wonder n pagtataka
wonder v.i. nagtataka
wonderful a. kahanga-hanga
wondrous a. nakakahanga
wont a. gawi
wont n kaugalian
wonted a. kinagawian
woo v.t. manligaw
wood n. kahoy
woods n. mga kahoy
wooden a. kahoy
woodland n. kakahuyan
woof n. tela
wool n. lana
woollen a. delana
woolen n delana
word n. salita
word v.t magsalita
wordy a. masalita
work n. trabaho
work v.t. magtrabaho
workable a. pwedeng magtrabaho
workaday a. ordinaryong araw
worker n. manggagawa
workman n. trabahador
workmanship n. kabutihang gawa
workshop n. gawaan

world n. daigdig
worldling n. magpakamundo
worldly a. makamundo
worm n. bulate
wormwood n. ahenho
worn a. pagod
worry n. balisa
worry v.i. magbalisa
worsen v.t. pasamain
worship n. pagsamba
worship v.t. sumamba
worshipper n. tagapagsamba
worst n. pinasama
worst a pinakamasama
worst v.t. magpakasama
worsted n. estambre
worth n. halaga
worth a karapat-dapat
worthless a. walang gamit
worthy a. marapat
would-be a. dapat maging
wound n. sugat
wound v.t. magsugat
wrack n. pagkasira
wraith n. reyt
wrangle v.i. magtaltalan
wrangle n. taltalan
wrap v.t. balabalan
wrap n balabal
wrapper n. pambalabal
wrath n. galit
wreath n. likaw
wreathe v.t. maglikaw-likaw
wreck n. pagkabagbag
wreck v.t. magbagbag
wreckage n. pagkalansag

wrecker n. tagagiba
wren n. ren
wrench n. wailin
wrench v.t. magwail
wrest v.t. mangagaw
wrestle v.i. magbuno
wrestler n. mambubuno
wretch n. taong marumal
wretched a. taong imbi
wrick n rik
wriggle v.i. magpili-pilipit
wriggle n pilipit
wring v.t pigain
wrinkle n. kunot
wrinkle v.t. mangunot
wrist n. pupulsahan
writ n. sulat
write v.t. sumulat
writer n. tagpagsulat
writhe v.i. mamilipit
wrong a. mali
wrong adv. kamalian
wrong v.t. nagkamali
wrongful a. maling gawa
wry a. ngiwi

Xx

Xerox n. kopya
Xerox v.t. kopyahin
Xmas n. walang pasko
x-ray n. eksre
x-ray a. tingnan ang baga
x-ray v.t. magpa-eksre

xylophagous a. silopogoso
xylophilous a. silopos
xylophone n. silopon

Yy

Yacht n. yate
Yacht v.i magyate
yak n. yak
yap v.i. taholan
yap n tahol
yard n. yarda
yarn n. sulid
yawn v.i. hikab
yawn n. humikab
year n. taon
yearly a. taun-taon
yearly adv. minsan sa isang taon
yearn v.i. pitahin
yearning n. pananabik
yeast n. pampaalsa
yell v.i. sumigaw
yell n pumalahaw
yellow a. ilaw
yellow n madilaw
yellow v.t. naduwag
yellowish a. naninilaw
Yen n. yen
yeoman n. taong malaya
yes adv. opo
yesterday n. kahapon
yesterday adv. ang nakaraan
yet adv. muna
yet conj. gayunman

yield v.t. magbunga
yield n produkto
yoke n. pamatok
yoke v.t. magsilbihan
yolk n. pula ng itlog
younder a. iyon
younder adv. yaon
young a. bata
young n walang karanasan
youngster n. mabata
youth n. kabataan
youthful a. may kabataan

Zz

Zany a. sani
Zeal n. sigasig
Zealot n. panatiko
zealous a. masigasig
zebra n. sebra
zenith n. kaitaasan
zephyr n. palay-palay
zero n. sero
zest n. pagtatamasa
zigzag n. sigsag
zigzag a. paese-ese
zigzag v.i. sigsagan
zinc n. sink
zip n. hagibis
zip v.t. humaginit
zodiac n sodyako
zonal a. sonal

zone n. pook
zoo n. soo
zoological a. soolohikal
zoologist n. soolohiko
zoology n. soolohiya
zoom n. palakihin
zoom v.i. pinalaki

TAGALOG-ENGLISH

Aa

Aba a. lowly
Abala n botheration
abalahin v.t. interrupt
abansada n. outpost
abantihin v.t forward
abaro n. miser
abasero n. grocer
abay n. consort
abehera n. apiary
abestrus n. ostrich
abeto n fir
abilidad n competence
abisuhan v.t. notify
abo n. ash
abogado n. lawyer
abok sa bato n. fossil
abot n. extent
abot ng kamay a. handy
abrigo n. overcoat
abswelto n. acquittal
abugado n. attorney
abuloy n. subsidy
abutan v.t. overtake
adhika n. aspiration
adhikain v.t. aspire
adik n. addict
adobe n. adobe
adwana n. custom
adwanahan a customary
adyenda n. agenda
adyus! interj. adieu
aga a early
agad a immediate
agap n quick
agaw n. snatch
agawin v.t. rival
agaw-liwanag n twilight
agbuhay n biology
agham dinamika n. dynamics
agila n eagle
agimat n. talisman
agitit n creak
agiw n. soot
aglahiin v.i. jeer
agnasin v. t erode
agnus n agnus
agong n. gong
agos n flow
agos na paloob n. influx
agos na tago n. undercurrent
Agosto n. August
agrabyo n. grievance
agraryo a. agrarian
agresibo a. aggressive
agrikultura n agriculture
agrikultural a agricultural
agronomya n. agronomy
agusan n drainage
agusil n constable
agwahe a. tidal
agwamyel n. mead
ahas n. snake
ahedres n. chess
ahenho n. wormwood
ahensya n. agency
ahente n agent
ahente n. middleman
ahit n shave
ahon n. rise

akademya n academy
akalain v.i. deem
akayin v.t. lead
akda n. treatise
akin pron. mine
aking sarili pron. myself
akipan v. i duel
akitin v.t fascinate
aklat n book
aklatan n. library
aklat-manwal n manual
aklat-talaan n. register
Ako pron. I
aksaya a. wasteful
aksesorya n accessory
aksidente n accident
aksis n. axis
aksyon n. action
aktibo a. active
actor n. actor
aktres n. actress
aktwal a. actual
akumulasyon n accumulation
akusa v.t. accuse
akusahan v.t. litigate
akusasyon n accusation
akustika n. acoustics
akwaryum n. aquarium
akwaryus n. aquarius
akyat n. climb1
akyatan n. ladder
alaala n. souvenir
alab n. ardour
alaga n. nurture
alagaan n. preserve
alagad n disciple

alagang hayop n. pet
alahas n. jewel
alak n. wine
alakdan n. scorpion
alala n. recall
alalad n. sonority
alalay n. bodyguard
alam a. aware
alam na alam a familiar
alamat n. legend
alambike n. stillness
alamin v.t. know
alang-alang sa conj. for
alapaap n. nebula
alarma n alarm
alas! interj. alas
alboroto n. rampage
album n. album
alegoriko a. allegorical
alegorya n. allegory
alegorya n apologue
alerto a. alert
algaan v.t. nurture
alhebra n. algebra
alibugha a. prodigal
aligasyon n. allegation
alikabok n dust
alikabukan v.t. dust
alila n. servant
alimango n crab
alimbukay n. surf
alin a which
alin man pron whichever
alindog n. glamour
alingasaw n. stench
alingawngaw n echo

alinman sa dalawa a., either
alinmay hindi conj. neither
alipin n. slave
alipinin n. subservience
alipusta a malign
alis v.t abolish
alisan v. t deprive
alisan ng armas v. t disarm
alisan ng lakas v. t disable
alisan ng laman v empty
alisin v.t. remove
alis kontrol v.t. decontrol
alisin ng sigla v. t dishearten
alisin sa lugar v.t. unsettle
alisin sa trono v. t dethrone
alitan a. quarrelsome
aliw n. entertainment
aliwin v.t. solace
alkalde n. mayor
alkaline n alkali
alkimya n. alchemy
alkitran n. pitch
alkitran n. tar
alkoba n. recess
alcohol n alcohol
almanac n. almanac
almasenahe n. storage
almires v.t. mortar
almiskle n. musk
almuwada n cushion
alog v.t. jog
alok n. proposal
alokasyon n. allocation
alon n. wave
alpa n alpha
alpabeto n. alphabet

alpombra n. rug
alporhas n. knave
altar n. altar
alternatibo a. alternative
altimetro n altimeter
alulod n. gutter
aluminyo n. aluminium
alumna n alumna
alupihan n. centipede
alwan n ease
alyas n. alias
ama n father
amag n. mould
amag n mould
ambar n. amberite
ambisyoso a. pretentious
ambon n drizzle
ambon n. shower
ambulansya n. ambulance
amen! interj. amen
amnesteya n. amnesty
amnesia n amnesia
amo n boss
amoy n. smell
amper n ampere
ampiteatro n amphitheatre
amplipayerm n amplifier
ampolyas n. vial
ampunan n. orphanage
amuyin v.t. scent
anak sa labas a bastard
analogo a. analogous
anatomy n. anatomy
anekdota n. anecdote
anemometero n anemometer
anemia n anaemia

anestesya a. aesthetic
ang ating pron. our
ang kanilang mga pron. theirs
ang matalino n. intellectual
ang may pautang n creditor
angal n.i. bawl
angat n. lift
angular a. angular
anghang n. pungency
anghel n angel
angkan n. pedigree
angkat n. import
angkin n claim
angkla n. anchor
angkop n. suitability
anglitan v.t. pot
angulo n angle
ani n. harvest
anibersaryo n. anniversary
anim n., a six
animahan v. t. enliven
animasyon n animation
animnapu n., a. sixty
animo v.i. seem
aninag a. transparent
anino n. shadow
anis n aniseed
anit n scalp
ankor n bower
ano a. what
anomaly n anomaly
anonsyo n. announcement
ansisilaw v.i flare
antartika a. antarctic
antas n degree
antenna n. antennae

antensyon n. attention
anti pref. anti
antieyrkrap a. anti-aircraft
antic a. antique
antikwaryo a. antiquarian
antikwaryo n. antiquary
antilope n. antelope
anting-anting n. amulet
antipodas n. antipodes
antiseptiko n. antiseptic
antok n. lethargy
antolohiya n. anthology
antropoyde adj. anthropoid
antteyesta n antitheist
anuman n. aught
anyo n form
aparador n. wardrobe
aparatu n. apparatus
apat n. four
apat na ibayo a. quadruple
apatnapu n. forty
apdo n bile
apelyido n. surname
apendese n. appendix
apendiks n. appendix
apidabit n affidavit
apihin v.t. aggrieve
apila v.t. appeal
apinahan v.t. tune
aplikante n. applicant
aporo n lining
apostol n. apostle
apoy n fire
apoyan v.t fire
apoyntment n. appointment
apricot n. apricot

aproba n. approval
aptang-paa n. quadruped
apuyan v.i. lighten
arabal n. suburb
aralin n. lesson
araro n. arrowroot
araw n. sun
araw-araw a daily
ardilya n. squirrel
areka n areca
arena n arena
arestado n. arrest
aries n aries
arina n. starch
aritmetika n. arithmetic
arkangel n archangel
arkitekto n. architect
arkitektura n. architecture
armada n. armada
armada n. squadron
armoniya n. rapport
arnibal n. syrup
arogante a. arrogant
arsenya n arsenic
arte n. art
artikulo n article
artipisyal a. artificial
artisan n craftsman
artista n. artist
artistang komiko n. mummer
artraytis n arthritis
arukin v.t fathom
asal n conduct
asal-busabos a. slavish
asawa n. spouse
asawang lalaki n husband

asbeto n. asbestos
asenta n bull's eye
asero n. steel
asetiko n. ascetic
asido n acid
asin n. salt
asinan v.t salt
aso n dog
asoge n. mercury
asong teryer n. terrier
asosasyon n. association
aspekto n. phase
aspeto n. aspect
aspirante n. aspirant
asterisk n. asterisk
astig n brute
astrologo n. astrologer
astrolohiya n. astrology
astronawta n. astronaut
astronomo n. astronomer
astronomya n. astronomy
asugihan v.t. silver
asukal n. sugar
asul n blue
asupre n. sulphur
asuwangin v.t bewitch
asyenda n. barton
at conj. and
at iba pa etcetera
at isa pa conj. otherwise
atake n. attack
ataul n casket
atay n. liver
ateyista n atheist
atip n. thatch
atlas n. atlas

atleta n. athlete
atmospera n. atmosphere
atol n. atoll
atom n. atom
atomiko a. atomic
atraksyon n affinity
atras a. backward
atrasado adv. late
atsarahan v.t pickle
atubili a. hesitant
atubilihin v.i. hesitate
atungal n. roar
awa n. mercy
awatin v.t. wean
away n. quarrel
awditor n. auditor
awditoryum n. auditorium
awit n. song
awrora n aurora
awtokrasya n autocracy
awtokrata n autocrat
awtomatiko a. automatic
awtorisasyon n. warrant
ay pref. be
ayaw n dislike
ayon sa adv under
ayos n contour
ayunan n grant
ayusin v.t. arrange
ayusin a. trim

Bb

baak n split
baba n. chin

baba n. low
babad n. soak
babae n female
babaeng burara n. slattern
babaeng ikakasal n bride
babaeng matangas n. shrew
babagan n. scuffle
babaing makata n. poetess
babaing masama n. slut
babala n. caution
babaw n. shoal
babawasan v.t lessen
baboy n. pig
badminton n. badminton
badyet n budget
baga n lung
bagahe n. baggage
bagaman conj. although
bagang n. molar
bagay n. thing
bagay sa palasyo a. palatial
baging n. vine
bago a. new
bago ang conj before
bago ikasal adj. antenuptial
bago tumanghali n forenoon
bagon n. wagon
bagsak n slam
baguhan n. novice
baguhin n convert
baguhin v. transform
bagyo n. storm
baha n flood
bahagdan n. percentage
bahagi n. fraction
bahagi n. share

bahaginan v.t. portion
bahagya adv. barely
bahay n house
bahay ng bubuyog n. beehive
bahay-ampunan n asylum
bahayan v.t house
bahay-aso n. kennel
bahay-bata n. womb
bahay-gagamba n. web
bahay-pukyutan n. hive
bahay-sayawan n. cabaret
bahid n. tinge
bahin n sneeze
baiting n. stair
baka n. cow
bakang dagat n. walrus
bakante n. vacancy
bakantihin v. t evacuate
bakas n. track
bakasyon n. vacation
bakasyunan n resort
bakatan n. mottle
bakbak n. slab
bakit adv. why
bakla a. gay
bakod n fence
bakterya n. bacteria
bakuna n. vaccine
bakuran v.t fence
bakyum n. vacuum
bala n bullet
bala ng pana n arrow
balabal n. robe
balabalan v.t. wrap
balada n. ballad
balahibo n feather

balak a. proportional
balakang n. ridge
balakubak n dandruff
balakyot a evil
balang n. locust
balangkas n draft
balanoy n. basil
balance n. balance
balantok n. vault
balasubas n. swindler
balat n. skin
balatkayo n disguise
balat-ngipin n enamel
balbas n beard
balbula n. valve
baldado n invalid
balde n bucket
baldosa n. tile
baley n. ballet
bali n. fracture
bali-balita n. hearsay
balik adv. back
balik-aral n review
balikat n. shoulder
baliko n bent
balik-sabi n. retort
baliktad a. reverse
balingkinitan n. sexy
balinkutis n. somersault
balintuna a. ironical
balintuwad a. topsy turvy
balisa a anxiety
balita n. news
balitaan v.t herald
baliw a. insane
baliwag a. profound

baliwagan v.t. obscure
balkonahe n. balcony
balo n. widower
balon n. well
balot n coat
balot ng tabako n cheroot
balota n ballot
balsam n. balsam
baltak n. jerk
baltakin n. jerkin
baluktot n bend
baluktutin v. t distort
balumbunin v.t. furl
balunbalunan n. craw
balutan n. package
balyena n. whale
ban n. van
banal a. holy
banat n stretch
banayad adj. circumspect
banda n. band
bandahe n. bandage
bandana n. scarf
bandeha n. tray
bandera n. banner
banderola n. streamer
banga n. jar
bangaw n. gadfly
banggit n. mention
banggitin v.t. mention
bangin n. ravine
bangka n boat
bangkay n corpse
bangkero n dealer
bangkito n. stool
bangko n. bank

bango n. fragrance
bangungot n. nightmare
bansa n. country
bansutin v.t. stunt
banta n. threat
bantaan v.t. threaten
bantas n. punctuation
bantasan v.t. punctuate
bantay guard
bantayan v. t escort
bantay-baybayin n cruiser
bantay-bilangguan n. jailer
bantayugin a. monumental
baog a. sterile
baon n. allowance
baptism n. baptism
bar v.t bar
bara n. clot
baraks n. barrack
baranda n. rail
baras n. wand
baratin n. bargain
barbarismo n. barbarism
barbara a. barbarian
barbero n. barber
baril n. gun
bariles n. barrel
barko n. ship
barko-tangke n. tanker
barley n. barley
barnis n. varnish
barnisahan v.t. varnish
barometro n barometer
barya n coin
basa a. wet
basa-basa a. humid

basa-basain v.t. moisten	**batok** n. nape
basag n break	**batong bakal** n. loadstone
basag na tunawan n. cullet	**batong ihada** n. jade
basag-ulo n fray	**batotoy** n. conch
basahan n. rag	**batselor** n. bachelor
basahing maliit n brochure	**batugan** n. sluggard
base n. base	**batuhin** v.t. stone
basehan n. basis	**batyo** n. watt
basektomya n. vasectomy	**bawahan** v.t. slake
baselina n. vaseline	**bawal** a taboo
basket n. basket	**bawas** n. subtraction
baso n. glass	**bawasan** n discount
basta n. bale	**bawasan** v.t. subtract
bastardilya a. italic	**bawasan ng** prep. minus
bastardo n. bastard	**bawat** a each
bastos a discourteous	**bawat buwan** n monthly
basura n. garbage	**bawiin** v.t. withdraw
basurahan n bunker	**bawtismohan** v.t. baptize
basurero n. scavenger	**bayabas** n. guava
bata n child	**bayad** n pay
bata a. puerile	**bayag** n. testicle
batakin v.t. tug	**bayan** n. town
batalyon n battalion	**bayani** n. hero
batang lalaki n boy	**bayaran** v.t. toll
batang malikot n. urchin	**baybayin** adj. costal
batang tigre n cub	**bayna** n. vagina
batas n. law	**bayograpo** n biography
batasan n. parliament	**bayolente** a abusive
batay sa katotohanan a. valid	**bayoneta** n bayonet
batayan n. gauge	**bayoskop** n bioscope
baterya n battery	**baysa** n. barn
bathala n. deity	**baywang** n hip
Bathala n. god	**baywang** n. waist
batiin v.t felicitate	**belo** n. veil
batik n. speck	**belohan** v.t. veil
bato n. stone	**benipisyo** n benefit

benta n. sale	**bigay-pala** n. gratuity
bentilador n. ventilator	**bigkis** n bundle
bentilasyon n. ventilation	**bigkis ng panggatong** n faggot
benyal a. venial	**bigkisan** v.t girdle
beranda n. porch	**bigla** n. sudden
beranda n. verendah	**biglaan** a. instantaneous
berde n green	**biglain** v.t. surprise
beripikahan v.t. verify	**biglang** adv. suddenly
beripikasyon n. verification	**biglang galit** n. spate
bermelyon n. vermillion	**biglang golpe** n. coup
bernakular a. vernacular	**biglang kalog** n. jolt
bernal a. vernal	**biglang nagalit** a. spatial
bersatil a. versatile	**biglang naglaho** v. t blurt
bersatilidad n. versatility	**biglang paalam** n. conge
bersikulo n. antiphony	**biglang siklab** n flare
bersipikasyon n. versification	**bigote** n. mustache
bersiyon n. version	**biguin** v. t. disappoint
berso n. verse	**bigwasin** v.t. jolt
bertikal a. vertical	**bigyan** v.t. tip
beterano n. veteran	**bigyang diin** v. t emphasize
beterenaryo a. veterinary	**bigyang halaga** v.i. matter
beto n. veto	**bigyang puhunan** v.t finance
betuhan v.t. veto	**bigyang-bisa** v.t. validate
bibig n. mouth	**bigyang-buhay** v.t. vitalize
bibitayan n. . gallows	**bigyang-halaga** v. t esteem
Bibliya n. scripture	**bigyang-kasiyahan** v.t. satisfy
bibliyograpo n bibliographer	**bigyang-lasa** v.t. savour
bibliyograpya +n bibliography	**bihag** n. captive
bibo a. smart	**bihag-sagot** n. hostage
bidang bayani a. heroic	**bihasa na** a conversant
bidang babae n. heroine	**bihikular** a. vehicular
bigamy n bigamy	**bihira** adv. seldom
bigas n. rice	**bikaryo** n. vicar
bigay n deal	**biki** n. mumps
bigay-galang n. salutation	**biktima** n. casualty
bigay-kaya n dowry	**biktima** n. prey

biktima n. victim
biktimahin v.i. prey
biktorya n. victory
bilang adv. as
bilang n. count
bilangin v.t. reckon
bilangin uli v.t. recount
bili n. purchase
bilis v. t bustle
bilisan n hurry
bilog n. circle
bilog ng mata n eyeball
bilog-haba a. oval
bilugan v. t. encircle
bilya n. villa
bilyon n billion
bimbinin v.t. intern
binabati v. t congratulate
binaha v.t flood
binakante v.t. vacate
binalahibuan v.t fleece
binarat v. t. cheapen
binat n. relapse
binatilyo n. lad
binayad v. t. charge
bingi a deaf
bingit n. brink
binhiin v.t. seed
binibini n. miss
binibintang aklat n book-seller
binigay v.t. give
binihisan v.t garb
biniro v.i. jest
binokulo n. binocular
bintana n. window
binti n. leg

binuhusan v.i. pour
binumba v. t bomb
binuo v.t. assemble
binutasan v. t. drill
birey n. viceroy
birhen n. virgin
biro n. jest
biro n. joke
birtud n. virtue
bias n efficacy
bias n. potency
bisekleta n. bicycle
bisig n forearm
bisita n. visitor
biskwit n biscuit
bista n. vista
biswal a. visual
bisyo n. vice
bisyon n. vision
bisyonaryo a. visionary
bisyoso a. vicious
bitag n. snare
bitagin v.t. snare
bitak n. rift
bitalidad n. vitality
bitamina n. vitamin
bitbitin a. portable
bithay n. riddle
bithay n. sieve
bitinan n. sling
bituin n. star
bituka n colon
bituka n. intestine
bitwoso a. virtuous
biyahe v.i. cruise
biyahe n. tour

biyak n fissure
biyaya n boon
Biyernes n. Friday
biyuda n. widow
biyuleta n. violet
biyulin n. violin
biyulinista n. violinist
blanko a blank
blusa n blouse
blusa n. smock
boboto v.t. poll
bodega v.t warehouse
bodega ng alak n cellar
bokabularyo n. vocabulary
bokalista n. vocalist
bokasyon n. vocation
bokilya n. nozzle
boksing n boxing
bola n. ball
boltahe n. voltage
boltiyo n. volt
bomba n bomb
bombilya n. bulb
boring adj. bland
botanika n botany
botante n. constituent
botante n. voter
bote n bottle
boto n. vote
boton n. stud
brasa n fathom
braso n. arm
brigade n. brigade
brigadier n brigadier
British adj british
brokoli n. broccoli

bronse n. & adj bronze
bruha n. witch
brutal a brutal
bubog n crystal
bubong n. roof
bubulusan n. bellows
bubungan v.t. roof
bubuyog n. bee
buga n. puff
bugbog n. thump
bugbugin v.t flog
bugok adj addle
bugtong n. conundrum
buhangin n. sand
buhawi n. hurricane
buhay a alive
buhok n hair
buhol n. knot
buhol-buhol n. tangle
buhong n. villain
buhulin v.t. knot
bukad a. particular
bukal n. fountain
bukal sa loob adj alacrious
bukang-liwayway n dawn
bukas a. open
bukas n. tomorrow
bukbok n. weevil
bukid n farm
buko n. node
bukod n. recluse
bukod sa prep besides
bukong-bukong n. ankle
buksan v.t. open
buktot a. nefarious
bukulan v.t. lump

bula n bubble
bula ng sabon n. lather
bulaan a. mendacious
bulag a blind
bulaklak n flower
bulaklak sa tangkay n. sprig
bulaklakan v.i blossom
bulalakaw n. meteor
bulalas n exclamation
bulate n. worm
buldog n bulldog
bulgar a. vulgar
bulihin n polish
bulitin n bulletin
bulkan n. volcano
bulok decay
bulong n. murmur
bulong n whisper
bulsa n. pocket
bultakin v.i. surge
bulto n. volume
bultyur n. vulture
buluhan n. nettle
buluhanin v.t. nettle
bululos n diarrhoea
bululusan n. windbag
buluntaryo n. volunteer
bulutong n blister
bulutong n. smallpox
bulwagan n. hall
bulwagan n. saloon
bulwak n spurt
bulya n. volley
bumaba n. landing
bumababa n. decrement
bumagay v.t. suit

bumagsak n downfall
bumahin v.i. sneeze
bumalik v.i. return
bumaril v.t. shoot
bumigay v. i collapse
bumilang v. t. count
bumili v.t. purchase
bumitiw v.t, abdicate
bumubukadkad v.i. bloom
bumuga v. i erupt
bumula v.t foam
bumulak v.i. simmer
bumulong v.t. whisper
bumulong-bulong v.i. mumble
bumulwak v.i. spurt
bumuti v.t. improve
bundok n. mount
bungadan v.t. prelude
bungalow n bungalow
bunganga ng ilog n delta
bungangaan v.t. mouth
bungguan n. impact
bungo n. skull
bunot n coir
bunsod n. impulse
buntis a. pregnant
bunton n. pile
buntot n. tail
buntunan v.t. lavish
buntunghininga n. sigh
bunuin n. grapple
bunutin v.t. uproot
buo a. solid
buo a. whole
buo pa a. intact
buod n. gist

buodin a summary
buong-buo adv. wholly
buong-puso a. whole-hearted
bupalo n bison
burahin v. t delete
burak n. silt
burda n embroidery
buro n donkey
burol n burial
burol n. hill
bus n bus
busal n. muzzle
busalan v.t. gag
busisi n complex
busog na busog a. replete
busugin v.t. satiate
butangero n. thug
butas n hole
butas ng ilong n. nostril
butas ng pwet adj. anal
butas ng tainga n alveary
butasan v.t. prick
butas-butas n eyelet
butasin v.t. puncture
buti n good
butikaryo n druggist
butiki n. lizard
butyl n. grain
butil ng alabok n. mote
butlig n. wen
buto n. bone
buto n. seed
buton v. t. button
butones n button
buwan n. moon
buwan-buwan a. monthly

buwaya n crocodile
buwis n. tax

Kk

kaabalahan n. preoccupation
kaagapay n. abetment
kaagapayin v.t. parallel
kaakit-akit a. lovely
kaalaban n fervour
kaalaman n. knowledge
kaalisagaan n. sloth
kaangkupan n. convenience
kaanuanuhan n. quintessence
kaanyuan a fashionable
kaapid n. paramour
kaasiman n. acidity
kaawaan v.i. sympathize
kaawa-awa a. sympathetic
kaaway n enemy
kaaya-aya a fair
kaayawan n. repugnance
kaayusan n. order
kab n. cab
kababaan n. inferiority
kababalaghan n. marvel
kabagalan n. slowness
kabaguhan n. innovation
kabaitan n benevolence
kabalakyutan n. venality
kabaliktaran n. antonym
kabaliwan n. lunacy
kabalyero n. knight
kaban n ark
kabanata n. chapter

kabangisan n barbarity
kabantugan n fame
kabarambaduhan n. knavery
kabarbaruhan n. savagery
kabataan n. youth
kabaugan n. sterility
kabayaran n. payment
kabayo n. horse
kabayong babae n. mare
kabayong bulugan n. stallion
kabayong munti n. pony
kabibi n. shell
kabibuhan n. vivacity
kabiguan n fiasco
kabilang dako n. aside
kabilang sintido n. undertone
kabilugan adv. round
kabinet n. cabinet
kabisaan n. validity
kabit n fix
kable n. cable
kabuhayan n living
kabulukan n. corruption
kabundukan n. mountain
kabunyian n. renown
kabuohan v.t. aggregate
kabuoran adv. summarily
kabusugan n. satiety
kabute n. mushroom
kabutihan n. weal
kabuuan n. sum
kada a every
kada lingo adj bi-weekly
kadahilanan v.i. reason
kadahupan n. privation
kadakilaan n. grandeur

kadalagahan n. chastity
kadaldalan n. prattle
kadalian a. instant
kadalisayan n. purity
kadaloy adj. confluent
kadalubhasaan n. mastery
kadena n chain
kadete n. cadet
kadiyosan n. goddess
kadlitan n. scarcity
kadmyum n cadmium
kagalingan n excellency
kagamitan n equipment
kagandahan n. goodness
kagat n bite
kagaya ng prep like
kagitingan n bravery
kagulangan n. maturity
kagulo n. riot
kagustuhan n. goodwill
kagyat adv. straightway
kaha n. counter
kahalagahan n. gravity
kahalayan n. obscenity
kahalili n. substitute
kahambugan n. vainglory
kahanay a. co-ordinate
kahanga-hanga a. magnificent
kahangalan n. ideocy
kahapon n. yesterday
kaharap a. present
kaharian n. kingdom
kahera n. cashier
kahibangan n mania
kahigtan n. superiority
kahika-hikayat n. stringency

kahima-himala a. supernatural
kahinaan n. impotence
kahinaan n. weakness
kahina-hinala a. suspicious
kahindik-hindik a. hideous
kahinhinan n modesty
kahirapan n. poverty
kahit ano a. any
kahit saan adv. nowhere
kahit sino pron. whoever
kahon n box
kahoy a. wooden
kahubuan n. nudity
kahuli-hulihan adv. ultimately
kahulugan n. significance
kaiba a. queer
kaibigan n. friend
kaibiganin v. t. befriend
kaibig-ibig a. adorable
kaibuturan n. climax
kaiklian n brevity
kailan adv. when
kailangan n. necessary
kailanman adv forever
kain n feed
kainaman a. sufficient
kainan n. cafe
kaingay a. uproarious
kaing-gulay n. vegetarian
kainitan n. warmth
kairita n. annoyance
kaisahan n. unity
Kaitaasan n. Highness
Kakahuyan n. woodland
kakaiba adj bizarre
kakapa-kapa v.i. fumble

kakatawa a. outlandish
kakaunti a. scarce
kakayahan n ability
kakontra a complementary
kaktus n. cactus
kakulangan n. shortage
kakusaan n. spontaneity
kalaban n. opponent
kalabasa n. pumpkin
kalabaw n. buffalo
kalabisan n. superfluity
kalabuan n. ambiguity
kalabuan n. opacity
kalabugin v.t stump
kaladkaran n. trail
kaladkarin v.t. trail
kalag n release
kalagayan n. status
kalagayan ng gas adj. aeriform
kalagitnaan n. core
kalagitnaan n. hub
kalahatan adv all
kalahatan adv entirely
kalahatan adv. generally
kalahatan a overall
kalahati a half
kalahok n. participant
kalakal n. commodity
kalakal n. merchandise
kalakal n. stock
kalakal n. ware
kalakhan n. magnitude
kalamangan n. advantage
kalamidad n. calamity
kalamnan n. muscle
kalan n. stove

kalangitan v.t. sky
kalansay n. skeleton
kalansing n. jingle
kalantog n rattle
kalapati n dove
kalapit a. adjacent
kalapitan n. proximity
kalasin v.t. undo
kalat n bungle
kalat n. spread
kalatin a. widespread
kalaunan n duration
kalawang n. rust
kalawangin v.i rust
kalawit n. hook
kalay a. maladroit
kalayu-layuan a. utmost
kalbo a. bald
kaldero n. kettle
kalendaryo n. calendar
kalesa n chariot
kalidad n. quality
kaligayahan n contentment
kaligayahan n. happiness
kaligrapya n calligraphy
kaligtasan n. salvation
kaliguyan n. redundance
kalihim n. secretary
kalikas a. intrinsic
kalikasan n. nature
kalikutan n mischief
kalilipas n. past
kalingiran n. privacy
kalingmigan n. trance
kalinya n. lineage
kaliskisan v.t. scale

kalisyaan n. perversion
kalitatibo a. qualitative
kalituhan n. perplexity
kaliwa a. left
kalkulasyon n. calculation
kalkuleytor n calculator
kalma n. calm
kalma n. calm
kalmado v. t. calm
kalokohan a. nonsensical
kaloob ng diyos n. godsend
kalooban n. humour
kalooban n. volition
kalooban n. will
kaloob-loban a. intimate
kalorya n. calorie
kalsada n. road
kalso n. wedge
kalsuan v.t. wedge
kalsyum n calcium
kaluban n. scabbard
kalubhaan n. malignity
kalubhaan n. severity
kalugod-lugod a congenial
kalugod-lugod v. t. delight
kalugod-lugod n. prettiness
kaluluwa n. soul
kaluluwaan a. spirited
kaluningningan a. resplendent
kalunya n. mistress
kalupitan n cruelty
kalupitan n. rigour
kalupkop ng ginto a. gilt
kalupkupan ng ginto v.t. gild
kalusugan n. health
kaluwagan n. laxity

kaluwangan n breadth
kalye n. street
kalyo adj callow
kalyo sa a. callous
kama n bed
kama n comma
kamag-anak a. akin
kamaharlikaan n. aristocracy
kamalayan a. sentient
kamalian n fault
kamalian adv. wrong
kamalig n. grannary
kamandag n. venom
kamandag a. virulent
kamangmangan n. ignorance
kamangmangan n. illiteracy
kamao n fist
kamarote n berth
kamatis n. tomato
kamay n hand
kamay at paa n. limb
kamayan v.t hand
kambal n. twin
kambal a twin
kambing n. goat
kamel n. camel
kamera n. camera
kamisadentero n. shirt
kamison n chemise
kamkamin v.t. usurp
kamlot n camlet
kampanaryo n. steeple
kampanilya n bell
kampanya n. campaign
kampay-kampay v.i. waddle
kampeon n. champion

kampit n. comfit
kampo n. camp
kampo-militar n. cantonment
kampon n. henchman
kampong v. i. camp
kampor n. camphor
kamuhian n. odium
kamuraan n. immaturity
kamusmusan n. infancy
kana n. manoeuvre
kanal n. canal
kanalan v.t groove
kanan a. right
kanbas n. canvas
kandado n. lock
kandado n lock
kandidad n. quantity
kandidado a. quantitative
kandidata n. candidate
kandila n. candle
kandungan n. lap
kanela n cinnamon
kanibal n carnival
kanila a. their
kanino pron. whom
kanino pron. whose
kanistra n. canister
kaniya a her
kanlungan n. refuge
kanluran n. west
kanluranin adv. westerly
kanormalan n. normalcy
kansela v. t. cancel
kanselasyon n cancellation
kanser n. cancer
kanta n chant

kantarilya n. culvert	**kapares** v.t. pair
kanter n canter	**kaparian** n. priestess
kantero n. mason	**kapasidad** n. capacity
kantina n. canteen	**kapat** n. quarter
kanton n canton	**kapatagan** n. plain
kanunuan a. ancestral	**kapatas** n foreman
kanunu-nunuan n. ancestry	**kapatid na babae** n. sister
kanya pron. his	**kapatid na lalaki** n brother
kanya-kanya a. respective	**kapatiran** n brotherhood
kanyamo n. hemp	**kapayapaan** n. peace
kanyon n. cannon	**kape** n coffee
kapa n. cloak	**kapelya** n. chapel
kapahamakan n. mishap	**kaperahan** v. t. cash
kapain v.t. grope	**kapinsalaan** n. injury
kapakanan n. interest	**kapiraso** n. morsel
kapal n ply	**kapisanan** a firm
kapalawan n. fortune	**kapisanan** n. society
kapalit n. barter	**kapital** n. capital
kapanabikan n. suspense	**kapital ng** a. capital
kapanatilihan n. permanence	**kapitalista** n. capitalist
kapanayam n. interview	**kapitan** n. captain
kapanayamin v.t. interview	**kapitan ng bapor** n. skipper
kapangahasan n. daring	**kapita-pitagan** a. reverend
kapangalan n. namesake	**kapitbahay** n. neighbour
kapanganakan n. birth	**kapitbahayan** n. vicinity
kapanganiban v.t. peril	**kapol** n. smear
kapangitan n. ugliness	**kapolin** v.t. smear
kapangyarihan n. power	**Kaprikorn** n Capricorn
kapangyayari adv. recently	**kapritso** v.t fancy
kapanipaniwala adj. cogent	**kapritso** n. whim
kapansanan v.t. handicap	**kapritsoso** a. capricious
kapansin-pansin n. notability	**kapulin** n. daub
kapantay n equal	**kapuna-puna** a. appreciable
kaparangan n. meadow	**kapuri-puri** a. praiseworthy
kapareha n co-partner	**kapwa** pron both
kaparehas a. symmetrical	**kapwang** a both

karaban n. caravan
karagdagan a. supplementary
karagdagan n. surtax
karagdagan sa n accession
karakter n. character
karamihan n bulk
karamihan n. plurality
karanasan n experience
karangalan n decorum
karangyaan n. luxuriance
karaniwan adv. usually
karapat-dapa t a. appropriate
kararaan a. past
karat n. carat
karawalan n. infamy
karayom n. needle
karbid n. carbide
karbon n. carbon
kard n. card
kardamono n. cardamom
karera n. career
karetera n. highway
karga n. freight
kargahan v. t. encumber
kargo n. cargo
karibal n. rival
karidad n. benefaction
karikatyur n. caricature
karimlan n. obscurity
karit n. scythe
karitin v.t. scythe
kariton n. cart
Karlo n carl
karne n. meat
karne ng baka n beef
karneng baboy n. pork

karning tupa n. mutton
karot n. carrot
karpentero n. carpenter
kartero n. postman
kartilya n. primer
karton n. cardboard
karton n carton
kartreyds n. cartridge
karugtong n. continuation
karumihan n. impurity
karuwagan n. cowardice
karwahe n. carriage
kasabihan n. adage
kasaganaan n. affluence
kasagutan v.t answer
kasakiman n cupidity
kasal n. marriage
kasalanan n. guilt
kasalatan n dearth
kasalukuyan a current
kasalukuyan n. today
kasalungat a. opposite
kasanayan a. habitable
kasangkap n. suite
kasangkapan n. utensil
kasangkapanin n. scapegoat
kasangkot n accomplice
kasantuhan n. sanctity
kasapatan n. adequacy
kasarian n. gender
kasarilinan n. individuality
kasarinlan a. independent
kasawian n. misfortune
kasayahan n. jollity
kasaysayan n chronograph
kasibaan n. gluttony

kasikatan n. heyday
kasilanganan adv east
kasilyas n. outhouse
kasimplihan n. simplicity
kasindak-sidak a. ghastly
kasinsayan n. perversity
kasinungalingan v.i. lie
kasiraang-dangal v. t dishonour
kasistihan n. witticism
kasiyahan n. pleasure
kasiyahan n. satisfaction
kasiya-siya a. satisfactory
kaska n cask
kaskado n. cascade
kaso n. case
kasta n caste
Kastila n. Spaniard
Kastilyo n. castle
kast-iron n cast-iron
kastor oyl n. castor oil
kastral adj castral
kasukasuan n. joint
kasunduan n. agreement
kasunod adv. next
kasuotan n clothing
kasuotan sa ulo n aigrette
kasuutan n. attire
kasuutan n. vestment
katabaan n. obesity
katabi ng prep behind
katad n. leather
kataka-taka a. marvellous
katakawan n. greed
katakot-takot a. fearful
katakut-takut a dire
katalagahan n. providence

katalasan n. insight
katalasan n. sagacity
katalasan ng isip n. acumen
kataliwasan n exception
katam n plane
katamaran v.i. laze
katamin n trim
katamisan n. sweetness
katamtaman n. average
katamtaman adv enough
katangahan n absurdity
katanghalian n. midday
katanghalian n. noon
katangian n. property
katangi-tangi a. notable
katapangan n boldness
katapatan n fidelity
katapusan n deadlock
katarata n. cataract
katarungan n. nemesis
katas n extract
katas n juice
katasan v.t. sap
katasin v. t extract
katastrope a. cosy
katatagan n. steadiness
katauhan n. personage
katawan n body
katawanin v. t. embody
katawa-tawa a. ridiculous
kataw-tawa a. laughable
katayuan n estate
katayuan n. plight
katedral n. cathedral
kategorya n. category
kategorya v. t classify

katerpilar n caterpillar	**kaugnayan** n. relation
katha n mint	**kaukulan** n folly
kathain v.t feign	**kaululan** n. nonsense
kathang-diwa n figment	**kaunahan** n. priority
kati n ebb	**kaunti** a few
kati n. itch	**kaunti** n. modicum
katibayan n. certificate	**kaunti** n. shire
katibayang moral n. integrity	**kauri** v. i belong
katigasan ng ulo n. obduracy	**kawad** n. wire
katimpian n. reticence	**kawal** n. soldier
katimugan adv south	**kawalan** n absence
katinig n. consonant	**kawalerya** n. cavalry
katinuan n. sanity	**kawan** n flock
katiting a. particle	**kawani** v.t. associate
katiwala n. trustee	**kaway** n waft
katiwasayan n. serenity	**kawayan** v.t. beckon
katiyakan n. surety	**kawikaan** n byword
katkatin v.t. obliterate	**kawili-wili** a. interesting
katoliko a. catholic	**kaya** a able
katoto n. pal	**kayabangan** n conceit
katotohanan n. truth	**kayahin** v. can
katubusan n. redemption	**kayamanan** n. opulence
katulad a. similar	**kayang-kaya** v. t. can
katulong n. assistant	**kayarian** n. structure
katulong sa n. assistance	**kayumanggi** a brown
katulong sa simbahan n. beadle	**kemikal** n. chemical
katumbas n. counterpart	**kendi** n. candy
katumpakan n. propriety	**kendihan** n confectionery
katunog n. unison	**kesami** n. ceiling
katuparan n. fulfilment	**keso** n. cheese
katutubo a. inborn	**kettsap** n. ketchup
katutubo a. indigenous	**keyk** n. cake
katutuhanan n fiction	**kidkid** n. clew
katuwaan n. fun	**kidlat** n. lightening
kaugalian n wont	**kiho** n. ore
kaugnay a. relevant	**kilala** a. well-known

kilalang tao n celebrity
kilalanin ang sakit v. t diagnose
kilay n brow
kilos alipin n. servility
kilos babae a. girlish
kilos-babae a effeminate
kimika n. chemistry
kimpal ng yelo n. glacier
kinabukasan n future
kinagat v. t. bite
kinagawian n. routine
kinahinatnan n. upshot
kinain v. t eat
kinainisan v.t. loathe
kinakailangan v.t. necessitate
kinakailangan n prerequisite
kinalabasan n. outcome
kinang n glitter
kinang n. radiance
kinapalooban v. i consist
kinatawan n. representative
kinaugalian a. usual
kindergarten n. kindergarten
kinikita n. mirage
kinina n. quinine
kinis n elegance
kinontrata v. t contract
kinontrol v. t control
kinopya v. t duplicate
kintab n. gloss
kinuha v. t claim
kinunkreto v. t concrete
kipis n. deflation
kipot n. strait
kipotin v.t. narrow
kiputan v.t. straiten

kirot a. poignant
kisap n wink
kiskis n. friction
kislap n. spark
kita n. income
kita a look
klabel n. pink
klase n class
klasik a classic
klasikal a classical
klasiko n classic
klasipikasyon n classification
klaster n cluster
klerk n clerk
klima n. climate
klinika n. clinic
kliyente n.. client
kloropormo n chloroform
kobalt n cobalt
kobra n cobra
kok v. t coke
kokaina n cocaine
kolaborasyon n collaboration
kolar n collar
kolehiyo n college
koleksyon n collection
kolekta v. t collect
kolektor n collector
kolera n. cholera
kolon n colon
kolonyal a colonial
kolonyal n colony
kolter n colter
komander n commander
kombertihin v. t convert
kombiksyon n conviction

kombinasyon n combination	**konklusyon** n. conclusion
komedyante n. comedian	**konkresensya** n. concrescence
komentaryo n commentary	**konkreto** n concrete
komersyal a commercial	**kono** n. cone
komersyo n commerce	**konpirmado** a affirmative
kometa n comet	**konseho** n. council
komikal a comical	**konsensya** n conscience
komiko a comic	**konsepto** n concept
komiks n comic	**konserbatibo** a conservative
komisyon n. commission	**konserto** n. concert
komisyoner n. commissioner	**konsiderasyon** n consideration
komite n committee	**konsilor** n. councillor
komonwelt n. commonwealth	**konsolidasyon** n consolidation
kompanya n. company	**konspektus** n. conspectus
komperensiya n. parley	**konsulta** v. t consult
komperensiyahin v.i parley	**konsultasyon** n consultation
kompetisyon n. competition	**konsumo** v. t consume
kompirmasyon n confirmation	**kontak** n. liaison
kompiyansa n. trust	**konteksto** n context
komplik n. conflict	**kontinental** a continental
komplikado v. i conflict	**kontinente** n continent
komplikasyon n. complication	**kontra** pref. contra
kompormiso n compromise	**kontradiksyon** n contradiction
komportable a comfortable	**kontrahin** v. t contradict
komposisyon n composition	**kontrasenyas** n. watchword
kompositor compositor	**kontrata** n contract
komprobante n. voucher	**kontratao** n. misanthrope
komunidad n. community	**kontribusyon** n contribution
komunismo n communism	**kooperasyon** n co-operation
kondema v. t. condemn	**koordinasyon** n co-ordination
kondesa n. countess	**kopa** n. goblet
kondisyon n condition	**koponan** n. team
konduktor n conductor	**koprologo** n. coprology
kondyanktor n. conjuncture	**kopyahin** v.t. xerox
koneksyon n connection	**korbel** n. corbel
kongreso n congress	**kordero** n. lamb

koreksyon n correction
koridor n. lobby
Korintya n. Corinth
Korneta n. clarion
Korneta n. cornet
kornya n cornea
koro n choir
korona n crown
koronasyon n coronation
koronel n. colonel
korpiyu n curfew
corporal a corporal
korporasyon n corporation
korte n. court
kortesano n. courtier
kosmetiko n. cosmetic
kosyente n. quotient
kota n. quota
koton n. cotton
kotse n. car
kraker n cracker
krambo n. crambo
kredito n credit
kredo n creed
krema n cream
kriket n cricket
krimen n crime
criminal a criminal
crimson n crimson
krisis n crisis
Kristiyano n Christian
Kristo n. Christ
kritikal a critical
kritiko n critic
kritisismo n criticism
kromo n chrome

krosing n. intersection
krus n cross
krusada n crusade
krusipiho n. rood
kubet n. cuvette
kubikal a cubical
kubkubin n. siege
kubo n cottage
kubrekama n. coverlet
kudigo n. cheat
kudlit n. apostrophe
kudrado n. square
kuko n claw
kulamin v. t enchant
kulang n. lack
kulangan v.t. lack
kulantro n. coriander
kulasyon n fast
kulay n colour
kulay berde a saffron
kulay dalandan n. saffron
kulay ginto a. golden
kulay kayumanggi n brown
kulay rosas a. pinkish
kulay-abo a. grey
kulayan v.t. tint
kulay-kastanyas n. chestnut
kulebrang-tubig n. ringworm
kulisap n. bug
kulisap n. insect
kuliti n. stye
kulo n boil
kulog n. thunder
kulot n. curl
kultihan n. tannery
kulto n cult

cultural a cultural
kuluan n boiler
kulubot a. rugged
kulubutin v.t. crimple
kulugo n. wart
kulungan n. prison
kumakain ng tao n. androphagi
kumalansing v.i. jingle
kumalantog v.i. rattle
kumanyon n. v. & t cannonade
kumapal v.i. thicken
kumapit v. i. cling
kumastigo v. t. castigate
kumatawan v. t delegate
kumatha v.t. mint
kumatok v.t. knock
kumaway v.t. waft
kumbento n. abbey
kumbento n. cloister
kumbento n convent
kumbinsi v. t convince
kumikinang adv. aglow
kuminang v.i. glitter
kumisap v.t flicker
kumisap v.i. wink
kumislap v.i. spark
kumita v. t earn
kumita v.t. gain
kumot n. bedding
kumot n blanket
kumot n. linen
kumot n. sheet
kumpay n fodder
kumpisal v. t. confess
kumpleto a absolute
kumpleto a. all

kumpleto a complete
kumpunihin n. repair
kumukulo v.i. boil
kumukulong putik n. lava
kumulo v.i. seethe
kumulog v.i. thunder
kumunidad n. settlement
kumunoy n. quicksand
kumupas v.t. tarnish
kumurap v.i. twinkle
kumurot v. pinch
kumutya v.i. gibe
kuna n cradle
kunan v.t. strip
kuneho n. rabbit
kung conj. if
kunin v.t fetch
kunot n. wrinkle
kuntento n. content
kunwa n sham
kunwari v.t. assume
Kupido n Cupid
Kupkupin v.t harbour
kupon n. coupon
kupula n dome
kuraan v.i. picnic
kurales n coral
kurap v. t. & i blink
kurap n flicker
kurap n. twinkle
kurbada n. loop
kurikulum n curriculum
kuripot a. miserly
kurkuma n. curcuma
kurso n. course
kurtidor n. tanner

kurtina n curtain
kuruktok n coo
kurutin v.t nip
kuryente n current
kusa adv. voluntarily
kusang loob a. voluntary
kusina n. kitchen
kusinero n cook
kuskus n rub
kuskus-balungus n. fuss
kuskusin v.t. rub
customer n customer
kuta n. fort
kutang-tanggulan n. fortress
kuting n. kitten
kuto a. loose
kutsara n. spoon
kutsarain v.t. spoon
kutsilyo n. knife
kutson n. mattress
kutya n gibe
kutya n. ridicule
kutyain adj mock
kuwadra n. stall
kuwadrado a. & n. quadrilateral
kuwak n quack
kwadrature a. neap
kwago n. owl
kwakerya n. quackery
kwarto n. cabin
kweba n. cave
kwentas n. necklace
kwento n. story
kwerdas n. chord
kwinenta v. t. calculate
kworum n. quorum

Dd

Daanan n. passage
daang salimuot n. labyrinth
daang taon n. century
daang-yungib v.i. tunnel
daga n. rat
dagat n. sea
dagdag n. addition
dagdag bayad n. surcharge
dagdagan n. amendment
dagim n. nimbus
dagok n. shock
dagundong n. rumble
dagundungan v.i. rumble
dahas n. violence
dahil conj. because
dahil sa a due
dahilan n. cause
dahiligan v.i. slope
dahon n. leaf
daig n rout
daigdig n earth
daigin v.t. outshine
daing n groan
daing n. lamentation
dais n cube
dakila a. great
dakilain n laud
dakong kanluran a. western
dakong timog a. southern
dakpin v.t. apprehend
dala n bear
dalaga a. chaste
dalaga n virgin

dalagang marikit n. sylph
dalagat binata a. adolescent
dalaginding a maiden
dalagita n. wench
dalamhati n. grief
dalampasigan adv. ashore
dalandan n. orange
dalanghita a orange
dalas a busy
dalas n. frequency
dalaw n. visit
dalawa a. two
dalawahan a dual
dalawampu a. twenty
dalawang aksis adj biaxial
dalawang angulo adj. biangular
dalawang beses adv. twice
dalawang lingo n. fort-night
dalawang litra adj biliteral
dalawing malimit v.t. haunt
dalawit n. implication
dalayap n. lime
daldalero n. magpie
dalhin v. t. convey
daliri n finger
daliri ng paa n. toe
dalisay a pure
dalisay a. sheer
daloyan n continuity
dalubbuhay n biologist
dalubhasa a. excellent
dalubhasa n expert
daluyong n. surge
dam n dam
dama n. dame
dambana n. shrine

dambong n plunder
dambuhala n. mammoth
damdamin n. sentiment
dami n multiple
dami ng libro n book-worm
damit v. t clothe
damit na manligo n. midriff
damitan n dressing
damo n grass
dampa n. hut
dampa a. shanty
damtan n. cover
damuhan n. lawn
damuhan n. lea
dangal n. honour
dangalin v.t dignify
dangdangin v.t. scorch
dangkal n. span
daong n anchorage
dapat n. must
dapat maging a. would-be
dapatin] v. must
darakila a. sublime
darating a. forthcoming
darating n. offing
dasal n. prayer
daster n duster
dasto n. trace
dati a former
datihan adv formerly
dating pron former
daungan n. port
daya n deceit
dayagram n diagram
dayal n. dial
dayami n. hay

dayaming latag n. mulatto
dayap n. lime
days n. dice
dayuhan n. stranger
debosyon n devotion
deboto n devotee
dedal n. thimble
dedikasyon n dedication
dekada n decade
dekano n. dean
deklara v. t. certify
deklarasyon n declaration
dekorasyon n brocade
dekorasyon n decoration
delana n woollen
delegado n delegate
delegasyon n delegation
deliberasyon n deliberation
delikado a. risky
demerit n demerit
demokrasya n democracy
demokratiko a democratic
demonyo n. demon
dengge n. dengue
densidad n density
dentist n dentist
departamento n department
depekto n defect
depende a conditional
depensa n defence
deponente n. deponent
deposito n. deposit
deputasyon n deputation
desepsyon n deception
decimal a decimal
desisyonan n. arbitration

destino n destiny
desyerto n desert
detalye n detail
detalyeng litaw n feature
determinado a. adamant
di ayon sa batas n. irregularity
di pa magulang a. immature
di sa gitna adj acentric
di-abot n. pl. shorts
di-akalain a accidental
dibdib n bosom
dibdib n chest
dibisyon n division
diborsiyo n divorce
di-dapat a. improper
di-direkta v.t. misdirect
di-eksakto a. inexact
di-galawin v.t. crankle
digma n. war
digmaan v. i. battle
digmaan v.i. war
dignidad n dignity
di-gusto n animus
diin n emphasis
diin n. stress
diin n press
di-inaasahan n emergency
diinan v.t. press
diinan v.t stress
di-interesado n. apathy
di-ipinahihintulot a. illicit
di-isama v. t exclude
di-kaayon a. inimical
di-kailangan a. needless
di-kanais-nais n abasement
di-karaniwan a fantastic

di-karaniwan a. odd
di-kasal n agamist
di-kasal a. premarital
di-kasama a exempt
di-kasiya-siya a. disagreeable
di-katulad prep unlike
di-kaugnay ng a. irrespective
di-kawawa a. pitiless
di-kaya a. unable
dikit n. adhesion
di-kita a. latent
dikitan v.t. paste
diktador n dictator
dila n. tongue
di-lasing a. sober
di-lasing a. teetotal
dilat n. goggles
dilaw n bisque
dilaw n. turmeric
dilema n dilemma
dilenyante a draftsman
dilim n dark
di-lumalagpak a consistent
di-lumukso n. mid-off
di-maaari a. inapplicable
di-maayos n. chaos
di-mababawi a. irrecoverable
di-mabasa a. illegible
di-mabilang a. countless
di-mabuti n ill
di-mabuti a. unwell
di-magkabagay v.t. mismatch
di-magkahusto n. misfit
di-magkamayaw adv. pell-mell
di-magkapareho a dissimilar
di-magkatulad n disparity

di-mahahati a. indivisible
di-mahal a. inexpensive
di-mahalaga a. insignificant
di-mahalaga a. trivial
di-makakita n blindness
di-makapagbata a. intolerant
di-makaramdam a. insensible
di-makasarili a. selfless
di-makatao a. inhuman
di-makatarungan a. unjust
di-makatulog a. wakeful
di-makita a. invisible
di-malaki n. little
di-malalabag a. inviolable
di-malinaw a. ambiguous
di-malinaw a. indistinct
di-mapagaling a. incurable
di-mapalagay a. restive
di-mapaniwalaan a. incredible
di-mapasok a. impenetrable
di-mapasuko a. indomitable
di-mapuna v.t. overlook
di-marinig a. inaudible
di-marunong n churl
di-masalita a. taciturn
di-masukat a. immense
di-masupil a. unruly
di-matapat a disloyal
di-matapat n. insincerity
di-matatanggihan a necessary
di-materya a. immaterial
di-matinag a. immovable
di-matino a. indiscreet
di-matitiis a. intolerable
di-matunaw n. insoluble
di-matutulan a. indisputable

di-matutularan a. inimitable	**di-panatag** a. insecure
di-matutunaw a. indigestible	**di-pansinin** v.t. ignore
di-mawala a. imperishable	**diperensya** n difference
di-moral a. amoral	**di-personal** a. impersonal
di-moral a. immoral	**di-pinaiiral** a. inoperative
din adv. too	**di-pinansin** v. t disregard
dinadagdagan v. t boost	**diploma** n diploma
dinadamdam v.t feel	**diplomasya** n diplomacy
dinadaya v.t blackmail	**diplomatiko** a diplomatic
dinagdag n complement	**di-propesyunal** n. amateur
di-nagiisip adj. acephalous	**di-pumusta** v.t. abet
di-nagpakita v.t absent	**direksyon** n direction
di-nakikipagtalik n. celibacy	**direkta** a direct
di-nakikipagtalik n. celibacy	**direktahin** v. t direct
dinala v. t bring	**director** n. director
dinala v. t. carry	**direktoryo** n directory
di-nalalagpak n. consistence	**diretso** a downright
dinamiko a dynamic	**di-sakto** a. unreliable
dinamita n dynamite	**di-sang ayon** prep. against
dynamo n dynamo	**di-sapat** a. insufficient
di-nanotahan v. i denote	**di-sapilitan** a. optional
di-napadedein v. t ablactate	**disenterya** n dysentery
di-nararapat a. impertinent	**disenyo** n. design
di-nasisiyahan n malcontent	**disenyo** n. sketch
di-nasiyahan v. t. dissatisfy	**disenyuhan** v.t. sketch
dinastiya n dynasty	**disgrasya** n collision
di-natatakot n. intrepidity	**disgrasya** n. misadventure
dinaya v.t hoax	**di-sinabi** a. tacit
dingal n. pageantry	**di-sinasadya** a. incidental
dingdingan v.t. wall	**disiplina** n discipline
dini adv. hither	**disiplinang militar** n. martinet
di-nirespeto n contempt	**disisyon** n decision
di-normal a abnormal	**diskriminasyon** n discrimination
di-pagpapatibay n disapproval	**dismissal** n dismissal
di-pagsasama n. misalliance	**distansya** n distance
di-pagtibayin v. t disapprove	**disteleriya** n distillery

distilador n. still
distilahin v. t distil
distribusyon n distribution
distrito n district
di-sumuporta v. t. boycott
Disyembre n december
di-tama v.t. misappropriate
di-tamaan v.t. miss
di-tapat a. insincere
di-tapat a unfair
di-tinatablahan a. immune
di-tiniwalaan v.t. mistrust
di-tiyak a equivocal
di-tiyak a. incalculable
di-tiyak a. indefinite
di-tiyak a. uncertain
dito here
di-totoo a false
di-tuwid ang lakad v. i. dabble
di-tuwiran a. indirect
di-uhaw adj. athirst
di-umingay v.t. lull
di-wasto a. incorrect
di-wastong gawi n. malpractice
diwata n fairy
diyabetes n diabetes
diyablin n. javelin
diyablo n devil
diyagnosis n diagnosis
diyaket n. jacket
diyakono n. deacon
diyalogo n dialogue
diyamante n diamond
diyametro n diameter
diyan adv. there
diyesmahin v.t. decimate

diyesmo n. tithe
diyesta n. deist
diyeta n diet
diyoker n. joker
diyos n. godhead
diyunyor n. junior
doble a double
dogmatiko a dogmatic
doktor n doctor
doktrina n doctrine
dokumento n document
dolyar n dollar
domestika n domestic
dominado a. henpecked
dominahan v. t dominate
dominante a dominant
dominasyon n domination
donante n donor
donasyon n. donation
dosena n dozen
dosis n dose
dragon n dragon
drama n drama
dramatista n dramatist
droga n drug
drower n drawer
drowing n drawing
duda n doubt
dudahan v. i doubt
dugo n blood
dugtong v.t. annex
dugtong n. serial
dugtongan v. i. continue
dugtong-dugtong a. serial
dugtungan v. t. connect
dukhang-dukha a. penniless

dukutin v.t. kidnap
dulang katatawanan n. skit
dulas n skid
dulo n. tip
dulong matulis n. nib
dulse n sweet
dulugan n. recourse
dulugan v.i. resort
duluhan n extreme
dulus n. trowel
dumadalamhati n. mourner
dumadaloy v.i. circulate
dumagsa v.t besiege
dumaing v.i. groan
dumalamhati n. mournful
dumalaw v.t. visit
dumaldal v.i. gabble
dumaldal v.i. prattle
dumalo v.t. attend
dumaplis n graze
dumapo v.i. perch
dumating v.i. arrive
dumi n dirt
dumi n filth
dumi n. squalor
dumi ng tuberiyas n. sewage
dumulas v.i. skid
dumulas n slide
dumuong v.t moor
dungis n blemish
dungis n. stigma
dungisan n. defile
dungisan v.t. soil
dunong n. intellect
dunong n. wisdom
duplikado n duplicate

dura n. sputum
dura n spit
duraan v.i. spit
durog a. mealy
durog n smash
durugin v.t. shatter
duruin v.t. pierce
dusa n distress
duwag n. coward
duwal n. nausea
duwelo n duel
duwende n elf
dyet n. jet

Ee

Ebakwasyon n evacuation
ebanghelyo n. gospel
ebano n ebony
ebergrin n evergreen
ebidensya n evidence
ebiksyon n eviction
ebulusyon n evolution
edad n. age
edisyon n edition
editor n editor
editorial a editorial
edukado v.t civilize
edukahin v.t educate
edukasyon n education
edukasyon n. literacy
ego n. pride
egotismo n egotism
ehe n. axle
ehersisyo n. exercise

ehersisyo n. practice
ekipo n. tackle
eklipse n eclipse
ekonomiko a economical
ekonomiya a economic
ekonomiya n economy
eksakto a exact
eksakto a. perfect
eksaktuhin v.t. perfect
eksamin v. t examine
eksaminasyon n. examination
eksena n. scene
ekshibit n. exhibit
eksibisyon n. exhibition
ekslusibo a exclusive
ekspektasyon n. expectation
eksperimento n experiment
eksperto a expert
ekspresyon n. expression
eksre n. x-ray
ekstra a extra
ekstrabagansa n extravagance
ekstranghero adj alien
ekstrimista n extremist
ektarya n. acreage
ekwador n equator
elastiko a elastic
eleksyon n election
elektorado n electorate
elektrika a electric
elektripikahin v. t electrify
elektrisidad n electricity
elementarya a elementary
element a compound
element n element
elemento sa adj. constituent

elepante n elephant
elihiya n elegy
elikwot n. aliquot
eliminasyon n elimination
elokwente a eloquent
elusion n elusion
embahada n embassy
embahador n. attache
embalsamahin v. t embalm
emerald n emerald
eminans n eminance
emosyon n emotion
emosyonal a emotional
emparedado n. sandwich
emparedaduhan v.t. sandwich
empatiko a emphatic
emperador n emperor
emperatris n empress
empleyado n employee
employer n employer
employment n employment
empresa n enterprise
enanilyo n. midget
enerhiya n. energy
ensalada n. salad
ensayo n. rehearsal
ensiklopedya n. encyclopaedia
entomolohiya n. entomology
entreswelo n. mezzanine
epekto n effect
epidemya n epidemic
epigram n epigram
epiko n epic
epilepsiya n epilepsy
eredero n. heir
ermita n. hermitage

ermitanyo n. hermit
eronotika n.pl. aeronautics
eroplano n. aeroplane
eroplano n. plane
esensyal a essential
eskinita n. alley
eskolar a academic
eskosis a. scotch
eskultor n. sculptor
eskultura n. sculpture
eskultural a. sculptural
eskursiyon n. excursion
eskwela n. pupil
espadin n. rapier
espanero n. spanner
Espanyol a. Spanish
Espanyol n. Spanish
Espasyo n. space
Espayral a. spiral
espekulasyon n. speculation
espesipiko a concrete
espesyal a especial
espesyal a. special
espesyalidad n. speciality
espesyalista n. specialist
espikana n. spinach
espiritista n. spiritualist
espiritu n. manes
espiritu n. spirit
espiritwal a. spiritual
espiritwalidad n. spirituality
espiritwalismo n. spiritualism
espisimen n. specimen
espisipikasyon n. specification
espiya n. spy
espiyahan v.i. spy

espongha n. sponge
estadista n. statesman
estado n. state
estambre n. worsted
estarsidorahin v.i. stencil
estatiks n. statics
estatistika n. static
estatistika n. statistics
estatistikal a. statistical
estatistiko n. statistician
estatulo n. statute
estatwa n. statue
esteralisasyon n. sterilization
estereotipo n. stereotype
esterilisahin v.t. sterilize
estern a eastern
estesyonaryo a. stationary
estiketa n. sticker
estratehiya n. strategy
estribo n. stirrup
estudyante n. student
etikal a ethical
etiketa n etiquette
etikita n. label
etikitahan v.t. label
etiko n. ethics
etimolohiya n. etymology

Gg

gabara n. barge
gabay n buoy
gabay ng astrologo n. asterism
gabay ng magulang a. parental
gabayan v.t. guide

gabayan n. guide
gabi n evening
gabi n. night
gabilya n baton
gabitasyon v.i. gravitate
gagad n mimic
gagamba n. spider
gagamitin v.t. accustom
gahasa n. rape
gahasain v.t. rape
galak n delight
galak n. glee
galaksiya n. galaxy
galante n gallant
galanteriya n. gallantry
galapong n. meal
galaw n. move
galawin v.i. motion
galbanisahan v.t. galvanize
galeriya n. gallery
galerya n arcade
galing v.i excel
galis n. scabies
galit n. wrath
galitin v. t displease
gambalain v.t. perturb
gamit n. use
gamitan n. utilization
gamitin v.t. apply
gamitin v.t. utilize
gamot n. medicament
gamutin v. t. cure
gamutin v.i. heal
gana n. appetite
ganap a. prevalent
ganap-na ganap adv. utterly

ganda n beauty
gang n. gang
gangster n. gangster
ganid sa laman n. libertine
gansa n. goose
ganti n. revenge
gantihan a. reciprocal
gantihan v.t. recompense
gantimpala n. reward
gantimpalaan v.t merit
ganyakin v motivate
ganyan pron. such
gapang n crawl
garahe n. garage
garantiya n. guarantee
garapata n. tick
garing n. ivory
garter n. garter
garwahe n chaise
gas n. gas
gaseta n. gazette
gasgas n bruise
gasgasin n. fret
gasket n. gasket
gastos n expenditure
gastos n. expense
gastriko a. gastric
gasulinador n. throttle
gasulinahan v.t. throttle
gatas n. milk
gatas ng hayop n buttermilk
gatasan v.t. milk
gatilyo n. trigger
gatong n. fuel
gawa n make
gawaan v. t. construct

gawaan n. workshop
gawaan ng paso n. china
gawain n. task
gawaing-kamay n. handicraft
gawaing-sining n. handiwork
gawin sa v.t. adhibit
gawing balakyot v. t. corrupt
gawing detalyado v. t elaborate
gawing huwaran v.t. model
gawing kandila v.i. taper
gawing kwadrado v.t. square
gawing mahirap v. t complicate
gawing makatao v.t. humanize
gawing marami v.t. accrete
gawing pertil v.t fertilize
gawing suka v. acetify
gawing triplikado v.t. triplicate
gaya a. mimic
gaya lang sa bato a projectile
gaya ng a. like
gaya ng bato n. projectile
gaya ng ina a. motherlike
gaya ng tao a. manlike
gayahin v.t. imitate
gayakan v. t deck
gayon a. such
gayon din adv. withal
gayunman conj however
gayunman adv. nonetheless
gerilya n. guerilla
gibain v. t destroy
gibain v.t. ruin
gilagid n. gum
gilid n edge
gilingan n. grinder
giliw a dear

ginagawa n. activity
ginalugad v.t explore
ginamit v.t. use
ginanap v.t. utter
ginang n. lady
ginang n.. missis, missus
ginarantiya v.t guarantee
ginasgasan v.t. fret
ginawa v. t. commit
ginawa v.t. make
ginhawa n. relief
ginhawaan n. mitigation
ginhawaan v.t. relieve
ginising v.t. awake
ginoo n. mister
ginoo n. sir
ginto n. gold
ginulo v.t. jumble
girape n. giraffe
giray n. stagger
giri n strut
girnalda n. garland
girnaldahan v.t. garland
gisantes n. pea
gising a coherent
gising n wake
gising na diwa a conscious
gitara n. guitar
giting n. valour
gitna a. middle
gitnang lipunan n. gentry
glandula n. gland
glaucoma n. glaucoma
glayder n. glider
gliserina n. glycerine
globo n. globe

gloripikasyon n. glorification	**gulo** n. trouble
glorya n. glory	**gulod** n. slope
glosaryo n. glossary	**gulogud** n. backbone
glukosa n. glucose	**gulong** n. roll
gobernador n. governor	**gulong** a. wheel
gobyerno n. government	**gulong-gulo** a. frantic
golp n. golf	**gulpi** n. maul
golpe n. stroke	**gulpihin** v.t maul
goma n. rubber	**gulugod** n. spine
gora n coif	**guluhin** v. t disturb
graba n. pebble	**guluhin** n. harassment
grabeng galak v. t beslaver	**guluhin ang issip** v.t. puzzle
grabitasyon n. gravitation	**gumagala** n. rover
gramaryan n. grammarian	**gumagalaw** n. mover
gramatika n. grammar	**gumagapang** n creeper
gramo n. gramme	**gumala** v.i. roam
gramopon n. gramophone	**gumala** v.i. rove
Granada n. grenade	**gumaling** v.i. well
Grapika n. graph	**gumanap** v.i function
Grapiko a. graphic	**gumanap na tauhan** n. cast
grasa n grease	**gumanti** v.t. reciprocate
grasahan v.t grease	**gumaod** n. row
Griyego n. Greek	**gumapang** v. t crawl
groseri n. grocery	**gumapas** v.t. reap
gruesa n. gross	**gumasta** v. t expend
grupo n batch	**gumawa** v. t build
grupo n. group	**gumawa** v.t. manufacture
grutesko a. grotesque	**gumayak** v.t. bedight
gubat n forest	**gumayod** v.i. plod
guhit n draw	**gumiik** v.t. thrash
guhit n. stripe	**guminhawa** v. t ease
guhit ng bilog n. periphery	**gumiray** v.i. stagger
guhitan v.t. underline	**gumiri** v.i. strut
gulang ng alak n. vintage	**gumugulong na alon** n billow
gulatin v.t. startle	**gumuho** v. t crumble
gulay n. vegetable	**gumulong** v.i. roll

gumuri v.t. scrawl
gunamgunam n. reminiscence
gunamgunam n. retrospect
gunggung a. silly
gunita n. remembrance
gunting n. scissors
gurilya n. gorilla
guro n. pedagogue
gusali n building
gusali n edifice
gusberi n. gooseberry
gusto n. like
gusting n. liking
gustong mangyari v.i. aim
gustuhin v.t. like
gutayin v.t. mutilate
gutom n. appetite
gutom n hunger
guwantes n. glove
guwantes n. mitten
guwardiya v.i. guard
guwarnisyon n. harness
guya n. calf
gwapo a. handsome
gwardiya n bouncer

Hh

haba n. length
habaan v.t. lengthen
habag n. pittance
habang adv. meanwhile
habang conj. while
habilinan n. consignment
hadlangan v.t. impede

hagibis n. zip
haging n. whir
haka-haka n conjecture
hakain v.t. presuppose
hakbang n pace
hakbang n. step
hakbangan v.i. step
hake n. stalemate
halaga n. value
halaga ng selyo n. postage
halagahan v.t. rate
halagahin v.t. value
halakhak n. laugh
halaman n. plant
halaman ng sili n capsicum
halamang lentil n. lentil
haligihann v.t. post
hali-halili a. successive
halik n. kiss
halikan v.t. kiss
halikwat na tinda n rummage
halimaw n beast
halimaw n. monster
halos mamatay adj. alamort
halu n scramble
halughugin v.t. ransack
halu-haluin n. shuffle
haluin v. t. & i. churn
haluin n. jumble
haluin v.i. scramble
hamakin v. t. debase
hamakin v.t. vilify
hambog a. vainglorious
hamog n. dew
hamog na nagyelo n. frost
hampas n strike

hampasin v.t. strike	**hatol** n. sanction
hampasin v.i. thud	**hatulan** v. t. convict
hampaslupa n. rogue	**hatulan** v. t. doom
hampaslupa n. vagabond	**hawak** n clutch
hanapin v.t. seek	**hawak** n. hold
hanay n cue	**hayop** n. animal
handicap n handicap	**hayupan** n fauna
hanga n. admiration	**helmet** n. helmet
hangaan v.t. admire	**henerasyon** n. generation
hangaan sa n. admiral	**henyo** n. genius
hangad n. mean	**heograpikal** a. geographical
hanggan sa adv consecutively	**heograpiko** n. geography
hangganan n. demarcation	**heograpo** n. geographer
hangganan v. t determine	**heologiko** a. geological
hangganan a. marginal	**heologo** n. geologist
hanggang prep. till	**heolohiya** n. geology
hanggang saan n bout	**heometriko** a. geometrical
hangin n air	**heometriko** n. geometry
hangin n. wind	**herarkiya** n. hierarchy
hanging malakas n. gale	**heringga** n. syringe
hapitin v.t. strain	**heringilyahan** v.t. syringe
hapunan n dinner	**Herkuleo** a. herculean
harang n block	**Hermen** n embryo
harangan v.t. intercept	**hibla** n fibre
harapan n facade	**hibrido** a. hybrid
haraya n fancy	**hibrido** n hybrid
harden n. garden	**hidroheno** n. hydrogen
hardinero n. gardener	**hidwaan** n. disagreement
hari n. king	**higante** n. giant
harina n flour	**higante** n. vengeance
hasik n. sow	**higanti** v.t. revenge
hasmin n. jasmine, jessamine	**higit** a. far
hati n. half	**higit** a. more
hati n. partition	**higpitan** v.t. tighten
hatid n delivery	**higtan ang tawad** v.t. outbid
hating-taon n. semester	**hika** n. asthma

hikab v.i. yawn	**hindi** a. no
hikayat n. persuasion	**hindi kailanman** adv. never
hikayat n. inducement	**hindi pa** adv. hitherto
hikayatin v.t. induce	**hingal** n. gasp
hikbi n sob	**hingal** n. pant
hila n drag	**hingin** n demand
hila n. pull	**hinigaan** v.i lie
hilaga a north	**hinihingi** v. t demand
hilagang a. northern	**hinimatay** n breakdown
hilahin v. t drag	**hininga** n breath
hilik n snore	**hinintay** v.i. linger
hiling sa n. keepsake	**hinintay** v.i. wait
hilingin v.t. require	**hiniram** v. t borrow
hilo a. giddy	**hinlalaki** n. thumb
hilot n. midwife	**hinlalakihan** v.t. thumb
himasin v.t. stroke	**hinog** a ripe
himatayin v.i faint	**hinog na hinog** a. mellow
himig n lay	**hintay** n. wait
himig n. lyric	**hintuturo** n forefinger
himnastiko a. gymnastic	**hinuli** v. t. catch
himnasya n. gymnastics	**hyperbole** n. hyperbole
himnasyo n. gymnasium	**hipnotisahin** v.t. hypnotize
himpapawid n ether	**hipnotismo** n. hypnotism
himpilan v.t. station	**hipo** n touch
himukin v. t encourage	**hipokriseya** n. hypocrisy
hinaharap a. future	**hipokrita** n. hypocrite
hinahon a. moderate	**hipokritikal** a. hypocritical
hinakit n burden	**hipotesis** n. hypothesis
hinala a. suspect	**hipotetikal** a. hypothetical
hinala n. suspicion	**hira** n. outing
hinalo v. t blend	**hirap** n difficulty
hinanakit v. t burden	**histerikal** a. hysterical
hinang n weld	**histerya** n. hysteria
hinarang v.t block	**hita** n foreleg
hinawakan v.t handle	**hitso** n betel
hindi adv. not	**hitsura** n appearance

hiwa n cut
hiwaan v.t. slice
hiwaga n enigma
hiwagin v.t. mangle
hiwa-hiwain ang v. t. carve
hiwain v.t. slit
hiwalay a. separate
hiwalayin v.t. separate
hiwatig n. inkling
hiya n. shame
hiyain v. t embarrass
hiyasan v.t. jewel
hiyawan n. hubbub
hiyena n. hyaena, hyena
holtikultura n. horticulture
homyopata n. homoeopath
homyopatiya n. homeopathy
horda n. horde
hotel n. hotel
hubad a. bare
hubad a. bold
hubaran v.t. denude
hubileo n. jubilee
hubut hubad a. naked
hubut-hubad a. nude
hudikatura n. magistracy
Hudyo n. Jew
hugas n wash
hugasan v. t cleanse
hugasan n flush
hugis n figure
hugis n. outline
hugis n. shape
hugis kapsula adj capsular
hugis ng mukha v.t. profile
hugis puso adj. cordate

hugisan v.t figure
hugisan v.t. outline
hugisan v.t shape
hugis-tainga adj. auriform
hukay n dig
hukay n. pit
hukayan v.t. pit
hukayin v. t. excavate
hukbo n. host
hukbo n. legion
hukbo n military
hukbong-dagat n fleet
hukbong-dagat n. navy
hukom n. judge
hukuman n. judicature
hula n. guess
hulaan v.t forecast
hulaan v.t. prophesy
hulapi n. suffix
huli adj. belated
huli a final
huli n last
huli a. latter
hulihan v.t. rear
hulihin v.t. nab
hulihin v.t take
huling sabi n. ultimatum
hulmahan a. last1
hulog n fall
hulogan n. instalment
huluin v.t. infer
humabi v.t. weave
humaging n.i. whirl
humaginit v.t. zip
humalili v.t. substitute
humalimhim v.i. incubate

humalinghing v.i. neigh
humaluyhoy v.i. whine
humanga v.t. amaze
humangin v.t. wind
humapon v.i. roost
humarap v.t face
humarap v.t front
humawak v.t hold
humawak v.t. wield
humihingi v. t. beg
humikab n. yawn
humikbi v.i. sob
humiklab v.i. gape
humilig v.i. incline
huminahon v.t. moderate
huminga v.i. respire
humingal v.i gasp
humingal v.i. pant
humipo v.t. touch
humulaw v.t. abate
humuni v. i cheep
humupa n. abatement
huni ng tupa n bleat
hurado n. juror
huramentado adv. amuck
hurita n. jurist
hurno n. kiln
hurno n. oven
hurrah! interj. hurrah
hustipikasyon n. justification
hustisya n. justice
huthutan v.i. profiteer
huwad a. counterfeit
huwad a. spurious
Huwebes n. Thursday

Ii

iangkop v.t. adapt
iapat ang paa v.t. quadruple
iasenso v.t. promote
iayos v.t file
iba a different
iba pa a else
ibaba v.t. base
ibabad v.t. soak
ibabaw n. surface
ibagsak v.t. slam
ibahin v. t. change
iba-iba a several
ibalik v.t. restore
ibalik sa dati v.t. reinstate
ibang bansa adv abroad
ibanghay v.t. & i. conjugate
ibat-iba a. various
ibig sabihin n. meaning
ibigay v.t. render
ibilanggo v.t. imprison
ibintang v.t. impute
ibinuon v.i. grapple
ibitin v.t. hang
ibon n bird
ibong europeo n. jay
ibong kukko n cuc oo
ibukod v.t. isolate
ibukod v.t. seclude
ibukod v.t. segregate
ibulsa v.t. pocket
ibunga n. produce
ibunsod v.t. launch
ibunton v.t heap

ibuyo v.t. incite	**ihalal** v. t elect
idahilan v.t. ascribe	**ihalintulad** v. t compare
idamay v.t. incriminate	**ihanay** v. t co-ordinate
idambana v. t enshrine	**ihanda** v. t equip
ideklara v. t. declare	**iharap** v.t. present
ideposito v. t deposit	**ihatid** v.t. usher
ideya n. idea	**ihaw** a roast
ideyal a. ideal	**ihawin** v.t. toast
ideyalismo n. idealism	**ihayag** v. t divulge
ideyalista n. idealist	**ihayag** v. t expose
ideyalistiko a. idealistic	**ihelera** v.t. rank
idinagdag v.t. add	**ihi** n. urine
idinagdag a. additional	**ihip** v.i. blow
idinisenyo v. t. design	**ihiwalay** v. t detach
idinoble v. t. double	**ihiwalay** a. secluded
idlip n. doze	**iho** n. son
idlip n. nap	**ihukom** v.i. judge
idoleytor n. idolater	**ihulapi** v.t. suffix
idolo n. idol	**ihuli** v.i. last
idyoma n. idiom	**iihaw** n. toast
igiit v.t. insist	**iisa** a. single
igik n. grunt	**ika anim** a. sixth
igiling v.t. mill	**ikaapat** v.t. quarter
iginuhit v. t. canvass	**ikabit** v.t fix
ignorante a. ignorant	**ikadalawampu** a. twentieth
igos n fig	**ikadalawampu** n twentieth
igrupo v.t. group	**ikahon** v. t encase
iguhit v. t describe	**ikalabimpito** a. seventeenth
iguhit ang daanan v.t. map	**ikalabindalawa** a. twelfth
iguho v. t. demolish	**ikalabindalawa** n. twelfth
igusto v.i. dehort	**ikalabing anim** a. sixteenth
iha n daughter	**ikalabing siyam** a. nineteenth
ihabla v.t. indict	**ikalabinsiyam** a. ninetieth
ihagis v.i bowl	**ikalabintatlo** a. thirteenth
ihagis v. t. eject	**ikalat** v. t bungle
ihagis-hagis n toss	**ikalat** v. t disperse

ikalat v.i. spread
ikalawa pron. other
ikalunghkot v.i. lament
ikandado v.t lock
ikapangatlo adv. thirdly
ikapareha v.t. mate
ikapito a. seventh
ikapitoumpu a. seventieth
ikapuri v. t. exempt
ikasal v.t. marry
ikasiyam a. ninth
ikatatlumpu a. thirtieth
ikatatlumpu n thirtieth
ikatlo n. third
ikatuwa v. t enjoy
ikinalat v. t bestrew
ikintal v.t. inculcate
ikinudkod v.t grate
ikiran n. reel
ikiran n. spindle
iklaro n clarification
ikonekta v. t. cable
ikot n cycle
ikot n. rotation
ikot n. vagary
ikulong v.t. pound
ikutan n. pivot
ilaan v.t. consecrate
ilaan v. t. dedicate
ilaan v.t. reserve
ilabas sa batas v.t outlaw
iladlad v.t. unfold
ilag n dodge
ilag n. parry
ilaga n. stew
ilagan v.t. parry

ilaganap v.i. proliferate
ilagay v.t. appoint
ilagay v.t. put
ilagay sa lugar v.t. position
ilambat v.t mesh
ilan a. some
ilang n bush
ilang bagay adv. something
ilantad v.t. produce
ilarawan v. t define
ilaw a. yellow
ilawan n. lamp
ilaya a. inland
ilegal a. illegal
ilibing v. t. bury
iligaw v.t. pervert
iligtas v.t. save
ilihis v. t divert
iliko v. t curve
ilimbag v.t. reprint
iling n wag
ilingin v.i. wag
ilipat v. t. endorse
ilog n. brook
ilog n. river
ilohikal a. illogical
ilong n. nose
ilubog v.t. immerse
ilug-ilugan n. rivulet
iluklok sa trono v. t enthrone
iluminasyon n. illumination
ilungan a. nosey
ilustrasyon n. illustration
ilusyon n. illusion
iluwas v. t. export
imahe n. image

imasahe v.t. massage
imbensiyon n. invention
imbentor n. inventor
imbestigahan v.t. investigate
imbestigahin v.t. probe
imbestigasyon n. investigation
imbitahan v.t. invite
imbitasyon v. invitation
imigrante n. immigrant
imigrasyon n. immigration
imitasyon a sham
imoralidad n. immorality
immortal a. immortal
imortalidad n. immortality
imortalisahin v.t. immortalize
impakto n fiend
impanteriya n. infantry
impasto n. indigestion
impeksiyon n. infection
imperatibo a. imperative
imperensiya n. inference
imperpeksyon n. imperfection
imperial a. imperial
imperyalismo n. imperialism
impit a. guttural
implasyon n. inflation
impluwensya n. influence
impormal a. informal
importante a. important
imposibilidaad n. impossibility
imposible a. impossible
imposisyon n. imposition
impostor n. impostor
impresyon n. impression
imprudensya n. indiscretion
impunidaad n. impunity

impyerno a. hell
imungkahi v.t. propose
imunidad n. immunity
imunisahin v.t. immunize
imus n. cape
ina n mother
inaarte n. acting
inaasahan a. prospective
inagurasyon n. inauguration
inahin n. hen
inakay n. nestling
inalipin v.t. enslave
inalis v abolition
inalmirulan v.t. starch
inalyas adv. alias
inamag v.t. mould
inamoy v.t nose
inampon n adoption
inang wika n. vernacular
inangat v.t. lift
inanonsyo v.t. announce
inantas v.t grade
inaresto v.t. arrest
inatake n. ambush
inaway v.i. quarrel
inay n. mamma
inayos v.t. adorn
inayunan v.t. grant
inbihilasyon n. invigilation
indigo n. indigo
indikador n. indicator
indikasyon n. indication
indikatibo a. indicative
Indiyan a. Indian
Industriya a. industrial
Industriya n. industry

Inersiya n. inertia
ingat n. precaution
ingatang-yaman n. treasury
ingat-yaman n. treasurer
ingaw v.i. mew
ingay n. noise
inggit v envy
inggitin v. t envy
ingkilino n. tenant
ingklinasyon n. inclination
Ingles n English
ingrato a. thankless
inheksyon n. injection
inhinyero n engineer
inilaglag n abortion
inilayo n abduction
inilayo v.t. avert
ining n. innings
ininsulto v.t. insult
inintriga v.t. intrigue
inip a. irritant
inip n. tedium
inisan a. loath
inisin v.t. stifle
inisyalan v.t initial
init n. heat
init ng n enthusiasm
iniugnay v. i collaborate
iniwan v. t. bequeath
iniwan a forlorn
inokulahan v.t. inoculate
inokulasyon n. inoculation
inom n drink
inosensya n. innocence
inosente a. innocent
insensaryo n censer

insenso n. incense
insulasyon n. insulation
insulto n. assault
insulto n. insult
insultuhin v.t. offend
insyatibo n. initiative
intablado n. scaffold
intablado n. stage
intension n. intention
intensyonal a. intentional
interasado a. interested
interbensiyon n. intervention
interesado adv avidly
interludyo n. interlude
intermedya a. intermediate
internasyonal a. international
interogasyon n. interrogation
interprete n. interpreter
interupsiyon n. interruption
interior a. interior
intimasyon n. intimation
intindihin v.t. understand
intoleransya n. intolerance
intriga n intrigue
introdusyon n. introduction
intwisyon n. intuition
inuman n. bar
inumin n beverage
inumin v. t drink
inumpisahan v. t commence
inuupahan v.t. sublet
ipaalam v. t disclose
ipababa v.t. avale
ipadala v.t. send
ipadala sa barko v.t. ship
ipagasta v.t. cost

ipagbawal a. progressive	**ipanuto** v.t. prescribe
ipagbawal n. suppression	**ipanuya** v.t. satirize
ipagbili v.t market	**iparehistro** v. t. book
ipagdalamhati n. mourning	**ipares** v.t. mate
ipagkanulo v.t. betray	**ipasaalang-alang** v.t. propound
ipagkatiwala v. t entrust	**ipasok** v.t. insert
ipagkumpara v.t. liken	**ipatakbo** v.t. manage
ipagpahagis-hagis v.t. toss	**ipatapon** v.t. deport
ipagpalagay v.t. suppose	**ipatupad** v. t. enforce
ipagpaliban v.t. postpone	**ipatupad** v. t execute
ipagpaliban v.i. procrastinate	**ipaunawa** v.t. intimate
ipagpalit v.t. barter	**ipilit** v.t. reinforce
ipagpatuloy v. t. chase	**ipinid** v.t. adjourn
ipagsama v.t. convolve	**ipiniid** n. adjournment
ipahalaga v. t estimate	**ipinintas** v. t. censure
ipahayag v. t. express	**ipis** n cockroach
ipahayag v.t. profess	**ipit** n clamp
ipahinog v.i mature	**ipitin** v. t crush
ipailalim n. subjection	**ipot** n dung
ipakahulugan v.t. interpret	**iprito** v.t. fry
ipakilala v.t. introduce	**iproklama** v.t. proclaim
ipakislap v.t flash	**ipu-ipo** n. whirlwind
ipakita v. t demonstrate	**ipukol** v.t. hurl
ipakita v. t display	**ipunin** v.t. gather
ipakita v.t. manifest	**iral** n co-existence
ipakita v.t. show	**irasyonal** a. irrational
ipalakas v. t. enfeeble	**irregular** a. irregular
ipalamang v.t. waive	**iresponsable** a. irresponsible
ipaliwanag v. t clarify	**irigasyon** n. irrigation
ipaliwanag v. t elucidate	**irita** v.t. annoy
ipamahagi v. t distribute	**iritabl** a. irritable
ipamahagi v.t. parcel	**iritasyon** n. irritation
ipamahala v.t. regiment	**Irlandes** a. Irish
ipangako v.t. pledge	**Irlandes** n. Irish
ipanilangan v.t. orientate	**Isa** a. one
ipantay v. t equate	**isa pa** a another

isaayos v.i. file
isaayos v.t. regulate
isabalikat v.t. shoulder
isabatas v. t enact
isabog v.t. strew
isagawa v. t do
isahin n amalgam
isa-isahin v. t. enumerate
isakatuparan v.t. implement
isakay at ihatid v.t. transport
isakdal v.t. impeach
isaksak v.t. thrust
isalab v.t. parch
isalansan v.t. stow
isalaysay v.t. recite
isalaysay v.t state
isali v.t. join
isalpok v. i. dash
isalya v.i. heave
isama v.t. append
isang art an
isang babae n doe
isang bagay pron. something
isang bahagi ng sistema n. acre
isang bituin n. loadstar
isang daloy n confluence
isang kulay a. monochromatic
islogan n. slogan
ispada n. sword
isport n. sport
isportsman n. sportsman
isputnik n. sputnik
istadyum n. stadium
istaka n. picket
istaka n stake
istakahan v.t. picket

istako n. spike
istante n. shelf
istasyon n. station
istensil n. stencil
istepol n. staple
istetoskop n. stethoscope
istoriko a. historic
istorya n. history
istoryador n. historian
istrikto a. strict
istudyo n. studio
isuiso n. qibble
isukat v.t measure
isulat v.t. inscribe
isulong v.t further
isuplong v. t denounce
isusi v.t key
itaas v.t. hoist
itabular v.t. tabulate
itagas v.i. leak
itagilid v.t. tip
itago v.t. keep
itagubilin v.t. recommend
itaguyod v.t. foster
itakda v.t. schedule
itakwil v.t. forswear
italaga v. t detail
italaga v.t. induct
itali v.t bind
italika n. italics
Italyano a. Italian
Italyano n. Italian
itaob v.t. upset
itapon v. t discard
itapon v. t exile
itatag v. t. establish

itawid v.t ferry
itayo v. t erect
itigil v. i. cease
itikwas v.i. tilt
itim a black
itinalaga v.t. assign
itinigil v. t abnegate
itinukod v. t. cane
itinulak v. t compel
itipon v.t file
itiwalag v. t depose
itiwalag v. t. excommunicate
itlog n egg
itlog ng isda n. roe
ito pron. it
itong huli lately
itotal v.t. compute
itsura n. guise
itulak v.t. propel
itulak v.t. push
itulak v.t. shove
itulot v. t enable
itunton v.t. train
ituro v.t. indicate
itusok v.t. inject
ituwid v.t. straighten
iugay v.t. refer
iugnay v.t. implicate
iukit v.t. infuse
iukol v. t devote
iupo v.t. seat
iupo v.t set
iutos v.t. will
iwan v. t. desert
iwan v.t. forsake
iwan n. leave

iwas n. avoidance
iwasan v.t. avoid
iwasan n bypass
iwasiwas v.i. swing
iwasto v. t edit
iyan a. that
iyan adv. that
iyan conj. that
iyon dem. pron. that
iyon a. younder
iyugyug v.t. dandle

LI

Laan n. allotment
lababo n. lavatory
labagin v.t. infringe
labaha n. razor
laban n fight
laban a. hostile
laban sa prep. versus
labanan v.t fight
labanda n. lavender
labandera n. laundress
labanderiya n. laundry
labanos n. radish
labas n. issue
labas n outside
labasan n. exit
labay n. skein
labi n. lip
labing anim n., a. sixteen
labing apat n. fourteen
labing dalawa n. twelve
labing dalawa n twelve

labing isa n eleven
labing lima n fifteen
labing pito n., a seventeen
labing siyam n. nineteen
labing tatlo n. thirteen
labing tatlo a thirteen
labing walo a eighteen
labirinto n. maze
labis na dosis n. overdose
labisan v.t. spare
labo a. lacklustre
laboratoryo n. laboratory
labster n. lobster
labu-labo n. melee
labusawin v.t. puddle
labwab n. slime
labyal a. labial
ladlad n display
lagakan n. repository
lagalag n. nomad
lagalag n. tramp
laganap a. rampant
laganapin v.t. pervade
lagapak n crash
lagari n. saw
lagariin v.t. saw
lagasaw n. ripple
lagay n. tip
lagay n tract
lagi adv always
lagitik n smack
lagitikin v.i. smack
laglag v.t fell
lakip n. insertion
laklakin n. gobble
laksatiba a laxative

laktato v.i. lactate
laktometro n. lactometer
laktosa n. lactose
lalagyan v. i. bag
lalagyan n. casing
lalaki n male
lalaking ikakasal n. bridegroom
lalaking kinapon n eunuch
lalaking usa n. stag
lalamunan n. throat
lalang n. ruse
lalaugan v.t gull
lalim n depth
lalinan v.t. vitiate
lalo pa adv more
lalong malayo a further
lamad n. membrane
laman n flesh
laman n. cote
laman ay n content
lamang v.t. advantage
lamang a. only
lamang sa adv. justly
lamang-loob n. entrails
lamay n overtime
lambak n. valley
lambat n. net
lambat-lambat n. network
lamig n cold
laminahin v.t. laminate
lamok n. mosquito
lamon n glut
lampa a. ungainly
lampas adv. beyond
lampas n over
lampas na lagak n. overdraft

lampasuhin v.t. mop
lamunin v. t devour
lamyos n. endearment
lana n. wool
lanaw n. lagoon
lanaw n. pond
langaw n fly
langay langayan n. lark
langay-langayan n. swallow
langgam n ant
langis n. oil
langit n. heaven
langit n. sky
langoy n swim
lanot n ivy
lansa n. lance
lansadera n. shuttle
lanseta a. lancet
lantaran adv. openly
lantay adv. straight
lantsa n. launch
lantutay n. idler
lapad n. width
lapastanganin v.t. profane
lapatan v.t. impose
lapis n. pencil
lapisin v.t. pencil
lapitan n. approach
lapitan v.i. near
lapso n lapse
larawan n. portrait
larawang-diwa n. imagery
larawanin v.t. visualize
laro n. game
laro n. play
larong haki n. hockey

laruan n. toy
lasa n flavour
lasahan v.t. relish
lasenggo n drunkard
laslas n slash
laso n. ribbon
lason n. poison
lasonin v.t. poison
lata n. tin
latagan ng bato v.t. pave
latahin v.t. tin
latak n. lee
latak a. residual
latak n. sediment
latayan v.t. stripe
latian n. marsh
latiguhin n lash
latiko n. switch
latitud n. latitude
latonero n. tinker
laureado a. laureate
laureado n laureate
laurel n. laurel
lawa n. lake
lawak n. scope
laway n. saliva
lawin n hawk
lawit ng suso n. udder
layas n escape
layaw a. wayward
layko n. layman
layo n far
layon n. purpose
layun a. mean
layunin n. aim
layunin n. sake

lebrel n. greyhound
ledyer n. ledger
leeg n. neck
legal a. lawful
legal a. legal
legalidad n. legality
legalisahin v.t. legalize
leghorn n. leghorn
lego a. lay
lehislador n. legislator
lehislasyon n. legislation
lehislatibo a. legislative
lehislatura n. legislature
lehitimo a. legitimate
leksiko n. lexicon
leksikograpya n. lexicography
lens n. lens
Leon n. Leo
Leopard n. leopard
Leprosy n. leprosy
lepus n. hare
letrato n photograph
letratuhan v.t. photograph
letseplan n custard
leyon a leonine
leyon n lion
libak n. scoff
libakin v.i. scoff
liban sa v. t except
libangan n amusement
libangang-gawain n. hobby
libangin v. t entertain
libel n. libel
liberal a. liberal
liberasyon n. liberation
liberismo n. liberalism

liberito v.t. liberate
libing n. funeral
libingan n. grave
libingan n. tomb
libo n. thousand
libre a. free
libumbon n. throng
liga n. league
ligalig n. turbulence
ligaw a. savage
ligawin a stray
ligaya n felicity
ligid a cyclic
ligiran n. orbit
ligo n bath
ligta n. oversight
ligtas n. safe
ligtas a. scot-free
lihiko n. logic
lihim adj. clandestine
lihim n. secret
liit n decrease
liit n wane
likas a. inherent
likas a. innate
likaw n. wreath
likha n coinage
likha ng isip a. imaginary
likidahin v.t. liquidate
likidasyon n. liquidation
likido n fluid
liksi n. agility
liku-liko a. sinuous
likuran n. background
lilac n. lilac
lilik n. sickle

liliman v.t. overshadow
liliman v.t shadow
lilukan n. lathe
lima n five
limitahan v.t. limit
limitasyon n border
limitasyon n. limitation
limon n. lemon
limos n. alms
limot n. oblivion
limunada n. lemonade
linangin v.t. till
linaw n clarity
linaw ng tanaw n. visibility
linawan a clear
linawin ang adv clearly
lindol n earthquake
lindol n. upheaval
linggal n. ado
linggal n din
linggal n. racket
Linggo n. Sunday
linggo] n. week
lingguhan a. weekly
lingmingin v.t. stupefy
lingwahe a. lingual
lingwesta n. linguist
lingwestiko a. linguistic
lingwestiko n. linguistics
linlang n. fraud
linsid n. linseed
linta n. leech
linya v.t. align
linya n. line
lipad n flight
lipas a. obsolete

lipas na a. outmoded
lipasin v.t. stale
lipulin v.t. annihilate
lira n. lyre
lirikal a. lyrical
liriko a. lyric
lirisista n. lyricist
lisensya n. licence
lisensya v.t. license
lisensyado n. licensee
listahan n. catalogue
listahan n. list
listahin v.t. list
listong kahoy n. lath
literado a. literate
literal a. literal
literary a. literary
literature n. literature
litigasyon n. litigation
lito v. t bewilder
lito n confusion
litro n. litre
lituhin v.t. perplex
liwanag n. light
logaritmo n. logarithim
logro n. odds
lohikal a. logical
lokalidad n. locality
lokalisahin v.t. localize
lokasyon n. address
lokasyon n. location
lokus n. locus
lokusyon n. locution
lolipap n. lollipop
lomo n. loin
longitude n. longitude

loob n. inside	**lumikha** v. t create
looban n. orchard	**lumiko** v. t. decline
loobin v.t. vouchsafe	**lumiko** v.i. sway
look n. gulf	**luminaryo** n. luminary
lota n. lute	**lumipad** v.i fly
lote n lot	**lumot** n. moss
lotohan n. lottery	**lumubog** v.i. sink
lotus n. lotus	**lumubog** v.i. submerge
loyalist n. loyalist	**lumuhod** v.i. kneel
luad n clay	**lumukso** v.i jump
lubid n. rope	**lumukso** n. mid-on
lubiran v.t. rope	**lumundag** v. i hop
lubog n sink	**lumunok** v.t. swallow
lubos n. stark	**lumusong** v. i. descend
lubrikasyon n. lubrication	**lumutang** v.i float
lugar n. site	**lunar** a. lunar
lugaw n. porridge	**lunas** n. physic
lulunin n. gulp	**lunasan** v.t remedy
lumabag v.t. violate	**lundag** n hop
lumakad v.i. walk	**lundagan** v.i. vault
lumakad-lakad v.t. saunter	**Lunes** n. Monday
lumakdaw v.i. stride	**lungga** n. hollow
lumaki v.i. swell	**lunggaan** v.t hollow
lumala n. aggravation	**lungkot** n lament
lumalang v.t. trick	**lunok** n. swallow
lumalo v.t. outnumber	**luntian** a. green
lumamon v.t. glut	**luntian** a. verdant
lumampas v.t exceed	**lupa** n. land
lumampas v.t. transcend	**lupa** n. soil
lumayas n. lama	**lupang-sakop** n domain
lumbay n depression	**luraan** n. spittoon
lumibang v. t beguile	**lusak** n. slough
lumihis v.t. & i. deflect	**lusakan** v.i bog
lumihis v. i deviate	**lusakan** v.t. slough
lumiit v. t decrease	**lusaw** n thaw
lumiit v.i. wane	**Lusern** n. lucerne

luslos n. hernia
lutang a. natant
lutang a. rapt
lutasin v.t. solve
lutuan n cooker
luwag ng panahon a. leisurely
luwagan v.t. loose
luwalhatiin v.t. glorify
luwang ng oras adv. leisurely
luwas n export
luya n. ginger
luyloy a flabby

Mm

Maaalis a. removable
maaari v may
maabilidad a. competent
maaga adv early
maaga a. prime
maagap a. quick
maaksaya n. spendthrift
maalaala v.t. remember
maalalad a. resonant
maalam a. wise
maalamat a. mythical
maalat a. salty
maalinsangan a. stuffy
maalisasiga n. slothful
maaliwalas a. serene
maalwan a convenient
maalwan a facile
maamag a. mouldy
maamo a. lenient
maamoy n stink

maang n. simpleton
maanghang a. spicy
maapoy a fiery
maapoy a. luminous
maaraw a. sunny
maaring mamana a. heritable
maasahin a. sanguine
maasikaso a. thoughtful
maasim a acid
maasim a. sour
maayos n. orderly
mababa a. low
mababaliktad a. reversible
mababang uri n minor
mababang-loob a. humble
mababaw a. shallow
mababayaran a. payable
mabagal n. laggard
mabagal adv. slowly
mabaghan v. t bemuse
mabagsik a fierce
mabagsik a. furious
mabagsik n savage
mabagyo a. stormy
mabait n. kind
mabawi a. revocable
mabawian v.t. recover
mabenta a. marketable
maberde a evergreen
mabibo v.i smart
mabigat a burdensome
mabigat na trabaho v.i. moil
mabigla v.t. shock
mabigo v.i fail
mabilang n. county
mabisyo n. profligacy

mabituin a. starry	**mag-aksaya** v.t. squander
mabuhangin a. sandy	**mag-alaga** v.t nurse
mabuhay v.i exist	**magalak** v.i. rejoice
mabuhay bose adv. viva-voce	**magalang** a. courteous
mabulaklak a flowery	**magalaw** a. movable
mabulok v.i. rot	**mag-alay** v.t. offer
mabundok a. mountainous	**magaling** a. advantageous
mabunga a. fruitful	**mag-anak** v. t beget
mabungkok v.i. stagnate	**maganda** a beautiful
mabuti a. well	**mag-antanda** v. t cross
mabutihin v. t better	**mag-apila** n. appeal
madagundong a. thunderous	**magara** a. smug
madahon a. leafy	**magbalisa** v.i. worry
madaig v.t. overwhelm	**magbanlaw** v.t. rinse
madalang a. sparse	**magbantay** v.t. watch
madali a easy	**magbantulot** v.i falter
madalian cursory	**magbantulot** n. shilly-shally
madaliin v.i. hasten	**magbasa** v.t. peruse
madama v.t. perceive	**magbatas** v.i. legislate
madasto a. traceable	**magbunga** v.i. result
madaya a dishonest	**magburak** v.t. silt
madesinyo a. sketchy	**magbyahe** n. trip
madikit adj cohesive	**magbyolin** v.i fiddle
madilaw n yellow	**magdaan** v. t elapse
madilaw-dilaw n buff	**magdahan-dahan** v.i. slow
madilim a dark	**magdahilan** v.t. allege
madiskarga v. t discharge	**magdala** v.t bear
madiskaril v. t. derail	**magdalamhati** v.t. grieve
madrama a dramatic	**magdamag** a overnight
madugo a bloody	**magdamo** v.t. weed
madulas a. slippery	**magdaraya** a crafty
maehersisyo v.t. practise	**magdemanda** v.t. sue
maestratihika n. strategist	**magdikta** v. t dictate
mag agiw v.t. soot	**magdiliryo** v.i. rave
magahis v.t. overpower	**magdingas** v.i blaze
mag-ahit v.t. shave	**magdiwang** v. t. & i. celebrate

magdumami v.i. teem
magdumi n. bowel
mag-ehersisyo v. t exercise
magensayo v.t. rehearse
mag-esketing v.t. skate
magespasyo v.t. space
mag-espesyalista v.i. specialize
magespongha v.t. sponge
maggagaod n. oarsman
maggaod v.t. row
maggayuma v.t. spell
magguguri v.t. scribble
magguhit v.t draw
maghabilin v.t. consign
maghali-halili n. interchange
maghalo v.t. adulterate
maghambog v. i brag
maghanap n browse
maghanda v.t. prepare
maghapunan v.i. sup
maghari v.i. reign
maghasa v.t. whet
maghasik v.t. sow
maghati v. t bisect
maghati v.t. halve
maghigante v.t. avenge
maghilayog v.i. tower
maghilik v.i. snore
maghimala a. miraculous
maghimatay v.i swoon
maghimay v.t. shell
maghinala v.t. suspect
maghingalo v.t. agonize
maghintay v. t bide
maghugas v.t. wash
maghuhula a. prophetic

maghukay v.t. dig
maghunus-dili v.i. relent
maghurma v.t. bake
mag-iba-iba v.t. vary
mag-ihaw v.t. roast
mag-iikot v.i. reel
mag-ilaw v.i. irradiate
magiliw a fond
maginaw a. frigid
maging v.t. be
maging v. i become
maginhawa n. snug
maginoo a. manful
magising v.t. wake
mag-isip v.t. think
mag-iwan v.t. leave
magkabalyero v.t. knight
magkabit v.t. install
magkademonyo a. infernal
magkadikit n. commissure
magkagalit n. loggerhead
magkagulo v.t. riot
magkaiba a diverse
magkaiba a unlike
magkalabasa v.t. squash
magkalakal v.t. stock
magkalaman v.t. incarnate
magkalibumbun v.t. throng
magkaloob v. t donate
magkaloob v. t endow
magkamali v. i err
magkapares v. t couple
magkapon v.t. geld
magkaroon ng amag n mould
magkasabay a. simultaneous
magkasala v.i. sin

magkasalot v.t. plague	**maglibang** v.i. sport
magkasama adv. together	**maglikaw-likaw** v.t. wreathe
magkatay v.t. slaughter	**maglimbag** v.t. imprint
magkaw n. caw	**maglipat** v.t. transfer
magkawal v.i. soldier	**maglubag** v.t. appease
magkawkaw v.i. caw	**maglublob** v.i. wallow
magkayas v.t. whittle	**maglubog** v.t engross
magkibit v.t. shrug	**maglulundag** v.i. skip
magkita n. meeting	**magluno** v.t. shed
magklitse v.t. stereotype	**magluto** v.t cook
magkulang v.t. want	**magluwal** v.i. sally
magkuli v.t. retrace	**magmadali** v.t. rush
magkulti v.i. tan	**magmakiusap** v.i. plead
magkumpuni v.t. repair	**magmalaki** n. snub
magkunot-noo n. frown	**magmalambot** v.t. tender
magkunwari v.t. pretend	**magmana** v.t. inherit
maglaan v.t. allocate	**magmaneho** v.t drive
maglaba v.t. launder	**magmungkahi** v.t. suggest
maglagalag v.i. wander	**magmuni** n. mull
maglagay ng laryo n brick	**magmura** v.t. chide
maglakbay v.i. travel	**magnais** n desire
maglakbay v.i. trek	**magnakaw** v.i. steal
maglala v.t. knit	**magnanag** v.t. nag
maglalakbay v.i. voyage	**magnanakaw** n. robber
maglalako n hawker	**magnegosyo** v.i trade
maglaman a. incarnate	**magnerbiyos** v.i. twitter
maglansadera v.t. shuttle	**magnet** n. magnet
maglapat v.t. administer	**magnetiko** a. magnetic
maglaro v.i game	**magnetismo** n. magnetism
maglaro v.i. toy	**magneto** v.t. net
maglasing v.i booze	**magngata-ngata** n. rumination
maglaslas v.t. slash	**magnguso** v.i. snort
maglathala v.t. publish	**magnilay-nilay** v.t. meditate
maglatian v.t. swamp	**magningning** v.i glare
maglayag v.i. navigate	**magniyebe** v.i. snow
maglayon adv. purposely	**magpahid** v.t. anoint

magpahinga v.i. rest
magpahingalay n. repose
magpahintulot v.t. authorize
magpahiwatig v.t. insinuate
magpainit v.i. bask
magpairog v.t. indulge
magpakabundat v. t cram
magpakain v.t. nourish
magpakamundo n. worldling
magpakana v.i. manoeuvre
magpakasakit a. sacrificial
magpakasama v.t. worst
magpakatalo v.t forfeit
magpakilu-kilo v.i. meander
magpakita n loom
magpakita v.t. meet
magpako v.t. nail
magpakuskus-balungos v.i fuss
magpala v.t. shovel
magpalista v. t enlist
magpalit-palit v. interchange
magpaliwanag v. t. explain
magpalutang v.t. glide
magpamahala a. managerial
magpiloto v.t. pilot
magpistahan v.i. revel
magplano v.t. plan
magpun v.i. pun
magpunas n. wipe
magpuno v.t. replenish
magpuslit v.t. smuggle
magputi v.t. whiten
magrasa a. greasy
magrebelde v.i. rebel
magrekisasyon v.t. requisition
magrelaks v.i. lounge

magrenunsya v.t. renounce
magretiro v.i. retire
magrikurida n. stump
magritred v.t. retread
magruweda v.t. wheel
magsabi v.t. say
magsabwatan v.t. plot
magsakdal v. arraign
magsakripisyo v.t. sacrifice
magsala v.t. sift
magsalamangka v.t. conjure
magsalaysay v.t. relate
magsaling-wika v.t. translate
magsalita v.i. talk
magsekresyon v.t. secrete
magsiga n bonfire
magsilbi v.t. serve
magsilbihan v.t. yoke
magsimangot v.i. scowl
magsimula v.t. start
magsinungaling n lie
magsirko n. tumble
magsisi v.i. repent
magsiyampu v.t. shampoo
magsoldadura v.t. solder
magsolo adv. solo
magsublimat v.t. sublimate
magsugal v.i. gamble
magsugat v.t. wound
magsuhay v.i. stay
magsukat v.t. size
magsulid v.i. spin
magsulot v.t thread
magsulyap v.i. glance
magsunggab v.i. scuffle
magsuot v.t. wear

magtaglay v.t. possess	**mahal** n amour
magtagpi v.t. patch	**mahal** n love
magtagumpay v.i. prosper	**mahalaga** a. costly
magtagumpay a. seminal	**mahalaga sa buhay** a. vital
magtalop n. peel	**mahalagahin** v.t. prize
magtanan v. i elope	**mahalay** a. obscene
magtanan v.i. slip	**mahalay** a. wanton
magtangi v.t sole	**mahalimuyak** a. odorous
magtanim v.t. plant	**mahalumigmig** adj. dank
magtauli v.i. react	**mahambog** n brag
magtayo v.t. found	**mahangin** a. airy
magtest v.t. test	**mahapdi** a. sore
magtiis v.t. suffer	**maharlika** n. aristocrat
magtili v.i. scream	**mahayap** adv. sharp
magtimbang v.t. weigh	**mahiga** v.i. repose
magtinda v.t. store	**mahigitan** v.t. outdo
magtipon v. t convene	**mahilo** v.t. nonplus
magtipon v.t. rally	**mahimig** a. melodious
magtisa v.t. tile	**mahina** a. weak
magtitinda n. tradesman	**mahinahon** a. smooth
magtitinda n. vendor	**mahinang loob** n. timidity
mag-ulik ulik v.i. shilly-shally	**mahinay** a tender
mag-ulit v.t. repeal	**mahinhin** a decent
magulo adv. chaotic	**mahinhin** a. modest
mag-ulser a. ulcerous	**mahirap** a difficult
mag-usap v. t communicate	**mahirap hulihin** a elusive
magusbong v.i. sprout	**mahistrado** n. magistrate
mag-usisa v.t. inquire	**mahiyain** a. bashful
magwagi v.t. win	**mahuhulaan** n. anticipation
magwail v.t. wrench	**mahukay** v.t. unearth
magwakas n expiry	**mahulaan** v.t foresee
magwalis v.i. sweep	**mahuli** v.i. lag
magwilig v. t. sprinkle	**mahuli** a. late
magyate v.i yacht	**mahulog** v.i. fall
mahaba a. long	**mahumaling** v.t. obsess
mahagway a. lank	**mahusay** adv. well

maiba v. i differ	**makamandag** a. venomous
maigsi adv. short	**makamandag** n. virulence
maihihiwalay a. separable	**makamatay-tao** n. homicide
maiiwasan a. preventive	**makamundo** a earthly
mainggitin a envious	**makapal** a dense
mainit v.t heat	**makapal na gubat** n. jungle
mainit a. hot	**makapangyarihan** a. powerful
mainit a. warm1	**makapangyarihan** a sovereign
mainit ang ulo a. morose	**makapiling** v.t. adjoin
maipagbibili a. salable	**makapit** a. tenacious
maipagtatanggol a. tenable	**makaramdam** v.t. sense
maipapahintulot a. permissible	**makasalanan** n. sinner
mais n corn	**makasama** n. associate
maisakatuparan v.t. realize	**makasarili** a. selfish
maisip a. reflective	**makata** n. bard
maitim-itim a. swarthy	**makata** n. poet
maiwan v.i. remain	**makatagpo** v. t encounter
makabag a. gassy	**makatanggap** n benefice
makabalighuan a. paradoxical	**makatao** a humanitarian
makabawi v.t. recoup	**makatao** n. humanity
makabawi n. recovery	**makatarungan** a. righteous
makabayan n. patriot	**makatas** a. juicy
makadiyos a. godly	**makatawag** v. t evoke
makahari a. regal	**makatha** n albion
makahigit v.t. outweigh	**makatotoo** a. truthful
makahulugan a. significant	**makatulong** v.t. avail
makaibis v.t. rid	**makatwiran** a. reasonable
makain a eatable	**makibahagi** v.i. participate
makakain a edible	**makihalubilo** v.t. mingle
makalaban v.i. match	**makikita** a. sightly
makalaman a. sensuous	**makilala** v.t. identify
makalangit a. heavenly	**makilitiin** a. ticklish
makalat v. t clutter	**makina** v.i. motor
makalawang a. rusty	**makina ng tren** n. locomotive
makaluma a. antiquated	**makinabang** v. t. benefit
makamamatay a. malignant	**makinang** a. lustrous

makinis a slick
makinista n. operator
makintab a. glossy
makipagkasundo v.t. reconcile
makipaglaban v.i. vie
makipagtalo v. t. debate
makipagtrato v.t. treat
makipagusapan v.t. negotiate
makipg-usap v.t. converse
makipot a. narrow
makiramay v. t commiserate
makiramay n condolence
makisama a. associate
makisig adv. pretty
makita v.i look
makita v.t. see
makitid ang isip adj. borne
makiusap n. pleader
makompetisya a competitive
maksimo n maximum
makulit n. stickler
makunat a. tough
makupad a. slack
makupad a slow
malaahas n. serpentine
malababae n. womanish
malabanan v.t. withstand
Malabo a. opaque
malabo ang mata n. purblind
malabon a. marshy
malakas a. vigorous
malakas na ingay v. t blare
malakas na suntok v.t. wallop
malakas na tunog v. i buzz
malaki a big
malaki na a adult

malakihote a. quixotic
malaking baril n. artillery
malaking bato n boulder
malaking dagat n. ocean
malaking gansa n. gander
malaking poot n animosity
malaking ugat n. artery
malaking-malaki a. huge
malakit mabigat a. massy
malala a. chronic
malalabhan a. washable
malalim n abyss
malalim a. deep
malambot n. soft
malamig a cold
malamlam a dim
malampasan v.t. out-balance
malampasan v.t. surpass
malandi n debauchee
malangis a. oily
malanta v.i fade
malanta v.i. wither
malapit a. near
malapit adv. nigh
malapot n. thick
malaro a. frivolous
malaria n. malaria
malas v. t. baffle
malas a. luckless
malasa a. tasteful
malasado a. rare
malasakit v.i. adhere
malasutla a. silken
malayo adv. away
maliban sa prep except
malibog a erotic

malibog a. sensual
malibre v.t free
maligamgam a. lukewarm
maligaw v.i. straggle
maligaw v.i. stray
maligaya a. happy
maliitin adv. little
malikahain a. inventive
maliksi a. agile
malimit adv. often
malinamnam a. toothsome
malinaw v.t. acquit
malindol a. seismic
maling balita n canard
maling dalahin v.i. miscarry
maling nalimbag v.t. misprint
maling paniniwala n. misbelief
malinis clean
malinlang a. wily
malisya n. malice
malisyoso a. malicious
maliturhika a. liturgical
maliwanag a. apparent
maliwanag a light
maliwanag a. lucent
malnutrisyon n. malnutrition
malta n. malt
mananahi n sewer
mananahi v.t. tailor
mananaig n. trump
mananakbo n. runner
mananalaysay n essayist
mananalumpati n. orator
manananggol n. barrister
manananggol n. counsellor
mananggol v.t fend

mananghalian v. t. dine
manatili v.i. survive
mandadaya ns. barrator
mandagit v.i. swoop
mandala n. rick
mandambong v.t. plunder
mandarambong n. bandit
mandarayuhan n. migrant
mandato n. mandate
mandatoryo a. mandatory
mandaya v.t. hoodwink
mandayuhan v.i. immigrate
manduduwit n. marauder
manduwit v.i. maraud
maneho n drive
mang aalsa n. striker
manga n mango
mangagaw v.t. wrest
mangahas v. i. dare
mangahas v.t. presume
mangahulugan v.t. imply
mangalat v.t. scatter
mang-api d mistreat
mangaral v.t. moralize
mangaral v.i. preach
mangaso n. hound
mangatal v.i. quiver
mangatawan v.t. typify
mangayupapa v.i shrink
manggagamot n. physician
manggaling v.i. stem
mangganeso n. manganese
manggas n sleeve
manghula n forecast
mang-iilag n. shirker
mangilig v.t. thrill

mangiliti v.t. tickle	manungkulan v.i. officiate
manginain v.i. graze	manunulid n. spinner
manginang v.t. radiate	manunuso n. mammal
mangingisda n fisherman	manuskrito n. manuscript
mangsusurpresa n abactor	manwal n. handbook
mangugubat n forester	manyak n. maniac
mangulo v.i. preside	maobserba a. observant
mang-umit v.t. pilfer	mapa n map
manguna v.t. pioneer	mapabago v.t. influence
mangunita v.t. recollect	mapadpad n. maroon
manirahan v.i dwell	mapaghimagsik a factious
manirang puri v.t. defame	mapagkaisahan v.t. adjudge
maniyebe a. snowy	mapaglaan a. provident
manlait v.t curse	mapaglaro a arch
manligaw v.t. court	mapagluha a. lachrymose
manligaw v.t. woo	mapagmahal a. affectionate
manliligaw n. suitor	mapagmalaki a. proud
manloob v.t. depredate	mapagmalaki v snobbish
manluko v.t bluff	mapagmatigas a. stubborn
manluluko n bluff	mapagpabaya a. negligent
manok n. chicken	mapagpanglaw n. melancholy
mansanas n. apple	mapagparaya a. tolerant
mansion n. mansion	mapagpumilit a. persistent
mantika n. lard	mapagsabihan a. advisable
mantikilya n butter	mapagsilbi a. subservient
manto n. mantel	mapagsumakit a. painstaking
manton n. shawl	mapagtanggap a. hospitable
mantsahan v.t. spot	mapagtanggol a. protective
mantuhan v.t mantle	mapag-uusapan a. negotiable
mantutugis n. hunter	mapagwagi a. victorious
manuba v.t. swindle	mapanuya a. sardonic
manubok v.i. pry	maparaan a. resourceful
manubok v.i. stalk	mapasuko v.t. quell
manugis v.t. hunt	mapayapa adj. amicable
manukan n. poultry	mapayapa v.t. assuage
manumbang v.t. rout	mapili a. preferential

mapilit a. insistent
mapilok v.t. sprain
mapitagan a. reverent
mapoot v.t. hate
mapuksa v.i. perish
mapula a. rosy
mapula-pula a. reddish
mapuno n brim
mapupuksa a. perishable
mapusali a. slimy
mapusok a. impetuous
maputi n white
maputik v. t bemire
maputik a. slushy
maputla n. pale
marahan a. gentle
marahas a drastic
marahas a. violent
marahil adv. perhaps
marahil nga adv. probably
marahuyo a seductive
maramdaman a. touchy
marami v.i. abound
maramihan a. plural
maraming salita a bilingual
marami-rami a bountiful
marangya a. luxuriant
marapat a. worthy
maraskal a clumsy
masa n. mash
masabon a. soapy
masadlak v.i. slump
masagana a. profuse
masahe n. massage
masahin v.t mash
masakit a. painful

masapal a. pulpy
masayahin a. cheerful
masayang awitin n carol
masiba a. voracious
masibo a. massive
masidhi a. intense
masigasig a. attentive
masigla a. lively
masiglahin a energetic
masilakbo a. vehement
masindak v.t. terrify
masingaw a. vaporous
masinsin adv. thick
mascara n. mask
maskarahan v.t. mask
mascot n. mascot
maskulino a. masculine
masoneriyo n. masonry
masungit n. stern
masusi a. ardent
masustansya a. nutritious
masuwayin a. insubordinate
mataas na tao n duke
mataba a fat
mataba a fertile
matador n. matador
matagpuan v.t. incur
matakaw a. greedy
matakot n dread
matalim a. sharp
matalo v. t. beat
matamis a. sweet
matamlay a damp
matanaw a. scenic
matanda a. old
matangkad a. tall

matanyag n. prominence	**matulog** v.i. slumber
matao a. populous	**matulungin** a. helpful
matapang a. valiant	**matumba** v.i. topple
matapat a. loyal	**matunaw** v.i. melt
matarik a. steep	**matunawin** a. soluble
matatag a. stable	**matupad** v.t. materialize
matatanggap a. admissible	**matuto** v.i. learn
matatas a fluent	**matutop** a. seamy
maternal a. maternal	**matutuluyan** n. lodging
materya n. matter	**mauga** a. shaky
matigas n. stiff	**mauhaw** v.i. thirst
matigas ang adv. hardly	**maukol** v.i. pertain
matigas ang ulo a. headstrong	**maulan** a. rainy
matigtig adj bumpy	**maulap** a cloudy
matimbang n. weightage	**maulap na maulap** a. overcast
matimpi a. reticent	**maulila** v. t. bereave
matinding galit n. fury	**maulila** v.t orphan
matinding kirot n. pang	**maulinigan** v.t. overhear
matine n. matinee	**maunawain** a. mindful
matingkad a. vivid	**maunlad** a. prosperous
matinis adj argute	**maunos** a. tempestuous
matinis a. shrill	**maupo** v.i. sit
matinis na boses n alto	**mausisa** a curious
matino a. sane	**mausis** a. inquisitive
matipid a. thrifty	**mausoleo** n. mausoleum
matipid na salita a. terse	**mautal** v.t. lisp
matipuno a. robust	**mautal** v.i. stammer
matisod v.i. stumble	**mawaksi** a. repellent
matisod v.t. trip	**mawala** v.i. vanish
matitiis a. tolerable	**mawala** v. i disappear
matrapik v.i. traffic	**mayabang** n. arrogance
matriarka n. matriarch	**may-akda** n. author
matris n matrix	**mayaman** a. rich
matris n. uterus	**may-aral** a didactic
matron n. matron	**may-ari** n. owner
matsing n. gibbon	**may-ari** n. proprietor

may-asin a. saline
maybahay n. spousal
maybisa a. operative
maykatandaan a elderly
maykatwiran a. rational
maylarawan a. pictorical
maylikha n creator
mayluha a. tearful
Mayo n. May
Maypagasa v.t. hope
maypagkalalaki a. virile
maypagkamabait a. prudential
mayrong pakpak adj. aliferous
mayroon v.t. have
maysakdal n. plaintiff
maysakit a. sick
maysala a culpable
may-utang n debtor
medalya n. medal
medical a. medical
medico n. medico
medisina n. medicine
mediyana a. median
medyas n. sock
medyas ng babae n. stocking
medyebal a. medieval
medyo adv. rather
medyokrite n. mediocrity
medyo-lasing na a. tipsy
medium n medium
megalit n. megalith
megalitik a. megalithic
megapon n. megaphone
mekanikal a. mechanical
mekaniko n. mechanics
mekanismo n. mechanism

melodrama n. melodrama
melody n. melody
memorable a. memorable
memorya n. memory
memoryas n. memoir
meninghitis n. meningitis
menopawsiya n. menopause
menor a. minor
mensahe n. message
mensahero n. courier
menstruasyon n. menstruation
mental a. mental
mentalidad n. mentality
menu n. menu
menudo a. minute
meridyano a. meridian
merito n. merit
merkyuryo a. mercurial
merman n. merman
mersanaryo a. mercenary
merserahin v.t. mercerise
meryenda n. snack
mesa n. table
mesita n desk
Mesiyas n. messiah
Meskita n. mosque
mesmerismo n. mesmerism
mestiso n. bantling
metabolismo n. metabolism
metal n. metal
metaliko a. metallic
metalurhiya n. metallurgy
metapisika n. metaphysics
metapisikal a. metaphysical
metapora n. metaphor
meteorite a. meteoric

meteorolohiya n. meteorology
metrika a. metric
metro n. meter
metro n. metre
metropolis n. metropolis
metropolitan a. metropolitan
mga dahon n foliage
miho n. millet
mika n. mica
mikrobyo n. germ
mikropilm n. microfilm
mikropono n. microphone
mikroskopiko a. microscopic
mikroskopyo n. microscope
mikroweb n. microwave
milenaryo n. millennium
milenyo n. milieu
milinaryo n. millinery
miliner n. milliner
miliner n. milliner
milisya n. militia
militante a. militant
militar a. military
milya n. mile
milyahe n. mileage
milyarya n. milestone
milyon n. million
milyonaryo n. millionaire
mimika n mimicry
mimohan v.i mime
mina n mine
minahal v.t. love
minamahal a beloved
minamaltrato v.t. abuse
minana n. heritage
minimal a. minimal

minimum a minimum
ministeryo n. ministry
ministrante a. ministrant
ministro n. minister
minoriya n. minority
minsan adv. once
minsan adv. sometimes
minuskula a. minuscule
minute n. minute
minyatura a. miniature
mira n. myrrh
mirindal n treat
misa n. mass
misahan v.i mass
mitra n. mitre
mitridet n. mithridate
mitro n. myrtle
mitsa n fuse
mitsa n. wick
mobil a. mobile
mobilidad n. mobility
mobilisahin v.t. mobilize
modalidad n. modality
modelo n. model
moderasyon n. moderation
modernisahin v.t. modernize
modernisasyon n. modernity
modern a contemporary
modern a. modern
modipikasyon n. modification
modulahin v.t. modulate
monasteryo n. monastery
monastisismo n monasticism
monedera n. mint
monograpiya n. monograph
monolito n. monolith

monologo n. monologue
monopolisahin v.t. monopolize
moralista n. moralist
morganatiko a. morganatic
morge n. morgue
morpina n. morphia
mortal n mortal
mortalidad n. mortality
mosayko n. mosaic
moskete n. musket
mosketero n. musketeer
motel n. motel
motibasyon n. motivation
motibo n. motive
moto n. motto
motor n. motor
motorist n. motorist
mukha n face
mukha a facial
mula n. mule
mula sa labas prep outside
muli adv. afresh
mulinero n. miller
muling buhayin v.i. revive
muling-buhay n. revival
muling-sabi n. reiteration
muling-silang n. renaissance
mulino n. windmill
multa n fine
multahan v.t fine
multahan v.t. penalize
multiped n. multiped
multipleks a. multiplex
multiplikahin n. multiplicity
multiplikando n. multiplicand
multiplikasyon n. multiplication

multitude n. multitude
multo n bogle
multo n. ghost
mulya n. mullah
mulyon n. mullion
mumo n. mummy
mumultahan n. penalty
muna adv. beforehand
muna adv. yet
mundane a. mundane
mungkahi n offer
mungkahi a. proportionate
mungkahi n. suggestion
munihin v.t. mull
municipal a. municipal
munisipyo n. municipality
munisipyo a. township
munisyon n. ammunition
munisyon n. munitions
munsing n. miniature
munti a. puny
munti a. tiny
munumento n. monument
muog n. citadel
mura a cheap
mura n. reproof
murado adj./n. purple
murahin v.t. rebuke
murahin v.t upbraid
mural a. mural
musa v.i. muse
muselina n. muslin
museo n. museum
musika n. music
musical a. musical
musikero n. musician

musilago n. mucilage
muskobite n. muscovite
muscular a. muscular
mustasa n. mustard
mutasyon n. mutation
muton v.t. indlass
mutwo a. mutual
mutya a sole
muwebhles n. furniture
muwestra n. sample
myembro n. member
myembro ng gang n. dacoit
Myerkules n. Wednesday
Myopia n. myopia
myosis n. myosis

Nn

na pron. which
naaangkop a. applicable
naaantok a. sleepy
naakit v.t. attract
naakusahan n. accused
na-alarma v.t alarm
nababalisa a. anxious
nababasa a. legible
nabasa v.t. wet
nabe n. nave
nabigla n abruption
nabihag a. captive
nabiktima v.t. victimize
nabubulok adj carious
nabulok v. i decay
nabulunan v. t. choke
nadarama adj perceptible

nadarama a. tangible
nadir n. nadir
nadisgrasya v. i. collide
naduwag v.t. yellow
nag aalab adv. aflame
nag mamalisya n. aggressor
nag-aaway sa matao n affray
nagagalit n. abhorrence
nagbibigay v. i cater
nagbubuhat a. nascent
nagbubuntis n conception
nagbuga n belch
nagdadala n bearing
nagdadalamhati a. woebegone
nagdadalang-tao v. t conceive
nagdalo n. attendance
nagdiborsiyo v. t divorce
nagdidigmaan n belligerency
nagdigmaan a belligerent
nagdiriwang v.i. frolic
nagdurugo v. i bleed
nagka-aberya n. aberrance
nagkamali v.t. wrong
nagkasala a. guilty
nagkasundo v.t. accord
nagkataon a. arbitrary
nagkatugma v. i coincide
nagklitse a. stereotyped
nagkokomersyal v.t. advertise
nagkonbulsyon n. seizure
naglaban v. i compete
naglalarawan a descriptive
naglibera n. liberator
nagmamahal a. loving
nagmamahalan n. lover
nagmamalasakit n. care

nagmamalasakitan v. i. care
nagmamaneho n driver
nagmamarino n. mariner
nagmimina n. miner
nagnanais a desirous
nagnanasa a. lustful
nagngangalan adv. namely
nagpahirap v.t. afflict
nagpalabas v. t concert2
nagpalakpak v. i. clap
nagpanalo v. t. champion
nagpananghalian v.i. lunch
nagpapaalala a. reminiscent
nagpapagaan n. alleviation
nagpapalitan v.t. alternate
nagpaplano n. conspirator
nagpasabog n bomber
nagpayag v.t. consent3
nagsasaka n. agriculturist
nagsasanay n. apprentice
nagsidirigmaan n belligerent
nagsimula v. t. brew
nagsisisi a. repentant
nagsisisi a. sorry
nagsubok a. trying
nagsuporta n brace
nagsusugal n. gambler
nagtago v. t. conceal
nagtagumpay v.t. attaint
nagtagumpay a successful
nagtapos v.i. graduate
nagtataka v.i. wonder
nagtatalo v.t. argue
nagtatalo v. i contend
nagtatanggol adv. defensive
nagtatawag n caller

nagtigil v.t. quit
nagwas n. petticoat
nagwawaksi n repellent
nagyeyelo a. icy
nagyeyelong lugar n Arctic
nahahaling v.t. infatuate
nahihilo a. lethargic
nahihiya a. ashamed
nahimatay a faint
nahiwalay n detachment
nahiya v.i. shy
nahuli adv. last
naibahan v.t. alienate
naiinip v.t. & i weary
nainis v.t. bait
nainsulto v.t. assault
naintimida v. t daunt
naintindihan v. t comprehend
naintindihan a. well-read
naipon v.t. accumulate
naipon n cache
nais n. wish
naisama v.t. account
naisin v.i. hanker
naisin adv long
naka-alpabeto a. alphabetical
nakababagot a. humdrum
nakabitin a pending
nakadapa a. prone
nakakahiya a. shameful
nakakain n consumption
nakakainsulto a. offensive
nakakalason a. poisonous
nakakalugod a pretty
nakakamangha v.t astound
nakakanginig a chilly

nakakapagod v. t. exhaust	**narararamdaman** n feeling
nakakapinsala a. injurious	**naririnig** adj. auditive
nakamtan n. achievement	**narcosis** n. narcosis
nakamumuhi a despicable	**narkotiko** n. narcotic
nakamumuhi a. odious	**nars** n. nurse
nakapaikot v.t bandage	**narsisismo** n. narcissism
nakapaloob n. bound	**narsiso** n. daffodil
nakapaluob v. alliterate	**narsisus** n narcissus
nakapapagod a. tiresome	**nasa** adv. on
nakatatawa a. humorous	**nasa** n. lust
nakatindig n. standing	**nasa kaitaasan** adv. aloft
nakatingin adv agaze	**nasal** n nasal
nakatira n. occupancy	**nasalungat** v.t. antagonize
nakatunganga adv., agape	**nasasakdal** n defendant
nakaungos a. salient	**nasayang** n. loss
nakaw n. loot	**nasira** v.t. abase
nakayayamot a. irksome	**nasnas** a. shabby
nakayuko v. t bow	**nasurpresa** n abaction
nakikiramay v. i. condole	**nasusukat** a. measurable
nakikita a. visible	**nasusuya** v.t. weary
nakipagtalik v.i. copulate	**nasyon]** n. nation
namatay n decease	**nasyonalidad** n. nationality
namimigat a. leaden	**nasyonalisahin** v.t. nationalize
namimigat v.i. preponderate	**nasyonalismo** n. nationalism
namimili a. selective	**nasyonalista** n. nationalist
namula n blush	**natabunan ng wax** adj. cerated
namumukadkad n bloom	**natagusan** v.t. penetrate
napalaya v.t. assoil	**natalo** n conquest
napapanahon a. timely	**natama** n. hint
napasama adv. badly	**natamaan** v.i hint
napinsala v. t. damage	**natamo** v.t. achieve
napinsala v.t harm	**natanggap** v.t. receive
nararapat v.t. appropriate	**natapos** a accomplished
nararapat lang n. conformity	**natapos** n. attainment
nararapat lang n. conformity	**naylon** n. nylon
nararapat sa n. appropriation	**nayon** n. village

naytgawn n. nightie
negatibo a. negative
negosasyon n. nagotiation
negosyante n businessman
negosyo n business
negosyo sa medyas n. hosiery
negro n. negro
negrong babae n. negress
necropolis n. necropolis
nektar n. nectar
neolitiko a. neolithic
neon n. neon
nepotismo n. nepotism
Neptuno n. Neptune
netibo n native
neto a net
neurologo n. neurologist
neurolohiya n. neurology
neurosis n. neurosis
neutral a. neutral
neutralisahin v.t. neutralize
neutro a. neuter
neutro n neuter
neutron n. neutron
ngalan n. name
ngalangala n. palate
ngalap n. search
ngalutin v.t. munch
ngata n. ruminant
ngatngat n nibble
ngatngatin v.t. nibble
ngawa n. babble
ngayon adv. now
ngayon adv. presently
ngayong gabi n. to-night
ngilig n. thrill

ngipin n. tooth
ngipin ng gulong n cog
ngiping masakit n. toothache
ngiping-leon n. dandelion
ngiti n. smile
ngitngit n. indignation
ngiwi a. wry
ngiyaw n. mew
ngumata v.i. ruminate
ngumiti v.i. smile
ngumuya v. t chew
ngunit prep but
ngunit conj. but
nguso n. snort
nguso n. snout
nguyain v.t. masticate
nigromante n. necromancer
nihilism n. nihilism
nikel n. nickel
nikotina n. nicotine
nila pron. them
nilaga v.t. stew
nilagyan ng buhay a. animate
nilakbay v.i. journey
nilalaman adj. component
nilasing v.t. intoxicate
nilayo v.t. abduct
ningning n. sparkle
ninuno n forefather
ninunu n. ancestor
niotipikasyon n. notification
nitroheno n. nitrogen
nitso n. sepulchre
niya pron. her
niyari n synthetic
niyebe n. snow

niyog n coconut
nkapasok n access
nobela n novel
nobelista n. novelist
noble a. noble
noblesa n. nobility
nobya n bribe
Nobyembre n. november
nobyo n. groom
nomada a. nomadic
nominahan v.t. nominate
nominasyon n. nomination
noo n forehead
noon a then
norma n. norm
normal a. normal
normalisahin v.t. normalize
norte n. north
nostalhiya n. nostalgia
notary n. notary
notasyon n. notation
nugales n. walnut
nugger n. nigger
nuclear a. nuclear
nukleo n. nucleus
numeral a. numeral
numerical a. numerical
numero n digit
numero n. number
numeruhan v.t. number
nunal n. mole
nursery n. nursery
nutnot a. threadbare
nutrisyon n. nutrition
nuwes n nut

Oo

oasis n. oasis
obalo n oval
obaryo n. ovary
obena n. oat
oberdosis v.t. overdose
oberhol n. overhaul
oberholin v.t. overhaul
obertura n. overture
obispo n. archbishop
obispo n bishop
obitwaryo a. obituary
obligasyon n. obligation
obliterasyon n. obliteration
oblong n. oblong
obramaestra n. masterpiece
obserba n. observance
obserbahan v.t. observe
obserbasyon n. observation
obsesyon n. obsession
oda n. ode
oeste a. west
okasyon n. occasion
oksidental a. occidental
oksidente n. occident
oksiheno n. oxygen
oktaba n. octave
oktagono n. octagon
oktehenaryo a. octogenarian
Oktubre n. October
okular a. ocular
okulista n. oculist
okupahan v.t. occupy
olibo n. olive

oligarkiya n. oligarchy
olimpiada n. olympiad
omega n. omega
omisyon n. omission
onoraryum n. honorarium
onsa n. ounce
opalo n. opal
opera n. opera
operasyon n. operation
opinion n. opinion
opis ng husgado n chancery
opisina n. office
opisyaes n official
opisyal n bureaucrat
opisyal a. official
opo adv. yes
opresyon n. oppression
optemetra n. optimist
optika n. optician
optiko a. optic
optimism n. optimism
optimista a. optimistic
opurtunidad n. opportunity
opurtunismo n. opportunism
oracular a. oracular
orakulo n. oracle
oraryo n. schedule
oras ng pagtulog n. bed-time
orasan n. clock
orbe n. orb
ordinansa n. ordinance
ordinary a. ordinary
organiko a. organic
organisasyon n. charity
organisasyon n. organization
organism n. organism

organo n. organ
orihinal a. original
orihinal n original
orihinalidad n. originality
orchestra n. orchestra
orchestral a. orchestral
orlahan v.t fringe
ortodokso a. orthodox
oriental a. oriental
oseaniko a. oceanic
osilasyon n. oscillation
ospital n. hospital
oter n. otter

Pp

Pa adv else
paa n foot
paa ng hayop n. paw
paalala n. reminder
paalala n. warning
paalalahanan v.t. remind
paalalahanan v.t. warn
paalam n. adieu
paalam interj. bye-bye
paalisin v. t evict
paamuin v.t. tame
paangat n uplift
paano adv. how
paaralan n. school
pabagalin v.t. retard
pabagu-bago a. variable
pabagu-bagu a. shifty
pabalik adv. backward
pabalikin v.t. remand

pabango n. perfume
pabatid a. notice
pabawas a minus
pabaya a. careless
pabaya n neglect
pabayaan v.t forgo
pabayaan n. negligence
pabayaran v.t. reimburse
pabelyon n. pavilion
pabilis adv. apace
pabilog a circular
pabilog a. spherical
pabimento n. pavement
pabo n. turkey
paboreal n. peacock
paborito n. minion
pabrikasyon n fabrication
pabugso-bugso a. sporadic
pabula n. fable
pabulaan n. refutation
pabulaanan v. t disprove
pabuli v.t. polish
paburito a favourite
pabuya n consolation
padala n. remittance
padaliin v.t facilitate
padalusdos adv downward
padamang layo n. perspective
padamdam n. interjection
padaskol a. slipshod
pader n. bawn
pader n. wall
pading n. padding
padparin v.t maroon
padrino n. sponsor
padulasan v.t. lubricate

paese-ese a. zigzag
paeslante n. lurch
pag aanonsyo v. t broadcast
pag-aabono n compost
pag-aagapayan n. parallelism
pag-aaksaya n. wastage
pag-aaksaya n. waste
pag-aalay n. oblation
pag-aalay n. offering
pag-akto a. historical
pag-akyat n. ascent
pag-akyat v.i climb
pagal a. weary
pag-alboroto v.i. rampage
pag-alingawngaw v. t echo
pagalingin v.t. conglutinant
pag-alis n departure
pagalok n. proposition
pag-alon n. undulation
pagandahin v. t beautify
pagang n barren
pag-atake v.t. attack
pagatasan n dairy
pag-atungal v.i. roar
pagawin ng labis v.i. overwork
pagbaba n. descent
pagbaba ng uri a decadent
pagbabad n. immersion
pagbabago v.t. innovate
pagbabantay n. wardship
pagbabanto n. adulteration
pagbabarat v.t. bargain
pagbabati n congratulation
pagbabawal n. ban
pagbalaan v.t menace
pagbalik n. return

pagbalik sa bayan n repatriate
pagbara v. t clot
pagbasag n breakage
pagbati v.t. greet
pagbawal v.t. prohibit
pagbawas n. reduction
pagbawi n. revocation
pagbuti n. proficiency
pagbyahe adv aboard
pagdadahilan n causality
pagdadala n conveyance
pagdagit n swoop
pagdalamhati v.i. sorrow
pagdanak ng dugo n bloodshed
pagdaraan n. transit
pagdaraya n. dishonesty
pagdating n. arrival
pagdating v. i. come
pagdidibuho n. portraiture
pagdidikta n dictation
pagdirigmaan n. warfare
pagdirikit n. adherence
pagdoble n double
pagduda n distrust
pagdudahan v. t. distrust
pagdumugan v.t. mob
pagdurusa n. misery
pagdurusa n. passion
paggalang n. complaisance
paggalang n. courtesy
paggalang n. homage
pag-galaw v.t ambulate
paggalugad n exploration
paggamit n. usage
pagganap n. performance
paggawa n. labour

paggiba n. mutilation
paghadlang n. interference
paghadlang n. prevention
paghaging n whirl
paghalik n. basial
paghalo n blend
paghalo v. t combine
paghalu-haluin v.i. shuffle
paghamak v.t. affront
paghanga n. amazement
pagharang n. interception
paghawak n grasp
paghayag n. profession
paghigante n. retaliation
paghiganti a. revengeful
paghihigpit n. restriction
paghihimagsik n. insurgent
paghihimatay n. swoon
paghihingi n. solicitation
paghihirap n. hardship
pag-hilab n fermentation
paghinga v. i. breathe
paghintay v.t. await
paghipnotismo v.t. mesmerize
paghiwa-hiwain n dissection
paghiwalayin v. t disconnect
paghuhukom n doom
paghuhukom n. judgement
paghukay n. excavation
paghuni v.i. whiz
pag-ibahin v. t contrast
pag-iberna n. hibernation
pag-ibig sa n. adoration
pagiging a becoming
pagiging lihim n. secrecy
pag-ihi n. urination

pag-iiba-iba a. mutative
pag-iingat a. precautionary
pag-iingay v. i. clamour
pag-iisa n. loneliness
pag-iisa v.t. single
pag-iisa n. solitude
pagikpikin v.t. ram
paginhawain v.t. mitigate
pag-inog n. revolution
pag-insenso v.t. incense
pagiri-giri n swagger
pag-isahin v.t. amalgamate
pagitan n. interval
pagiwang-giwang a. rickety
pag-iwas n evasion
pagka di ganap a. imperfect
pagkaalamat a. legendary
pagka-alerto n. alertness
pagkaalipin n bondage
pagkababae n. womanhood
pagkabaliw n. insanity
pagkabaliw a. lunatic
pagkagusto n. affection
pagkahaba n. longevity
pagkahabi n. texture
pagkahalimaw a beastly
pagkahati v.t. partition
pagkahiwalay n discretion
pagkahiwalay n. severance
pagkahiya n. humiliation
pagka-iba v.t. alter
pagka-iisa n. oneness
pagkain n food
pagkain galing sa trigo a cereal
pagkaina n. motherhood
pagkainip n. impatience

pagkainis n vexation
pagka-iral v. i co-exist
pagkaisuiso v.i. quibble
pagkaka linya n. alignment
pagka-kaaway n. hostility
pagkakaayos n. arrangement
pagkakagulo n. turmoil
pagkakahaling n. infatuation
pagkakahanay n formation
pagkakahawig n. likeness
pagkakalugod n. pleasantry
pagkakamali v.i. lapse
pagkakamukha n. similitude
pagkakatawan n. incarnation
pagkakatulong n. maiden
pagkakaugnay n. relevance
pagkakautang a. indebted
pagkakristiyano n. Christianity
pagkakuripot a. niggardly
pagkalaban-laban n. variance
pagkalagot n. avulsion
pagkalahi n. racialism
pagkalalaki n manliness
pagkamabait n. amiability
pagkamabungkok n. stagnation
pagkamakata n. poetics
pagkamakatao n. veracity
pagkamakinis v.t. tidy
pagkamalagim n morbidity
pagkamalapit n. intimacy
pagkamalibog n. sensuality
pagkamaliit adv. smallness
pagkamalinis n cleanliness
pagkamarikit n. nicety
pagkamarilag n. majesty
pagkamartir n. martyrdom

pagkamasaya n. joviality
pagkamasuri n. subtlety
pagkamatalas n. keenness
pagkamatalino v.t. smash
pagkamatapat n. loyalty
pagkamatay n death
pagkamatibay a. mettlesome
pagkamatulin n. rapidity
pagkamatunawin n. solubility
pagkamausisa n. inquisition
pagka-mausisa n curiosity
pagkamayaman a. richness
pagkamay-asin n. salinity
pagkanatural adv. naturally
pagkanegatibo v.t. negative
pagka-oblong a. oblong
pagka-opisyal adv. officially
pagkaordinaryo adv. ordinarily
pagkapaliwanag n. rationality
pagkapangahas n. immodesty
pagkapantay v.t. proportion
pagka-pari n. priesthood
pagkapatas adv. fairly
pagkapilok n. sprain
pagkapipis n. strangulation
pagkaplaneta a. planetary
pagkaponetiko n. phonetics
pagkataranta v.t. muddle
pagkatatag n establishment
pagkatay n. slaughter
pagkatersiyupelo a. velvety
pagkati v. i ebb
pagkatuwa n. jubilation
pagkaulol n. frenzy
pagkauna n. precedence
pagkaungas a foolish

pagka-unggoy v.t. ape
pagkekwenta v.t. audit
pagkilala n. recognition
pagkiling v. t bias
pagkinang a. radiant
pagkintal n. infusion
pagkislap n. scintillation
pagkorona v. t crown
pagkuha n. acquirement
pagkuha n confiscation
pagkuha n. procurement
pagkulay v. t colour
pagkulu-kulubutin n crimp
pagkutya v.t. ridicule
pagkuwak v.i. quack
paglabag n breach
paglabag n. infringement
paglabag n. transgression
paglabag n. violation
paglaganap n. proliferation
paglagom n assimilation
paglakbay v. t. expedite
paglaki n amplification
paglalagyan v.t. attribute
paglalahad a. articulate
paglalahad n. development
paglalaro v.i. play
paglalasing v. t. debauch
paglalayag n. navigation
paglalayag n. voyage
paglamyusan v.t fondle
paglikha n creation
paglilibang n. pastime
paglilibing n. sepulture
paglililo n. perfidy
paglipol n annihilation

paglkalooban v.t. apportion	pagpasok n. confinement
paglusong v.i. wade	pagpayag v.i. assent
pagluwal n. sally	pagpiga v.t abstract
pagmalakihan v.t. snub	pagpigil n. abeyance
pagmalupitan n. badger	pagpigil n stoppage
pagmamadali n. haste	pagpili n. selection
pagmamadali n rush	pagpilian n. option
pagmamahal v. t. caress	pagsasalmo v.t. adjure
pagmamalabis n. exaggeration	pagsasalo v.t. banquet
pagmumukha n. visage	pagsasalong n. disarmament
pagnanakaw n. theft	pagsasama n. fusion
pagnasaan v.t. covet	pagsikap v.i endeavour
pagngiti v.t. ruffle	pagsisi n regret
pagod v. t bore	pagsisihan v.i. atone
pagod n fatigue	pagsisilbi sa tao n compassion
pagod a. worn	pagsisimula n. resumption
pagpalno v.i. scheme	pagsubok n test
pagpantay v. t even	pagsuka n vomit
pagpapahayag n discourse	pagsuko n. subjugation
pagpapahinga n. relaxation	pagsuko v.t. surrender
pagpapahirap n. torture	pagsulong n. advancement
pagpapakalusog n. hygiene	pagsumpa n. damnation
pagpapakamatay n. suicide	pagsuotan v.t. redress
pagpapalaki v.t. augment	pagsusulit v.t. quiz
pagpapalaya n. emancipation	pagsusuri n. assessment
pagpapalayaw n. indulgence	pagtaas n. promotion
pagpapalinaw n clearance	pagtaksil sa bayan n. treason
pagpapapabuwis n. taxation	pagtakwil n. repudiation
pagpapapaurong n. repulsion	pagtalo n checkmate
pagpapapresko n. refreshment	pagtama n stroke
pagpapasalamat n. gratitude	pagtangghal v. t exhibit
pagpapatirapa n. prostration	pagtanggi n denial
pagpapatiwakal a. suicidal	pagtiyaga v.i. persevere
pagpapatupad n execution	pagtubo n. growth
pagpasa v.t. contuse	pagtugis n. pursuit
pagpasok n. admission	pagtumbasan n compensation

pagtutol n. opposition
pagtutulad n. simile
pagtutulung n. interplay
pahanginan v.t. aerify
pahanginan v.t. ventilate
paharapin v.t. summon
pahayag n dictum
pahayag n. statement
pahayag sa madla n. manifesto
pahayagan v.t. patent
palabas a. outward
palabas a. spectacular
palabas n stunt
palabiro a. jocular
palabis adv extra
palabisin v. t. exaggerate
palagi a. common
palagi na lang a. casual
palagian a. commonplace
palahin v.t. spade
palaka n. toad
palaka n. frog
palakasin v.t. fortify
palakihin n. zoom
palakol n. axe
palakpak v.t. applaud
palakpak n. cheer
palakpak n clap
palalo a. lordly
palanggana n. basin
palangkin n. palanquin
palapag n. storey
palarong palakasan n. athletics
palasahin v.t. spice
palasama n. sociability
palaso n. dart

palaspasan v.t. palm
palasyo n. palace
palatak n. & v. i clack
palataw n. hatchet
palatuntunan v.t. programme
palawakin v.t. widen
palawigin v. t extend
palayan n. paddy
palayasin v. t. cast
palayaw n. nickname
palayawan v.t. nickname
palayok n. pot
palayon a. objective
palay-palay n. zephyr
palayukan n. pottery
palengke n market
palengke n. mart
paleta n. palette
pali n. spleen
palibot adv around
palibot-bambang n. moat
paligid n. courtyard
paliitin v.t. minimize
paliko-liko adj anfractuous
palikpik n fin
paliku-liko a. tortuous
palikuran n. latrine
palinawin v. t brighten
palipat n. transitive
palirit a. strident
palit n exchange
palitan v.t. replace
palitan v.t. supersede
paliwanag n. caption
palma n. palm
palo n bat

palong n crest
paloob a. inward
palsipikasyon n forgery
palsiya n fallacy
pamagatan v. t. entitle
pamahiin n. superstition
pamahinalaan v.t. superintend
pamakuanan v.t. stud
pamamagitan n. mediation
pamamaraan n. technique
pamamawis v.i. perspire
pamana n. legacy
pamangking babae n. niece
pamangking lalaki n. nephew
pamanihalaan v.t. oversee
pamantayan a standard
pamaskil n. handbill
pamatay peste n. pesticide
pambabae a female
pambihira a. extraordinary
pambihira a. peculiar
pambutas n bore
pambutas n. wimble
pamigil n curb
pamilya n family
pamimigat n. preponderance
pamimilak n finance
pampalaglag adv abortive
pampalamuti a. ornamental
pampalit n. alternative
pampalo v. i bat
pampulo n. insularity
pamugbog n cudgel
pamukaw n. stimulus
pamunuan n. staff
pamurga n. purgative

pamutas n drill
panaginip n dream
panahon n epoch
panahon n weather
panahong lipas a. outdated
panakaw a. underhand
panaklong n. parenthesis
pananahilan adj. causal
pananaig n. predominance
pananatilihin v.t. perpetuate
pananaw n. standpoint
pananghalian n. lunch
pananim n. vegetation
pandayan n forge
panday-ginto n. goldsmith
pandayin v.t forge
pandong n. hood
pandong n. wimple
panga n. maxilla
pang-aagaw n. rivalry
pang-aapi n. mal-treatment
pang-abay n. adverb
pang-abay a. adverbial
pang-agham a. scientific
pangahas a. immodest
pangahas a. venturous
pangalagaan v.t. secure
pangalan n. bayard
pangalanan v.t. name
pangalawa n second
pangangailangan n. necessity
pangangalunya n. adultery
pangarap n. ambition
pangasiwa n. supervision
pangatlo a. third
pangatwiranan v.t. rationalize

panghukuman n. judiciary
pangibabawan v.t. surmount
pang-iinis n. spite
pangil n. tusk
pang-ilalim a. under
pang-ilong a. nasal
pang-ina n. maternity
pangingibabaw n. prevalance
panginginig n. tremor
panginoon n. lord
pangit a. ugly
pangita n foresight
pangitain n. omen
pangkabit n buckle
pangkabuhayan n. livelihood
pangkapanganakan a. natal
pangkapuluan a. insular
pangkukulam n. witchery
pang-magasawa a conjugal
pangmatagalan n. perennial
pangungulam n. sorcery
pangungurong n. shrinkage
pangungusina n. cuisine
pang-uri n. adjective
pangwakas n terminal
pangyayari n circumstance
pangyayari n. happening
panig n facet
panigan v.t. panel
paniki n bat
panilan n. honeycomb
panimula n. beginning
paninigas n set
paninilaw n. jaundice
paninirang puri n defamation
paniniwala n faith

panipisin v.t. thin
panis a. musty
panis n spoil
panlaban n combatant1
panlabas a. outside
panlahat a. general
panlalamunan a. throaty
panlampaso n. mop
panlapi v.t. affix
panliligaw n. courtship
panlilinlang n. trickery
panlinis n brush
panloob a. internal
panloob ng bahay adv. indoors
panlunas n. nostrum
panlunas a. remedial
panlungsod a. urban
panoorin n. spectacle
panorama n. panorama
panrarahuyo n. seduction
pansalipad n. missile
pansamantala n. transitory
pansanlibutan adj. cosmic
pantalan n. dock
pantali n. girder
pantalon n. pl trousers
pantao a. human
pantera n. panther
panti n. pantry
pantig n. syllable
pantinig a. vocal
pantog n bladder
pantomina n. mime
pantomina n. pantomime
pantribu a. tribal
pantulong v.t. subordinate

panukat n. coefficient	parang lambat a. lacy
panunungkulan n. incumbent	parang putakti a. waspish
panununog n arson	parangalan v.t. grace
panunuya n. irony	parapina n. paraffin
panuto n. prescription	parasite n barnacles
papado n. papacy	parehas n. symmetry
papagkasunduin v.t. conciliate	pareho n. ditto
papel n. paper	pareho a. identical
papeleriya n. stationery	paridad n. parity
papelero n. stationer	parirala n. phrase
papist n festivity	parisida n. patricide
paplar n. poplar	parisidyo n. parricide
paplin n. poplin	parke n. park
papulahin v.t. redden	parmasya n. chemist
papuri n. approbation	parmasya n. pharmacy
papuri n. panegyric	parody n. parody
papuri n commendation	parokya n. parish
papurihan v. t commend	parol n. lantern
papurihan v. t. extol	parola n beacon
paputiin v. t. & i blanch	paroon adv. thither
para kay n. addressee	parte n share
parabola n. parable	parte ng mata n choroid
parada n. parade	parte ng pook n area
paradoha n. paradox	parte ng tiyan a. abdominal
paraiso n. paradise	partisipasyon n. participation
parakayda n. parachute	parumihin v.t. pollute
paralelo a. parallel	parunggit n allusion
paralisa v.t. paralyse	paru-paru n butterfly
paralisis n. palsy	parusa n forfeit
paralisis n. paralysis	parusa n. punishment
paralitiko a. paralytic	pasaan adv. whither
paramihin v.t. multiply	pasahe n fare
parang anino a. shadowy	pasalaysay n. narrative
parang bakulaw a. apish	pasalita a. oral
parang higante a. gigantic	pasamain v. t. demoralize
parang kapatid a. sisterly	pasaporte n. passport

pasas-korinto n. currant
pasinungalingan v.t. confute
pasipiko a. pacific
paskil n. playcard
pasko n Christmas
Pasko ng Pakabuhay n easter
pasrasito n. parasite
pasulyap n squint
pasulyapan v.i. squint
pasya n. verdict
pasyal n ramble
pasyal-pasyal n stroll
pasyente n patient
pasyenteng dayo n. outpatient
pataan n. reservation
pataas adv. upwards
pataasan v.i. accrue
pataasin v.t. heighten
pataba n. manure
patabain v.t. manure
patag a flat
patag a. plane
patagilirin v.i. lurch
patak n drop
patalaan n. registration
patalbugan v. t cushion
patatas n. potato
patawa n. comedy
patawad n. pardon
patawad n. remission
patay a dead
patay na a extinct
patay-damdamin a. indifferent
patayin v.t. massacre
patayo a. perpendicular
patentado n patent

patibayin v. t. consolidate
patibayin v.t. stable
patibong n. pitfall
patibong n. trap
patik n. mattock
patikimin v.t. sample
patilya n. whisker
pating n. shark
patron n. patron
patrosinyo n. patronage
patrul n patrol
patrulya v.i. patrol
patuluin v. t drain
patunay n. proof
patungan n rest
patuyo n arefaction
patyo n. quadrangle
paubaya n. toleration
paugat n. graft
paulit-ulit a. redundant
pauna v.t. advance
paunahan v.i race
paunang salita n foreword
paunlarin v. t. develop
paupo a. sedentary
paurong n. repulse
pawalang bisa v.t. nullify
pawi v. t blot
pawisan v.i. sweat
payag v.t. allow
payagan v.t. let
payamanin v. t enrich
payapa a. placid
payapa n. quiet
payapain v.t. soothe
payaso n buffoon

payat a. slim	**peryudiko** n. periodical
payatin v.i. slim	**pesimismo** n. pessimism
Pebrero n February	**pesimista** n. pessimist
Pedagogo n. pedagogy	**peste** n. pest
pedal n. pedal	**petisyon** n. petition
pedalin v.t. pedal	**petisyonan** v.t. petition
pedante n. pedant	**petrolyo** n. petrol
pedanteriya n. pedantry	**petrolyum** n. petroleum
pedantesko n. pedantic	**petsa** n date
pederal a federal	**peudal** a feudal
pederasyon n federation	**pigain** v.t. squeeze
pedestal n. pedestal	**pigain** v.t wring
peklat n scar	**pighati** n. sorrow
pekulyaridad n. peculiarity	**pighati** n. torment
pekunyaryo a. pecuniary	**pigil** n blockade
peluka n. wig	**pigilin** v. t detain
penal a. penal	**pigilin** v.t. withhold
pendulo n. pendulum	**pigilin ang sarili** v.i. refrain
pensiyon n. pension	**pigmeo** n. pigmy
pensiyonahan v.t. pension	**pigsa** n abscess
pensyonado n. pensioner	**pigtain** v. t drench
pera n. money	**pigura** a figurative
perang natira v.t. balance	**pihen** n. peahen
peras n. pear	**piitan** n. jail
perdugines n. shot	**piitan** n. pound
perlas n. pearl	**piknik** n. picnic
permanente a. permanent	**pikoy** n. parrot
permiso n. permission	**pikutin** v. t encompass
permutasyon n. permutation	**pilayin** v.t fracture
perokanil n. railway	**pilayin** v.t. lame
perpeksiyon n. perfection	**pilduras** n. pill
perpil n. profile	**pileges** n. frill
personal a. personal	**pili** n. almond
personalidad n. personality	**pili** n. choice
personel n. personnel	**pili ng salita** n diction
pertilidad n fertility	**piliin** v.t. prefer

pilikmata n eyelash
pilipisan n temple
pilipit n. twist
pilipit n wriggle
pilipitin v.t. twist
pilipitin v.t. wind
pilitin v.t. oblige
pilolohiko a. philological
pilosopiko a. philosophical
pilosopiya n. philosophy
pilosopo n. philosopher
piloto n. pilot
pilyo a. naughty
pimpin n. hedge
pimpinan v.t hedge
pinabatid v.t. notice
pinadingas v.i flame
pinag-aaralan n. analysis
pinag-apuhan n descendant
pinagbayaran n. payee
pinagdiriwang v.t occasion
pinagdugtungan n. junction
pinag-isa adj. corporate
pinag-isa n. incorporation
pinagkakitaan a. remunerative
pinagkunan v. t. derive
pinagpala v. t bless
pinagpalit n. countercharge.
pinagsama v. t compose
pinagsama-sama v. t compile
pinagtatlo a. tripartite
pinaguusapan v. t conjecture
pinahalagahan v.t. appreciate
pinahinto v. t. abrogate
pinahintulutan v.t. approve
pina-ikli n abbreviation

pina-iksi v.t abridge
pinaitim v. t. blacken
pinaka n utmost
pinaka-katawan n embodiment
pinakaloob pa a. innermost
pinakamataas n. paramount
pinakamatayog a. maximum
pinakamayaman n. riches
pinaka-orihinal a aboriginal
pinalaglag v.i abort
pinalaki v.i. zoom
pinalakpakan n. applause
pinalala v.t. aggravate
pinalo v.t. whip
pinanatili v.t. maintain
pinangako v.t promise
pinangpatay n assassination
pinapalaki n. augmentation
pinapanlabo v. t blear
pinasabog n bombardment
pinasama n. worst
pinasaya v.t. gladden
pinaslang v. i decease
pinasok v. t. board
pinasok v. t confine
pinatakan v. i drip
pinatalsik v. t. expel
pindot n. click
piniga n clasp
piniga v. t. compress
pinilakan a silver
piniperahan n blackmail
pinipigilan n agonist
pinsala n. damage
pinsala n. harm
pinsalain v.t. mar

pinsan n. cousin
pinta n. paint
pintahan v.t. paint
pintang puti n. whitewash
pintig n. pulse
pintor n. painter
pinuna v. i comment
pinunong-bayan n. functionary
pinunterya v. t cite
pinya n. pineapple
pipi a. mute
pipino n cucumber
pipisin v.t. strangle
pipit n. sparrow
pirasong lupa n. plot
pirata n. pirate
piratahin v.t pirate
pirateriya n. piracy
piring v. t blindfold
pirma n. autograph
pisi n cord
pisika n. physics
pisikal a. physical
pisngi n cheek
pisonomiya n. physiognomy
pista n feast
pistahan v.i feast
pistola n. pistol
piston n. piston
pistula n fistula
pitahin v.i. yearn
pitaka n. purse
pitaka n. wallet
pitman n. pitman
pito n. seven
pitpitin a. malleable

pitrolyo n. kerosene
pitser n. pitcher
pitson n. squad
pitumpo n., a seventy
piyesahin v.t. piece
piyorea n. pyorrhoea
plaka n. disc
planeta n. planet
plano n. scheme
plasteran v.t tape
platapormahan v.t. stage
platera n cupboard
platilyo n. scale
platito n. saucer
platoniko a. platonic
plawta n flute
plebisito n. plebiscite
pleges v.t. ply
plomero n. plumber
pohas n. pane
poka n. seal
poligami n. polygamy
poligamo a. polygamous
polilya n. moth
politeismo n. polytheism
politeista n. polytheist
politeista a. polytheistic
politeknika n. polytechnic
politekniko a. polytechnic
politika n. politics
politico n. politician
polo n. polo
polusyon n. pollution
polyeto n. pamphlet
pondo n. fund
ponetiko a. phonetic

pontipikal a. papal
pook n. place
popularisahin v.t. popularize
populasyon n. population
pormal a formal
pormat n format
pormula n formula
pormulahin v.t formulate
porselana n. porcelain
porsigido n. adamant
porsiyon n portion
portahe n. portage
portal n. portal
portico n. portico
portpolyo n. portfolio
porum n. forum
posada n. inn
posas n. handcuff
posas n. shackle
posibilidad n. possibility
possible a. likely
postal a. postal
poste n. post
poster n. poster
posteridad n. posterity
potas n. potash
potasyum n. potassium
potensiyalidad n. pontentiality
praktiko a. practical
pranela n flannel
prangka a. frank
prangkisya n. franchise
prangkisya n. suffrage
pranka a blunt
pranka adv downright
pranka a. outspoken

Pranses a. French
praseolohiya n. phraseology
prasko n flask
praternal a. fraternal
prepek n. prefect
presas n. strawberry
presentasyon n. presentation
preserbahin v.t. condite
preserbasyon n. preservation
preserbatiboo n. preservative
presidente n. president
presisyoon n. precision
presiyensiya n. prescience
prestihiyoso a. prestigious
presyo n. cost
presyo n. price
presyon n. pressure
presyonisahin v.t. pressurize
presyuhan v.t. price
pribado a. private
prinsipyo n. principle
priora n. prioress
priralaanan v.t. phrase
prito n fry
probabilidad n. probability
probasyon n. probation
probidensyal a. providential
probinsya n. province
programa n. programme
progreso n. progress
proktur n. proctor
prologo n. prologue
propaganda n. propaganda
propagandista n. propagandist
propagasyon n. propagation
propesor n. professor

propesyonal a. professional
prosisyon n. procession
prospektus n. prospsectus
prostitusyon n. prostitution
protagonista n. protagonist
proyekto n. project
proyektur n. projector
prutas n. fruit
ptrilyahan v.t. rack
publikaasyon n. publication
publiko a civic
publiko a communal
publiko a. public
publiko n. public
pugad n. nest
pugo n. quail
pugon n. furnace
pugunero n. stoker
puhunan a. stock
pukaw n. spark
pukawin v.t. provoke
puksain v. t eradicate
pula a. red
pula ng itlog n. yolk
pulaan v. t cavil
pulak n. lop
pulakan v.t. lop
pulbos n. powder
pulbosan v.t. powder
pulea n. pulley
pulgada n. inch
pulgas n. flea
pulgas n mite
pulido a. polite
pulikat n. spasm
pulis n. policeman

pulisya n. police
pulo n. isle
pulobi n beggar
pulong n. convention
pulot n molasses
pulot-gata n. honeymoon
pulot-pukyutan n. honey
pulpito a. pulpit
pulpol a. obtuse
pulseras a armlet
pulseras sa paa n anklet
pulso n pulse
pulubi n. pauper
pulubuhin v.t. impoverish
pulutong n corps
pulutong n. platoon
pumailanglang v.i. arise
pumait v. t. chisel
pumalahaw n yell
pumalakpak v. t. cheer
pumaligid v.t. begird
pumalo v. t belabour
pumaltos v.i. misfire
pumangalawa v.t. second
pumanig v.i. side
pumapaligid adj. ambient
pumatak v. i drop
pumatak-patak n drip
pumatay v.t. kill
pumawi n. blot
pumayag v.t. accede
pumutok v. t. explode
pumutok-putok v.t. crackle
pumwesto v.i. pose
pun n. pun
puna n comment

punasan v.t. wipe
pundisyon n. foundry
punerarya n. mortuary
pungusan v. t curtail
punit n. tear
punong hotorn n. hawthorn
punyagi n effort
punyagi n struggle
punyal n. dagger
pupulsahan n. wrist
purga a purgative
purgahin v.t. purge
purihin v.t. praise
purihin kunwari v.t flatter
puripikasyon n. purification
purista n. purist
puritaniko a. puritanical
puritan n. puritan
puro a. sterling
pursyento adv. per cent
pusa n. cat
pusali a filthy
pusali n. slough
pusang laog n. tomcat
puslit n sneak
pusngat n pop
puso adjs cardiacal
puso n. heart
pusod adj. alvine
pusod n belly
puspos adv. stark
puspro n. match
pusta n. wager
pustaan v.i. wager
putting luad n argil
puturyoso n dandy

puwang n gap
puwang n. lacuna
puwet n. anus
puwetan n buttock
puyat n wake
puyo sa dagat n. whirlpool
pwedeng adv. kindly
pwersa n force
pwersa n. input
pwersahanan a forceful
pwersahin v.t force
pwerto n. harbour
pwesto n. pose
pyal n. phial
pyanista n. pianist
pyano n. piano
pyansa n. bail

Rr

Rabis n. rabies
radikal a. radical
radyasyon n. radiation
radyo n. radio
radyuhan v.t. radio
radium n. radium
radyus n. radius
rahuyuin n. seduce
raket n. rocket
rakitis n. rickets
rali n rally
raling n. raling
ram n. rum
rami n. rummy
ranko n. rank

rasyon n. ration
ratipikahin v.t. ratify
rayoma a. rheumatic
rayomatismo n. rheumatism
rayos ng gulong n. spoke
reaksiyon n. reaction
reaktinaryo a. reactinary
realidad n. reality
realisasyon n. realization
realism n. realism
realista n. realist
realistiko a. realistic
rebelled n. rebel
rebelyon n. rebellion
rebimyento n. regiment
rebisahin v.t. revise
rebisyon n. revision
rebolber n. revolver
regalo n. gift
regalo n. largesse
regalo n. present
regalia n. royalty
regulador n. regulator
regular a. regular
regularidad n. regularity
regulasyon n. regulation
rehabilitahin v.t. rehabilitate
rehabilitasyon n. rehabilitation
rehenerasyon n. regeneration
rehistro n. registry
rehiyon n. region
rehiyonal a. regional
rehubenasyon n. rejuvenation
rekado n. spice
rekisisyon n. requisition
rekisiyon a. requisite

reklamasyon n reclamation
reklamo n complaint
rekluta v.t. recruit
rekomenda v.t. advise
rektanggular a. rectangular
rektanggulo n. rectangle
relaks n. lounge
relatibo a. relative
relihiyon n. religion
relihiyoso a. religious
relo n. watch
rematse n. rivet
remedyo n cure
ren n. wren
rend n. rein
rendahin v.t. rein
renta n. rent
rentahan v.t. rent
repatriasyon n. repatriation
repere n. referee
repere n. umpire
reperendum n. referendum
reperensiya n. reference
repineriya n. refinery
repitisyon n. repetition
repleks n. reflex
repleks a reflex
replektor n. reflector
replika n. replica
repolyo n. cabbage
reporma n. reformation
reporma n. reform
repormatoryo n. reformatory
repridyeretor n. refrigerator
repriherasyon n. refrigeration
reproduksyon n reproduction

reproduktibo a. reproductive
reptil n. reptile
republika n. republic
republican a. republican
reputasyon n. reputation
reputasyon n. repute
resibo n. receipt
residensya n. residence
residente n citizen
residente a. resident
resipe n. recipe
resistente a. resistant
resitasyon n. recitation
resma n. ream
resolusyon n. resolution
respeto n. respect
respondiyente n. respondent
responsible a accountable
restaurant n. restaurant
restorasyon n. restoration
resulta n consequence
resulta n. result
resulta ng a consequent
retina n. retina
retiro n. retirement
retorika n. rhetoric
retorikal a. rhetorical
retredan n. retread
reyna n. queen
reyt n. wraith
rik n wrick
riksho n. rickshaw
rilisan v.t. rail
rima n. rhyme
rinoseros n. rhinoceros
riple n rifle

ritmo b. rhythm
ritwal n. ritual
roble n. oak
robot n. robot
rolyo n. scroll
romansa n. romance
romantiko a. romantic
ron a rum
rosado a. roseate
rosary n. rosary
rosas n. rose
rostrum n. rostrum
rotunda n belvedere
royalista n. royalist
rubi n. ruby
rublo n. rouble
rupya n. rupee
rural a. rural
rustikasyon n. rustication
ruta n. route
ruwisenyor n. nightingale

Ss

Sa prep. in
sa tabi adv. along
saan adv. where
saan man adv. wherever
saanman adv. throughout
Sabado n. sabbath
Sabado n. Saturday
sabaw n broth
sabay n beat
sabayang n. chorus
sabi n. say

sabihin v.t. pronounce	sagot n reply
sabihin n. relay	sagrado a. sacred
sabihin v.t. tell	sagutin v.i. reply
sabik adj. avid	sagwan n paddle
sabik a eager	sagwanin v.i. paddle
sabik na sabik adj. agog	sahod n. stipend
sabi-sabi n. rumour	sahudan v.t. wage
sabitan n. peg	sakalin v.t suffocate
sable n. sabre	sakarina n. saccharin
sablehan v.t. sabre	sakay n ride
sabog v.i blast	sakit n disease
sabon n. soap	sakit sa puso n angina
sabotahe n. sabotage	sakitan v.t. pain
sabsaban n. crib	salakayin v.t. spearhead
sabsaban n. manger	salamangka n. sleight
sabungan n. cock-pit	salamangkahan v.i. conjure
sabunin v.t. soap	salamangkero n. juggler
sadism n. sadism	salamangkero n. magician
sadista n. sadist	salamin n mirror
sadlak n. slump	salaminan v.t. glaze
sadya n. particular	salaminan n glaze
sadyang pagpatay n. murder	salamisim n. introspection
sagabal n. hindrance	salarin n culprit
sagabal n. obstruction	salaysay n. essay
sagalwak n. torrent	salaysay n. narration
sagana a. lavish	salba n. salvage
sagi n. contact	salbahin v.t. salvage
sagimsim n. misgiving	saligan adj. basal
saging n. banana	salita n talk
saging n. plantain	salita ng salita adv. verbatim
sagip n rescue	salita sa salita a. verbatim
sagisag n. badge	salmo n. psalm
sagisag n. standard	salot a. plague
saglit adv. awhile	salpok n dash
saglit n. moment	saludo n salute
sagot n answer	saluduhan v.i hail

salungat n. antagonist
sama ng loob n grudge
samantala prep. pending
sama-sama adv. altogether
sama-sama a collective
sambahin v.t. revere
samo n. entreaty
sampal n. backhand
sampalin v.t. slap
sampu n., a ten
sampung libo a myriad
san laksa n. myriad
sana man lamang adv. least
sanatoryo n. sanatorium
sanaw n. puddle
sanay n. adept
sandata n. weapon
sandok n. ladle
sandokin v.t. ladle
sanduguan n. pact
sandukan v. t. bail
sang ayon n affirmation
sanga n bough
sang-ayon a. agreeable
sangayonan v.t favour
sanggahan v.t. shield
sanggol n. infant
sangkalupaan a earthen
sangkap n. item
sangkatauhan n. mankind
sangkwarto a. quarterly
sangla n. mortgage
sanhi n factor
sani a. zany
sanitary a. sanitary
sansubo n. mouthful

santidad v.t. sanctify
sapat na a. adequate
sapatero n cobbler
sapatos n. shoe
sapatusan v.t. shoe
sapilitan a. obligatory
sapilitan adv. perforce
sapin n. pad
sapot n. shroud
sapotan v.t. shroud
sapyaw n. tangent
sarado n. close
sarang ningning n. refulgence
saranggola n. kite
sarap n. dainty
sari n. species
sarili a. individual
sari-sari n. variety
sariwa a. fresh
sariwain v.t. refresh
sarsa n. sauce
sasabihin v.t. relay
sasakyan n. vehicle
sastre n. tailor
satanas n. satan
satellite n. satellite
satiriko a. satirical
satirist n. satirist
satsat n. gossip
sauli n. refund
sawa n. python
sayaw n dance
sebo n. tallow
sebra n. zebra
seda n. silk
sedan n. sedan

sedatibo a. sedative
sedisyon n. sedition
sedisyoso a. seditious
segmentohan v.t. segment
segregasyon n. segregation
seguro n. insurance
seilensyador n. silencer
seklusyon n. seclusion
sekondero n. seconder
seksyon n clause
sekta n. sect
sektaryo a. sectarian
sektor n. sector
sekwela n. sequel
selda n. cell
seloso a. jealous
selular adj cellular
selyador n. seal
sementeryo n. cemetery
semento n birdlime
semento n. cement
seminar n. seminar
senado n. senate
senador n. senator
senadoryal a senatorial
senil a. senile
sensasyonal a. sensational
sensitibo n. allergy
sensitibo a. sensitive
sensor n. censor
sensura n. censorship
sensus n. census
senswalista n. sensualist
sentabo n cent
sentenaryan n centenarian
sentenaryo n. centenary

senteno n. rye
sentensyahan v.t. sentence
sentenyal adj. centennial
sentigrado a. centigrade
sentimental a. sentimental
sentral a. central
sentripugal adj. centrifugal
sentro n centre
senyas n. signal
separasyon n. separation
sepsis n. sepsis
septikal a. sceptical
serbesa n beer
serbidor n. waiter
serbidora n. waitress
sermon n. sermon
sero n. zero
seryal n. cereal
serye n. series
seryoso a serious
sesesyonista n. secessionist
sesyon n. session
setro n. sceptre
Setyembre n. September
Seudonimo n. pseudonym
Sewelye n chevalier
sibat n. spear
sibatin v.t. lance
sibatin v.t. spear
sibilisasyon n. civilization
sibuyas n. onion
sidhi n. intensity
siga n. pyre
sigarilyo n. cigarette
sigasig n diligence
sigasig n. zeal

sigaw n. shout
sigaw na paaglahi n. hoot
sigawan a. outcry
sigay v. i cockle
siglaw n. glimpse
signatoryo n. signatory
sigsag n. zigzag
sigurado v. t confirm
sigurado a. sure
sikap n endeavour
sikat n shine
sikiko a. psychic
siklista n cyclist
sikmura n anticardium
sikmura n. stomach
sikmurain v.t. stomach
siko n elbow
sikologo n. psychologist
sikolohikal a. psychological
sikolohiya n. psychology
sikomore n. sycamore
sikopato n. psychopath
sikosis n. psychosis
sikoterapya n. psychotherapy
sikyatrika n. psychiatry
sikyatrista n. psychiatrist
silabika n. syllabic
silahis n beam
silangan n east
silanganin n oriental
silaw n dazzle
silawin v. t. dazzle
silbi n. serve
sili n. chilli
silid n. room
silihan v.t. pepper

silindro n cylinder
siliran a. roomy
silo n. noose
silong n. basement
silopogoso a. xylophagous
silopon n. xylophone
silopos a. xylophilous
siluin v. t. entrap
silungan ng baka n byre
silweta n. silhouette
sima n. barb
simangot n. scowl
simbahan n. church
simboliko a. symbolic
simbolismo n. symbolism
simbolo n emblem
simbolo n. symbol
simulain n dogma
simulan v.t. resume
sinabi v. i confide
sinadya v.t. premeditate
sinadyang piñata v.t. murder
sinag n. ray
sinaktan v.t. hurt
sinama v.t. attach
sinama n. inclusion
sinarado v. t close
sindakin v.t. frighten
sinemento v. t. cement
sinensor v. t. censor
singaw n steam
singaw n. vapour
singhot v.i. inhale
singilan ng labis v.t. overcharge
singilan ng labis n overcharge
singsing n. ring

singsingan v.t. ring	**sirena** n. mermaid
sinimulan v.t. activate	**sirit** n. sizzle
sining n craft	**sirkero** n. acrobat
sining ng pagtula n. prosody	**sirko** n. circus
sinisi v. t blame	**sirkulasyon** n circulation
siniyapan v.i. peep	**siruhano** n. surgeon
sink n. zinc	**siruhiya** n. surgery
sino pron. who	**sirwelas** n. plum
sinok n. hiccup	**sisi** n blame
sinonimo n. synonym	**sisid** n dive
synopsis n. synopsis	**sisidlan ng pana** n. quiver
sinsero a. sincere	**sisihin** v.t. reproach
sinta n darling	**sisma** n. schism
sintaksis n. syntax	**sisne** n. swan
sintas n. strap	**sistematiko** a. systematic
sintasan v.t. lace	**sistematisahen** v.t. systematize
sintetika a. synthetic	**sitasyon** n. summons
sintido n. sense	**sitriko** adj. citric
sintomas n. symptom	**sitwasyon** n. situation
sinturon n belt	**siya** pron. he
sinturon n. waistband	**siyahin** v.t. saddle
sinubukan v.t. attempt	**siyam** n. nine
sinulid n. thread	**siyamnapu** n. ninety
sinumang tao pron. one	**siyampu** n. shampoo
sinundot v.t goad	**siyap** n chirp
sinungaling n. liar	**siyasig** n. inquest
sipak n. splinter	**siyudad** n city
sipakin v.t. splinter	**soberano** n. sovereign
sipit n. pl. tongs	**sobrang karga** n overload
sipol n whistle	**sobrang saya** a overjoyed
sipsip n. sip	**sobrang trabaho** n. overwork
sipsipin v.t. sip	**sobra-sobra** a. undue
siraang-puri n. slur	**sobre** n envelope
sirain v.t. rupture	**sodomite** n. sodomite
sirain ang loob v. t. discourage	**sodomiya** n. sodomy
sira-sira a crazy	**sodyako** n zodiac

solar a. solar
solbensiya n. solvency
solo a. solo
soloist n. soloist
solusyon n. solution
sombra n. shade
sombrahan v.t. shade
sonal a. zonal
soneto n. sonnet
sonik a. sonic
soo n. zoo
soolohikal a. zoological
soolohiko n. zoologist
soolohiya n. zoology
sopa n. ottoman
sopas n. soup
sopismo n. sophism
sopista n. sophist
sora n. vixen
sospetsa n suspect
sosyal n. social
sosyalismo n socialism
sosyalista n,a socialist
sosyolohiya n. sociology
sota n. jack
sotain v.t. jack
spekyulasyon a abstract
stranghero a. alien
suat n. reprimand
suatan v.t. reprimand
subasta n auction
subersiyon n. subversion
subok n try
sugal n gamble
sugo n. ambassador
sugong lihim n emissary

suguin v.i. minister
suhay n stay
suhestiyon a. suggestive
suka n. vinegar
sukdulan a extreme
suklam n. antipathy
suklay n comb
suklayin v.t. tease
suko n surrender
suksukan n. socket
sulat n letter
sulatan v.t. mail
sulid n. yarn
suliranin n. predicament
sulok n. nook
sulsulan v.t. instigate
sulyap n. glance
sumabog n eruption
sumadsad v.i. land
sumagi v. t contact
sumagot v.i. respond
sumahin v.t. sum
sumailalim v.t. undergo
sumakay v. t embark
sumakay v.t. ride
sumakmal v.t engulf
sumaksi v.i. testify
sumaksi v.i. vouch
sumalagimsim v.t. misgive
sumaludo v.t. salute
sumalungat v.t. oppose
sumamba v.t. worship
sumamo v.t. crave
sumangguni v. advert
sumapat v.i. suffice
sumasabog n. explosive

sumasakay n. rider	**sungi** n cleft
sumatsat v.t. jabber	**sungkalin** v. nuzzle
sumayaw v. t. dance	**sunod** adv after
sombrero n. hat	**suot** n dress
sumenyas v.t. signal	**suotin** v. t dress
sumibol v.t evolve	**supa** n. sofa
sumigaw v.i. shout	**superbisahin** v.t. supervise
sumigaw v.i. yell	**superior** a. superb
sumikat v.i. shine	**supilin** v.t. restrain
sumikip v.t. constrict	**supilin** v.t. subdue
sumiksik v.t. jostle	**suplemento** n. supplement
sumingaw v.i. steam	**supling** n. progeny
suminghot v.i. sniff	**suportahan** v.t. support
sumipol v.i. whistle	**suportahan** n. support
sumipsip v.t absorb	**supot** n. bag
sumisid v. i dive	**supot** n. pouch
sumisinta v. t enamour	**supot ng buto** n. pod
sumisiyap v.i. chirp	**suprema** a. supreme
sumiyap n peep	**supsop** n. suck
sumpa a. accursed	**sur** n. south
sumpa n. oath	**suri ng matris** adj. antenatal
sumpain v. t. damn	**susi** n. key
sumpong n. caprice	**suskrisyon** n. subscription
sumubok n. attempt	**suso** n breast
sumulong v.i. progress	**suspendido** v.t. suspend
sumulyap-sulyap v.t. ogle	**suspensiyon** n. suspension
sumuray v.i wobble	**sustansiya** n. substance
sumuso v.t. suck	**sustansya** n essence
sumusubasta v.t. auction	**sustansyal** a. substantial
sumusulong a. adventurous	**sustantibo** n. substantiation
sumusunod a abiding	**sustento** n. alimony
sundaryo a. sundary	**sustento** n. sustenance
sundol n probe	**sustinihin** v.t. sustain
sundot n. poke	**susuotin** v.t. attire
sundutin v.t. jab	**sutsot** n hiss
sunggaban v.t. tackle	**sutsutan** v.i hiss

suweter n. sweater
Suwisa a swiss
Suwiso n. swiss
Suya a. weary
suyain a. satiable
swabe a. mild
swekos n. pattern
sweldo n. salary
swerte n. luck
syensya n. science
syesta n. siesta

Tt

taas prep. above
taas n increase
taba n fat
tabanan v.t uphold
taberna n. tavern
tabi n. side
tabing n. screen
tabingan v.t. screen
tabing-dagat n beach
tabla n. timber
tablang makapal n. plank
tabletas n. tablet
tabu n. taboo
tabulador n. tabulator
tabular a. tabular
tabulasyon n. tabulation
tadtarin v.t. hack
tadyang n. rib
tag n. tag
taga-ani n. haverster
tagabasa n. reader

tagabenta n. seller
tagabilang v. t counter
tagagiba n. wrecker
tagagiik n. thresher
tagagulong n. roller
tagahanay n. ranger
tagahatol n. arbiter
tagak n crane
tagakalakal n. merchant
tagakontrol n. controller
tagakuha n claimant
tagal n. term
tagalabas n. outsider
tagalan v.t. slacken
tagalathala n. publisher
taga-okupa n. occupier
tagapag bilang n. accountant
tagapag-alaga n custodian
tagapagbalita n. herald
tagapagdala n. carrier
tagapagdalo n. attendant
tagapag-eksam n examiner
tagapag-isip n. logician
tagapagkwenta n. accountancy
tagapaglaban a. combatant
tagapaglayag n. navigator
tagapagligtas n. saviour
tagapagpabago n. innovator
tagapagsalaysay n. narrator
tagapagsalita n. speaker
tagapagsamba n. worshipper
tagapag-suri n analyst
tagapagturo n. lecturer
tagapag-usap v. t. chatter
tagapag-utos n commandant
tagapagwalis n. sweeper

tagapakinig n. listener	**takpan** v. t. cover
tagapamahala n. bailiff	**tala** n. record
tagapangasiwa n. supervisor	**talaan** v.t. record
tagapanood n. audience	**talaarawan** n diary
tagapatay n butcher	**talaba** n. oyster
tagapayo v. t. counsel	**talaga** n. arrant
tagapetisyon n. petitioner	**talaga** adv. really
tagaprobasyon n. probationer	**talagang** adv bonafide
tagapuntos n. scorer	**talakayin** v. t. discuss
tag-araw n. summer	**talatuntunan** n. index
tagas n. leakage	**talbog** n. rebound
tagasalansan n book-keeper	**talbusan** v.t. prune
tagasanay n. trainee	**talent** n. talent
tagasangla n. mortgator	**tali sa paa** n fetter
tagasunod adj. compliant	**talian** v.t. gird
tagataguyod n advocate	**talian sa paa** v.t fetter
tagatala n. recorder	**taliba** n. sentinel
tagaulat n commentator	**talim** n. blade
taga-ulat n. reporter	**talukbong** n. kerchief
tagausig n. prosecutor	**taluktok** n. pinnacle
taggutom n famine	**talulot** n. petal
taghoy n wail	**talumpati** n. oration
tagihawat n. pimple	**talunin** v.t. overthrow
tagilid v.t. bank	**talupan** v.t. peel
tagilo n. pyramid	**tama** adv right
tag-init adj aestival	**tamad** a. indolent
tagiyawat n acne	**tamad** n. lazy
taglagas n. autumn	**tamad** a. sluggish
taglamig v.i winter	**tamang oras** a. well-timed
tago n. hide	**tamarindo** n. tamarind
takbong-kabig n. gallop	**tambak** n embankment
takigrapiya n. stenography	**tambaw** n howl
takigrapo n. stenographer	**tambol** n drum
takip n. cap	**tamlay** n. pine
takip-silim n dusk	**tampian** adv pat
takot a. afraid	**tamud** n. semen

tamud n. sperm	**tapang** n. courage
tanan n. slip	**tapat** a faithful
tanawin n. landscape	**tapatan** v.t. offset
tanawin n. scenery	**tapik** n. tap
tanda n. marker	**tapikin** v.t. pat
tandos n. shaft	**tapis** n. apron
tanga a absurd	**tapiseriya** n. tapestry
tanggap & accept	**tapon** a. waste
tanggi n. refuse	**taponan** v.i. spill
tanggulan n. shelter	**tapos** n finish
tanghalan n booth	**tapusin** v. t conclude
tangi n. sole	**target** n. target
tangkay n. stalk	**tatagan** a endurable
tangkilikin v.t. patronize	**tatakan** v.t. seal
tango n. beck	**tatakan** v.i. stamp
tangtang a. jerky	**tatay** n dad, daddy
tanke n. tank	**tatlo** a three
tanod n. sentry	**tatlong beses** adv. thrice
tanong v.t. ask	**tatlong kulay** a. tricolour
tanong n interrogative	**tatluhan** n. trio
tanong n. question	**tatluhin** v.t., triple
tanso n. brass	**tatlumpu** a thirty
tanso n copper	**tatsulok** n. triangle
tantiya n estimation	**tatu** n. tattoo
tanungin v.t. interrogate	**taun-taon** a. yearly
tanyag a famous	**tawad** n. apology
tanyag a. outstanding	**tawiran** n ferry
tanyag a. prominent	**taya** n bet
tao n. man	**tayahin** v.t. tally
taon n. year	**tayakad** n. stilt
taos-puso adv. heartily	**tayo** a erect
tapak n tread	**teatrikal** a. theatrical
tapakan v.t. conculcate	**teatro** n. theatre
tapakan v.t. tread	**teismo** n. theism
tapalan v.t. plaster	**teista** n. theist
tapalan v.i. pounce	**teka** n. teak

teknikalidad n. technicality	teologo n. theologian
tekniko n. technical	teolohikal a. theological
tekniko n. technician	teolohiya n. theology
teksto n. text	teoriko n. theorist
tekstwal n. textual	teoritikal a. theoretical
tela n cloth	teorya n. theory
telahan n textile	teranting kahoy n. wain
telebisyon n. television	terapi n. therapy
telegram n. telegram	terasa n. terrace
telegrapiko a. telegraphic	terible a. terrible
telegrapista n. telegraphist	teritoryo a. territorial
telegrapo n. telegraph	termal a. thermal
telecast n. telecast	terminal a. terminal
telepatista n. telepathist	termos n. thermos (flask)
telepatiya n. telepathy	terno n. suit
telepono n. phone	terorismo n. terrorism
telepono n. telephone	terorista n. terrorist
teleponohan v.t. telephone	tersiyupelo n. velvet
teler n. teller	tesis n. thesis
teleskopyo n. telescope	testamento n. testament
teleskpiko a. telescopic	testimonyal n. testimonial
teletgrapiya n. telegraphy	testimonyo n. testimony
tema n. theme	tibangan n. quarry
tematiko a. thematic	tibay n. mettle
temperamental a. temperamental	tibok n. pulsation
	tibok n. throb
temperament n. temperament	tigkal n. nugget
temperatura n. temperature	tigkal sa lupa n. clod
templo n. temple	tigkal-tigkal n. rubble
tenasidad n. tenacity	tigre n. tiger
tenis n. tennis	tigres n. tigress
tension n. tension	tikas n. presence
tent n. tent	tilamsik n splash
tentasyon n. temptation	tilaok n crow
tenyente n. lieutenant	tilos ng sibat n. spearhead
teokrasya n. theocracy	timba n. pail

timbang n. weight	**tingting** n. wisp
timbang-hubog a. shapely	**tinig** n. voice
timbangin v.t. poise	**tinig na agas** a. husky
timbre n cachet	**tinik** n. thorn
timog n. south	**tiniklop** v.t fold
timon n. helm	**tinitirintas** n. mat
timpla n. temper	**tinsel** n. tinsel
timplado a. temperate	**tinta** n. ink
timplahin v. t concoct	**tintain** v. t cyclostyle
timplahin v.t. temper	**tintura** n. tincture
tina n dye	**tinturahan** v.t. tincture
tinaan v. t dye	**tinulak** n. lunge
tinadtad v. t chop	**tinuluyan** v.t. lodge
tinagin v. t displace	**tinutukso** v. t. bully
tinago v.i. lurk	**tinutulan** v. i disagree
tinalo v. t. defeat	**tipanan** n. engagement
tinambol v.i. drum	**tipus** n. typhoid
tinanggap v. acknowledge	**tira** n. stamina
tinanggi v.t. refuse	**tirahan** n. habitat
tinapay n bread	**tiraniya** n. tyranny
tinapayan n bakery	**tirano** n. tyrant
tinapos v.t. accomplish	**tirintas** n. queue
tinawag v. t. call	**tisod** n. stumble
tinaya v.i bet	**tistle** n. thistle
tindahan n. store	**tisyu** n. tissue
tindahan ng alak n bottler	**tita** n. aunt
tindig n. posture	**titanik** a. titanic
tindig n. stand	**titi** n. penis
tin-edyer n. teenager	**titig** n. stare
tingi n. retail	**titimbog** n. rook
tingian v.t. retail	**titimbugin** v.t. rook
tingian adv. retail	**titser** n. teacher
tingin n. view	**titular** a. titular
tingnan v. t behold	**titulo** n. title
tingnan v.t. view	**tiwala** v.t. assure
tingnan ang baga a. x-ray	**tiyan** n abdomen

tiyara n. tiara	**trangka** n. pin
tiyo n. uncle	**trangkaso** n. influenza
tobako n. tobacco	**trankahan** v.t. pin
toga n. gown	**transaksyon** n. transaction
toga n. toga	**transendente** a. transcendent
tokador n. toilet	**transisyon** n. transition
toleransya n. tolerance	**transkripsyon** n. transcription
tomboy n. tomboy	**translasyon** n. translation
tomo n. tome	**transmiter** n. transmitter
tonelada n. ton	**trapikante** n. monger
toniko a. tonic	**trapiko** n. traffic
tono n. tune	**tremulo** n warble
tonsil n. tonsil	**tren** n. train
tonsure n. tonsure	**treyler** n. trailer
topasyo n. topaz	**triangular** a. triangular
topi n. toffee	**tribu** n. tribe
tore n. tower	**tribuna** n. tribunal
torneo n. tilt	**trigo** n. wheat
torneo n. tournament	**tricolor** n tricolour
tornero n. turner	**Trinidad** n. trinity
tornilyo n bolt	**Trintsera** n. trench
tornilyuhan v. t bolt	**triple** a. triple
torno n. lathe	**triplikado** a. triplicate
toro n. ox	**triplikasyon** n. triplication
torong kapon v.t. steer	**tripode** n. tripod
torpedo n. torpedo	**tripulante** n. crew
torpeduhin v.t. torpedo	**trisiklo** n. tricycle
tortilya n. omelette	**trompeta** n. trumpet
totalidad n. totality	**trompetero** v.i. trumpet
totoo a. real	**tropiko** n. tropic
totoong balat n. cutis	**torso** n. log
trabahador n. workman	**trumpeta** n bugle
trabaho n. job	**tsaa** n tea
trak n. truck	**tsaleko** n. vest
traksyon n. traction	**tsalekohan** v.t. vest
traktora n. tractor	**tsansa** n. chance

tsart n. chart
tsek n check
tseke n. cheque
tsimenya n. chimney
tsinelas n. slipper
tsismis v. i blether
tsokolate n chocolate
tsunggo n. baboon
tsuper n. chauffeur
tuberkolusis n. tuberculosis
tubig n. water
tubigan v.t. water
tubo n. pipe
tubo ng ngipin v.i. teethe
tubol n. constipation
tubong-goma n. hose
tubos n. ransom
tugis n hunt
tugisin v.t. pursue
tugisin v.i. quarry
tugnasin v.t. smelt
tugon n. response
tugtog sa patay n. requiem
tuhod n. knee
tuhog n. stick
tuhugin v.t. stick
tuka n beak
tuka n. peck
tuklas n. discovery
tuklaw n snap
tuklawin a snap
tukod n. prop
tukoran v.t. post
tukso n bully
tuksuhin v.t. lure
tuksuin v.t. tempt

tuktok n. apex
tulang kopla n. couplet
tularan n ideal
tulay n bridge
tuldok n dot
tuldok n. jot
tuldukan v.t. point
tuligsa n. stricture
tuliruhin v. t daze
tuliruhin v.t. stun
tulis n. point
tulis ng n acrimony
tulisan n. outlaw
tulo n. leak
tulog n. slumber
tulong n aid
tulong n help
tuloy-tuloy a. spontaneous
tulu n drain
tulusan v.t. spike
tuluyan n. accommodation
tumaghoy v.i. moan
tumahan v.i. reside
tumahol v.t. bark
tumakas v.i flee
tumalbog v.i. rebound
tumama v.t. hit
tumambaw v.t. howl
tumamlay v.i. pine
tumanggi v. t. deny
tumango v.i. nod
tumaob v. i. capsize
tumapik v.t. tap
tumaranta v. t bedevil
tumatawag n. calling
tumaya v.t. appraise

tumba n blow
tumbasan v.t compensate
tumbasan v. t equal
tumbong n. rectum
tumelegrama v.t. telegraph
tumibok v.i. palpitate
tumigil v. t discontinue
tumikim v.t. taste
tumiktik v.i. tick
tumilamsik v.i. splash
tumilandoy v.i. spout
tumilaok v. i crow
tumili v.i. shriek
tuminag v. i. & n budge
tumingkayad v.i. squat
tumira n dwelling
tumitig v.i. stare
tumiwalag v.i. secede
tumor n. tumour
tumpak n right
tumpak a. suitable
tunel n. tube
tungkol prep about
tungkol sa kasal a. marital
tungkol saan adv. whereabout
tungkos n. sheaf
tungkudan v.t. staff
tungkulin v.t. task
tunog n sound
tunog na malakas n. buzz
tuntunin n bylaw, bye-law
tuod n. stub
tupa n. sheep
tupang babae n ewe
tuparin v.t. fulfil
tupi n. welt

turbante n. turban
turbine n. turbine
turismo n. tourism
turista n. tourist
turnilyo n. screw
turnilyuhan v.t. screw
turnip n. turnip
turo n coach
turpentin n. turpentine
tusino n. bacon
tuso n cunning
tustos n supply
tustusan v.t. supply
tuta n. puppy
tuta n. whelp
tutela n. tuition
tutuli n cerumen
tuwa n. mirth
tuwalya n. towel
tuwang-tuwa a. jubilant
tuwid a. straight
tuwirin v.i. rectify
tuya n sneer
tuyain v.i. mock
tuyain v.i sneer
tuyo a dry
tuyot a. torrid

Uu

ubas n. grape
ubo n. cough
udlot adv. recoil
udlot n. winch
udyukan v. t. entice

udyukin v.t. prompt
uga n shake
ugain v.i. shake
ugali n. attitude
ugaling kilos a. mannerly
ugat n. Nerve
ugong n hum
uhaw n. thirst
uhay n stalk
uhilya n. leaflet
uhog n. mucus
uka ng gulong n. rut
ukit n. notch
ukol sa pananalapi a financial
ulan n rain
ulanin v.i. rain
ulap n. cloud
ulap-usok n. smog
ulat n. report
ulbo n. sty
uli n. resume
ulianin n. senility
ulila n. orphan
uling n. lignite
ulol n blockhead
ulser n. ulcer
uluhin v.t head
umaarte v.i. act
umaasa a dependent
umabot v.t. reach
umaga n. morning
umagahan n breakfast
umagitit v. i creak
umalok v.t bid
umalon v.i. undulate
umambag v. t contribute

umambon v. i drizzle
umamin v.t. avow
umangal v. i bellow
umaraw v.t. sun
umasa v.i. rely
umasim v.t. sour
umawas adv. fully
umawit v.i. sing
umbok n. hunch
umbok n. lobe
umedo n damp
umibo v.i. stir
umidlip v. i doze
umidlip v.i. nap
umido n. moisture
umigik v.i. grunt
umorista n. humorist
umpisa n. outset
umpisa n. inception
umpisahan v.t. initiate
umudlot v.i. wince
umugong v. i hum
umuklo v. i. cringe
umuklo v.i. duck
umulit v.i. recur
umuna v. precede
umunti v. t dwindle
umurong v.i. recede
umurong v.i. recoil
umusok v.i. smoke
umuunlad n. amelioration
una n first
una ang ulo adv. headlong
unahan n. race
unamidad n. unanimity
unan n pillow

unang a first
unang titik n. initial
unano n dwarf
unawa n. mind
unawain v.t. mind
unga v. i ble t
ungal n bray
ungas n fool
unggoy n ape
unggwento n. ointment
ungol n growl
unibersal a. universal
unibersidad n. university
uniberso n. universe
unipikasyon n. unification
uniporme n. livery
unlang n. artifice
unlapi n. prefix
unlapian v.t. prefix
unos n. tempest
unti-unti a. gradual
unyon n. union
upa n. hire
upang conj. so
upasala n. invective
upuan n bench
urbanidad n. urbanity
uriin v.t sort
urinal n. urinal
urna n urn
urong n. recession
urong-sulong a fitful
usa n deer
usap n. chat1
usbong n sprout
usigin v.t. persecute

usisa n. query
uso n fad
usok n. smoke
usurya n. usury
ususero n. usurer
utak n brain
utal n stammer
utang n debt
utilidad n. utility
utilitaryo a. utilitarian
utong n. nipple
utong n. teat
utopya n. utopia
utopyan a. utopian
utos n command
utusan v. i decree
uupa n. lessee
uupahan v.t. lease
uwak n. raven
uyam n. satire

Ww

wagayway n flutter
wagi n win
wailin n. wrench
wakas adv. lastly
wakas n. end
wakasan v. t end
wala adv. no
wala ng pag-asa a desperate
wala ni isa pron. nobody
wala sa laki a. outsize
wala sa lugar v.t. misplace

wala sa panahon a. premature	walang tsansa n. mischance
walang n without	walang ugat a. nerveless
walang atensyon a. inattentive	walang ulo n. acephalus
walang awa a. ruthless	walang unawa a. mindless
walang bahala n. indifference	walang-bisa a. ineffective
walang bahid a. incorruptible	walang-dagdag a. same
walang bahid a. stainless	walang-duda n. certainty
walang balino a. sedate	walang-hanggan eternal
walang bisa n. void	walang-hanggan a. everlasting
walang buhay a. lifeless	walang-laman a empty
walang dangal n disrepute	walang-mantsa a. spotless
walang disiplina n. indiscipline	walang-panganib a. safe
walang galaw a. inactive	walang-wala a devoid
walang gamit a. worthless	walis n broom
walang gana a. hopeless	walis n. sweep
walang ginagawa n. idleness	walo n eight
walang gobyerno n. anarchism	walumpot walo n eighty
walang gusto a. reluctant	wangis n. semblance
walang halaga a. hollow	warden n. warden
walang hanggan a. infinite	wariin v. i deliberate
walang hiya a. roguish	waring a. seemly
walang humpay a. ceaseless	was akin v.t. ravage
walang kabusugan a. insatiable	waseyl n. wassail
walang laman n blank	wasiwas n swing
walang lasa a. insipid	wasto a correct
walang limitasyon a. limitless	watawat n flag
walang malay n. coma	waynder n. winder
walang modo a unmannerly	wayt n. wight
walang numero a. numberless	webi a. webby
walang pahinga n unrest	wellington n. wellignton
walang saysay a. futile	welm v.t. whelm
walang sigla n. insipidity	wigwam n. wigwam
walang sigla a. listless	wika n dialect
walang takot a. intrepid	wilig n spray
walang tiyaga a. impatient	wilow n. willow
walang trabaho a. idle	wisik n. spray

wisikan v.t. spray
wisky n. whisky
wumagayway v.t. wave
wumawagayway v.t flutter

Yy

yabang n boast
yagit n. twig
yagyag n trot
yak n. yak
yakap n embrace
yakapan v.t. trample
yakapin v. t. embrace
yaman n. treasure
yaman n. wealth
yamang ninakaw n. pelf
yamut n. irritant
yamutin v.t. irritate
yanigin v.t. rock
yantok n. wicker
yaon rel. pron. that
yaon adv. younder
yarda n. yard
yari ang loob a. resolute
yate n. yacht
yaya n. governess
yelo n. ice
yelong nakabitin n. icicle
yelong-lutang n. iceberg
yen n. Yen
yerba n. herb
yero n. iron
yuko n bow
yuko n stoop
yumabong v.i flourish
yumagyag v.i. trot
yumodel v.i. warble
yumuko v.i. cower
yumuko v. i. crouch
yumuko v.i. stoop
yungib n. cavern
yunit n. unit
yute n. jute